小百科丛书

体育知识小百科

许庆龙 主编

黄河水利出版社
·郑州·

图书在版编目(CIP)数据

体育知识小百科/许庆龙主编. —2 版. —郑州:黄河水利出版社,2012.2
(小百科丛书)
ISBN 978-7-5509-0212-1

Ⅰ.①体… Ⅱ.①许… Ⅲ.①体育-少儿读物 Ⅳ.①G8-49

中国版本图书馆 CIP 数据核字(2012)第 017768 号

出 版 社:黄河水利出版社
地址:河南省郑州市顺河路黄委会综合楼14层 邮政编码:450003
发行单位:黄河水利出版社
发行部电话:0371-66026940、66020550、66028024、66022620(传真)
E-mail: hhslcbs@126.com
承印单位:河南地质彩色印刷厂
开本:787 mm×1092 mm 1/16
印张:15.25
字数:266 千字 印数:1—1 100
版次:2012 年 2 月第 2 版 印次:2012 年 2 月第 1 次印刷

定价:35.00 元

前　言

体育是一项内容丰富的社会活动，从体育的产生到各项体育项目的起源无不体现出人类对于运动和一技之长的向往。体育具有强身健体、娱乐的作用，还有教育、政治、经济等功能，它是一种复杂的社会文化现象，以身体活动为基本手段，以增强体质、增进健康及其培养人的各种心理品质为目的。通过体育锻炼，有助于培养人们勇敢顽强的性格、超越自我的品质、迎接挑战的意志和承担风险的能力，有助于培养人们的竞争意识、协作精神和公平观念。一些体育活动和体育赛事对丰富人们的文化生活，弘扬集体主义、爱国主义精神，增强国家和民族的凝聚力，都有着不可缺少的作用。

《体育知识小百科》涵盖了中小学生应该了解的所有体育知识内容，并对体育的起源、发展作了全面的概括和梳理，增强了《体育知识小百科》的实用性。相信通过《体育知识小百科》这本书，不但可以提高中小学生对体育的了解程度，还有助于培养他们对体育浓厚的兴趣，通过积极参加体育锻炼，提高他们的身体素质和全面素质。

编　者

2011 年 9 月

目　录

体育的产生

“体育”一词，出现在17世纪的欧洲，至19世纪末才传入中国。其实，同现代体育相差无几的古代体育活动源远流长，它的渊源可以追溯到原始社会氏族公社时期。

人类首先要生存。300万年前严酷的生活环境改进了人的体力和智力，他们不得不学习走、跑、跳、投、攀登、游泳、搏斗等技能。50万年前的北京猿人能猎获肿骨鹿、斑鹿和羚羊等善跑的野兽，这就需要快速持久的非凡奔跑能力。可以肯定，原始人的体能和技巧比现代一般人要强得多。非洲好望角现在还过着原始生活的霍屯督人在大海里游泳，身体直立，两手伸出水外，行动宛如走路，尽管波涛汹涌，仍然轻松自如。他们的投掷技巧令人惊奇：能够在百步之外用石头击中拳头般大小的目标。待到劳动工具出现后，体育便获得了进一步发展的条件。狩猎用的石块演化出了后世的链球运动和其他球类运动，投矛器是现代弓箭的前身。这些技能需要尽可能地传授给下一代，这就产生了原始社会的劳动教育，从而进一步增加了体育因素。澳大利亚土著塔斯马尼亚人的成年男子向少年教授“飞去来器”的投掷方法；我国鄂温克族的长辈很注重向后辈传授狩猎的知识和技能，如跳高、滑雪、角力、射箭和搬家游戏等。可见，劳动是体育产生的重要源头之一。

原始社会氏族公社后期，战争出现了，而且从为血亲复仇发展到为掠夺财产和奴隶。我国古代的“蚩尤作五兵”、“轩辕习用干戈”，制造兵器，教民习武，以适应部落之间战争的需要，战争成为促进体育发展的一个因素。因迷惑于自然现象而产生的宗教最直接地影响到现代的体育竞技活动，不同的民族在举行宗教活动的时候，各自有着独特而复杂的仪式，如祭祀、礼仪、迎神赛会等。人们以身体的动作或技巧、能力的考验等方式，表达对宗教的信仰和崇拜，这其中含有诸多类似体育活动的内容，如搏杀野兽、投掷飞镖、角力、障碍赛跑等。古希腊的奥林匹克运动会，就说明了宗教对体育的影响。除此之外，娱乐也对体育的发展起了推动作用。

西方体育的发展

西方的文明古国很早就兴起了各种各样的体育活动。埃及曾建立起世界上第一个统一的奴隶制国家，娱乐体育是最高统治者——法老们享乐的重要内容。那时候已经有了职业体育表演者，其中还有许多妇女，他们为法老表演摔跤、翻筋斗、射箭、戏球、体操、斗牛以及舞蹈等。有些法老自己还从事狩猎、划船和下棋等活动。公元前15世纪，著名的法老阿门诺裴斯就是一个武艺超群、臂力惊人的体育健将，他用过的强弓至今还保存在埃及的博物馆里。古代埃及的宗教活动特别盛行，法老为了崇奉祖先，经常进行盛大的祭祀典礼，典礼中有摔跤、击剑、赛跑、跳跃等各种竞技和舞蹈。

在《伊利亚特》和《奥德赛》中，有许多关于古希腊时代竞技情景的描述。比如《伊利亚特》便描述了一场葬礼竞技，包括战车比赛、摔跤比赛、拳击比赛、赛跑比赛、投掷铁饼比赛、标枪比赛和射箭比赛等，这场竞技带有明显的军事色彩。《奥德赛》中则有一场宴乐竞技，那扣人心弦的赛跑、紧张的角力、轻巧的跳高、精彩的投石、灵敏的拳击场面，都十分引人入胜。古希腊的体育活动虽然质朴而简单，但它的竞技形式对后世有着深远的影响。到了城邦时期的雅典，已经特别重视对奴隶主子弟的体育、智育、德育和美育的和谐教育。孩子们到了13岁，就升入体操学校，学习角力、赛跑、跳跃、掷铁饼和投标枪，有时还要学习军事体育方面的技能。在体操学校之外，还有体育馆，进一步培养有志于深造的学生，在这里可以进行体育训练和学术研究。当时的两位哲学家柏拉图和亚里士多德都曾对体育有着自己的见解。雅典城邦的这种教育，曾经培养出许多古代奥运会的冠军。

著名的斯巴达式尚武教育更是以体育训练为主。在希腊半岛南部伯罗奔尼撒的斯巴达城邦，男子从儿童时起就受到极为严格的体育训练，以造就他们强壮的体魄和勇敢坚强的性格。正是由这样教育培养出来的斯巴达勇士所组成的军团，在当时的希腊所向无敌。

随着历史的发展，日益强大并进而建立了大罗马帝国的罗马人，同样重视体育。他们出于战争的需要，严格地训练士兵的体力和搏斗能力，练习跑步、跳跃、攀登、撑竿跳高、格斗、游泳等技能。最为著名的是古罗马时期的角斗。起初的角斗是人和人之间的角力与拳击，继而发展为人与猛兽的格斗，最后则变成人与人之间的残杀，成为极为恐怖和野蛮的活动。奴隶起义的伟大领袖斯巴达克斯，就是当时勇冠罗马的角斗士。

欧洲进入中世纪之后，基督教的禁欲主义崇尚灵魂，糟践肉体，从而彻底否定了古希腊的健美观点。教会不但诋毁体育，而且打击竞技参加者和角斗士，古代奥林匹克运动会也于公元394年被废除，教会的学校废除了体育课的内容，欧洲体育退步了。在这样的社会环境中，只有骑士教育保留了体育活动。“骑士七技”包括骑马、游泳、投枪、击剑、狩猎、下棋和吟诗等，骑士之间也还有少量的比武竞技活动。

以复古为革新的文艺复兴运动，不但使被禁锢多年的古希腊体育运动获得了新生，而且开始树立了新的体育思想，为体育的进一步发展做了准备。公元1424年，在意大利开始出现“新式学校”，著名教育家维多里诺认为运动是健康的基础，主张学生多参加骑马、跑、跳、击剑、游泳、射箭和球类等各项体育活动。宗教界改革派的代表人物马丁·路德也主张重视体育，认为体育不但可以增强体质，而且能够陶冶道德。

文艺复兴运动的后期，欧洲有两个思想家、教育家奠定了近、现代体育的基础思想：一是捷克的夸美纽斯，一是英国的洛克。夸美纽斯认为“人不过是身体方面与心理方面的一种和谐而已”，因此教育要身体和心灵并重。他创立了体育教学的班级授课制，即流传至今的分班上体育课的制度；他还提出，在每进行一小时的智力课业后，要有半小时的休息，这发展成为现在的课间自由活动和课间操制度。英国著名的思想家洛克开始明确地把教育分为体育、德育和智育三个部分，而体育是其他两部分的基础。正是由于文艺复兴运动，体育才度过了中世纪那晦暗的年代，开始迎来近现代大发展的曙光。

一般认为，现代体育的正式诞生，主要来源于18～19世纪之间的德国体操、瑞典体操和英国的户外运动。

18世纪下半叶，法国出现了重视体育的学校，被后人称为“德国体操之父”的顾茨姆斯以毕生精力在学校里推行体操教育。他撰写了许多体操书籍，把当时称为体操的各种体育运动作了整理分类，构成了德国体操的基本体系。接着，另一位体育家弗里德里希·路德维希·扬发明了双杠，改进了木马、吊杆、吊绳等器械，并且倡导成立了体操协会，定期举办运动会，这些都是近代体育中较早开始的活动。

德国体操流传到许多国家，对近代体育的发展起了较大的促进作用。但是，流传更广、影响更大的则是瑞典的体操。1803年，一位攻读博士的瑞典学者，独特地以“体操的艺术”作为他的哲学博士论文题目。论文把当时流行的体操分为“自然体操”和“人为体操”；又将“人为体操”分为“军事体操”、“教育体操”和“医疗体操”，从而形成了瑞典体操的初步体系。此后，不断有更多的人投入对体操的研究，学校和社会日益重视体操，政府也采纳教育家的建议，于1814年成立皇家中央体育学院，培养师资，瑞典体操就这样在全社会的一致推动下兴旺发达起来。瑞典体操以其科学性强而极具影响力，在世界近代体育史上地位突出。伯尔·亨利克·林创造了举世闻名的林氏体操，他著述的《体操的一般原理》，把体操分为教育体操、兵士体操、医疗体操和健美体操 4 类，最终确立了瑞典体操体系。19 世纪中叶以后，瑞典体操流传到欧洲、美洲、亚洲的许多国家。20 世纪初，瑞典体操通过日本传到了中国。

英伦三岛在欧洲大陆致力于体操教育的同时流行着丰富多彩的户外运动。造成英国体育运动风行的条件是独特的地理位置、宗教状况和社会经济形态。英国的国教是新教，鼓励人们从事娱乐和体育活动；大量的海外扩张，使划船运动备受欢迎；机器化大生产时代的到来，使劳动者需要休息和放松；而自由竞争的社会制度，又使上述一切娱乐、比赛带有强烈的竞技特色。

足球在英国开展得比较早，1396 年就开始有了一定的规则，1490 年已正式命名为足球（Football）。在草地上开展的高尔夫球，虽然多次被政府明令禁止，却仍然普及流传下来，并于 1608 年成立了第一个高尔夫球俱乐部。划船运动最为活跃，在泰晤士河举行的皇家赛会设有优厚的奖品，物质和金钱吸引了专门从事划船的职业选手，他们几乎包揽了每次赛事的优胜名次。为了克服职业化带来的弊病，1882 年英国成立了业余划船协会，强调运动竞赛的业余性。这一举动具有重要的历史意义，直接影响到当时其他项目的比赛和后来的奥林匹克运动。

英国还是现代田径运动的先行者。18 世纪中叶，英国已有频繁的田径赛活动，这些比赛不但有奖金，还可以在胜负上下赌注，刺激了田径运动的进一步发展。1866 年，英国举行了第一届全国田径锦标赛。

英国的户外运动还有许多项目，如橄榄球、曲棍球、水球、游泳、滑冰、滑雪、网球、板球等等，而且这些运动多半已经有了组织和规则，具有一定的规范性，竞赛制度开始成形，这些都是对世界体育的巨大贡献。

中国体育的发展

如同其他文明一样，中国的体育在古代曾经极为蓬勃，并且形成过独具特色的丰富内容。在狩猎和战争中具有重要意义的射箭备受推崇，夏商时期，习射流行于上层和民间，并且视等级不同规定了 4 种射箭的礼仪。稍后的“六艺”中，“射”和“御”占有重要的地位。

春秋战国时期，军事体育蓬勃开展起来。因为战争的需要，许多国家都训练士兵奔跑、跳跃、投石等。当时把拳术称为“拳勇”或“手搏”。管仲在齐国为相时，大力提倡武术，一时有“齐人隆技击”之说。剑的使用在当时非常盛行，它既是防身和近战的武器，又是尚武的标志和装饰品。吴越之剑以锋利精巧著称。干将、莫邪、欧冶子等铸剑大师都极负盛名。当时，击剑之风的盛行程度恐怕不亚于现代人对足球的喜爱，“昔赵文王喜剑，剑士夹门而客三千余人，日夜相击于前，死伤者岁百余人，好之不舍”（《庄子·说剑》）。最著名的击剑大家大概是越国的一位女剑客，她滔滔不绝地对越王论述御剑之道，其见地之精辟，说明当时剑术已经发展到极高的水平。

此外，弓弩、举鼎、竞渡、秋千、飞鸢（风筝）、围棋、象棋、六博棋（今已失传）等都是当时开展得很普遍的体育项目。游泳一词也在《诗经》中出现：“就其深矣，方之舟之；就其浅矣，泳之游之。”什么是“泳”和“游”呢？古代的解释是：潜入水下叫做“泳”，浮在水面称为“游”，足见当时的游泳已有不同的技巧。著名的蹴鞠（也称蹋鞠）也已经开展起来，可以视为后来“世界第一运动”足球的前身。

到了汉代，最流行的便是蹴鞠和百戏，民间和宫廷都不乏好手，武帝、元帝、成帝等皇帝都是酷爱踢球的人。三国时的曹操，身边总带着一个踢球的高手，以便随时观看表演或共同切磋球艺。东汉时期开始有了比较完备的竞赛制度，规定了球具、场地、裁判、规则和体育道德等方面的内容。可惜这方面的专著已经失传，目前仅能从其他文字记载中了解其大概。

魏晋南北朝至唐代，以往的体育项目进一步完善，如围棋从 17 道改为 19 道，棋书大量出现，高手遐迩闻名，比赛交流不断。一些新兴的体育项目更是受到普遍欢迎，如击鞠（马球），经唐代几位皇帝身体力行的提倡而风行一时。武举制的创立和少林武术的崛起，对军事体育和民间武术起到了巨大的推动作用。

宋元时期，随着市民阶层的开始出现，民间娱乐性体育活动开展起来，相扑、捶丸（类似现在高尔夫球）等都流行起来。

中国古代体育的成熟期在明代和清代，以武术的空前发展为标志。“内家”和“外家”各自形成自己的全套体系，将中国文化中的儒、道、释精神深深地植入其中，最终成为中华武术的奇葩。然而，令人遗憾的是，流行了上千年的蹴鞠和击鞠，在这个时候急剧衰退，以至于中国古代球类运动未能延续到现代。与此同时，西方的现代足球却开始在英国创立并逐渐走向世界。可能是清朝统治者来自北方的缘故，冰嬉活动在关内流行起来。清代的冰上踢球、高坡滑冰等，在当时来说还是举世无双的。

中国古代的体育活动丰富多彩，许多项目都曾达到了极高的水平。但是由于近代文明的落后，反映民族活力和精神面貌的体育也大大落伍了，只是在新中国成立以来，尤其是改革开放以后，中国的体育才逐渐重新兴盛起来。

悲喜只为你

1990年6月24日，巴西首都里约热内卢的街道上偶尔行驶过几辆挂着黑旗的汽车。巴西人在为自己国家的足球队输给阿根廷队而难过，举国悲切。不但巴西人难以抑制潸然而下的泪水，各国的无数观众都在为这支光芒四射的球队惋惜。香港《文汇报》以这样的标题刊登了消息："巴西运乖惨遭淘汰，世界球迷同声一哭。"与此同时，巴西的邻国阿根廷却万人空巷，人们载歌载舞、燃鞭鸣笛欢庆胜利，好似国庆一般。

这个既令一些人愁肠寸断，又令一些人心花怒放的事件，只不过是一次例行的足球比赛而已。

再看，世界繁华之都纽约城内，人头攒动，摩肩接踵，人们是来参加每年一度的马拉松比赛的。普通的发令枪已无济于事，于是，大炮轰鸣，人流如潮……在地球的死亡之谷撒哈拉大沙漠里，在烈日和烟尘下，巴黎—达喀尔汽车拉力赛再度开始。虽然不断有车毁人亡的消息传来，后继者仍面无惧色，愈来愈多……

这就是体育的魅力。体育好像人类社会中的科技革命一样，迅猛而广泛地进入现代人的生活。社会地位不同、年龄不同、种族不同的人，都以不同方式从自己的角度接受了这个神奇的事物。他们或者投身其间，直接感受运动的快乐和竞争的刺激；或者将感情与思想参与进去，分享胜负的悲喜和对抗的激动。他们有的得到健康的身体，有的得到奖金与利润，有的得到地位和荣誉。

只有体育比赛惊险的刹那间和无情的胜负，才可以同时触动不同国家、种族、制度下人们的神经。这是一种特殊的"语言"，一种唯一的全球通用的"语言"。在它的"语言"体系中，不相识的人们不必再为语法规范的差异和词义阐释的不同而发愁。在体育的世界里，人们简化和浓缩了社会行为规则；也只有在体育世界里，人们才可能运用不同的手段来追求共同的目标——友谊、健康、胜利，也正是在这个追求中，人类创造了丰富多彩、魅力无穷的体育世界。

多姿多彩的竞技体育

据调查，体育运动开展得最普遍的几个国家，经常参加体育锻炼的人口占总人口的比例为：加拿大59%，挪威70%，法国74%，美国77%，而且这种比例仍在继续增长之中。现代生活方式的变化：一方面，提供了充裕的时间和物质条件，使人们有余暇追求运动所带来的惊险和愉悦；另一方面，高度城市化和紧张的工作，又使人愈来愈感到不可忽视通过运动来保持身体健康。于是，一边迷恋着各种竞技比赛的胜负和赏心悦目的表演，一边积极投入体验竞争和维护健康，从而掀起了所谓“大众体育”或“全民体育”的热潮。除此之外，还有“职工体育”、“学校体育”、“农民体育”、“军事体育”、“少数民族体育”、“老年人体育”、“伤残人体育”、“探险体育”、“旅游体育”等等。这些以内容或以参加者而划分的体育活动，构筑了一个体育的金字塔，傲居于塔尖之上的，则是最令人心驰神往、激动不已的竞技体育。少数天之骄子，在全人类的注视和重托之下，向更高的高度、更快的速度冲击着。

竞技体育正在日益脱离大众体育，成为人类社会一项特殊的文化活动。它经历了由低级到高级、从单调到丰富的发展过程。

作为“运动之母”的田径运动，在公元前776年第一届古代奥运会时就已设立了比赛项目。经过漫长的发展过程，从当初的一项短距离跑衍生到现今包括田赛、径赛的40多个项目。在简单的跑、跳、投中，能产生出无穷的魅力，一批批田赛明星相继升起：欧文斯、比蒙、科克、摩西、刘易斯、乔伊娜、布勃卡、索托马约尔等人的名字，传遍地球的每一个角落。如今，成立于瑞典斯德哥尔摩的国际业余田联已经拥有165个会员国，成为最大的单项体育组织之一。除奥运会外，田赛还有世界杯田径赛、世界田径锦标赛两大赛事。

以当今世界竞技体育的最大盛典奥运会为代表，丰富多彩的竞技运动的种类仍在继续增加之中。自1896年开始的第一届现代奥运会以来，比赛项目已由8个大项目43个小项目发展到28个大项目230多个小项目。冬季奥运会也由4个大项目14个小项目发展到6个大项目46个小项目。这些已经由奥运会确立的项目，既有在陆地上进行的，也有在水上、冰上、雪上甚至空中进行的；有身体直接接触对抗、异常激烈的项目，也有以表演打分为方式，于声光乐影之中给人以美的享受的项目；有集体项目，也有个人项目；

有比速度、力量、耐力的项目，也有比技能、技巧的项目。在奥林匹克运动的竞技场上，真可谓千姿百态、引人入胜。

有奥运会“金牌第二大户”之称的游泳，是一项受人们普遍喜爱的运动，有 29 个比赛项目。人们今天采用的自由泳、蛙泳、蝶泳和仰泳 4 种姿势，是经过很长时间的发展变化才形成的，很难说将来不会出现第 5 种甚至第 5 种以上的泳姿。多年来，国际泳坛上曾一直是美国、法国、苏联、澳大利亚等国家的选手占尽风流，但近年中国游泳崛起，正在改变世界泳坛的旧格局。

“世界第一运动”当属足球。相传，丹麦入侵者的一具头骨曾经成为受辱的英格兰人脚下泄愤的对象，现代足球运动因此偶然产生。如今，“球迷”几乎成了一种特殊的专业，关于足球的“三次革命”、“五大流派”、“足球王国”、“足坛皇帝”、“足球联合国”、“八大悲剧”、“贝利效应”等学问，足可以写成长篇巨著。足球又是最令中国人感情复杂的一项运动，亿万人渴盼着世界人口第一的祖国早日在世界足坛上找到自己的适当位置，树立一个令人振奋的民族形象。

拳击运动则“徘徊于文明与野蛮之间”。世界拳击理事会拥有 129 个国家和地区的会员，经过多年的努力，将职业拳击赛的 15 个回合减少为 12 个回合。这也许是将这项起源于奴隶制时代的野蛮运动成功地文明化了的一个体现。此外，还有国际业余拳击联合会，规定了许多更为安全的措施，但影响同时也要小些。拳击运动的走向究竟如何，仍然是一个同时代密切相关的问题。

此外，还有网球、赛车、举重、高尔夫球、登山、水球……大概没有一部辞书能够尽收当今世界数以千计的竞赛项目，这些项目围簇在以奥运会为代表的竞技运动四周，构成气象万千、令人目不暇接的景象。

以奥运会为样板，不同地区和行业也分别设有例行的赛事。比如：新兴力量运动会、大学生运动会、中学生运动会、亚洲运动会、东南亚运动会、非洲运动会、阿拉伯运动会、泛美运动会、中美洲—加勒比运动会、地中海运动会，还有一个专收非奥运项目的世界运动会。1989 年 7 月 20 日，第三届世界运动会在德国古城卡斯鲁厄举行，设立了 21 个正式比赛项目和 20 多个“一起参加”项目。

几乎所有影响较大的项目都成立了它的国际和地区性联合会。在 1894 年成立的国际奥委会外，还有至少近百个单项运动国际组织，如国际田联、篮联、足联、排联、羽联、体联、拳联、泳联、网联、举联、柔联、剑联、航联、冰联、雪联、划联、手联等等。在这些新时期国际组织的领导下，主要的运动项目多在奥运会之外设立了世界锦标赛和世界杯两大赛事，有的则正在完善这两大赛事。

有一些在世界上影响较大的传统比赛，比如美洲杯帆船赛，欧洲三大杯足球赛，戴维斯杯和温布尔登网球赛，环法自行车赛，巴西、罗马、蒙地卡罗汽车拉力赛，巴黎—达喀尔汽车拉力赛，世俱杯足球赛，国际田联大奖赛……这些世界的与地区的、邀请的与锦标的、双边的与多边的、官办的与民办的、单项的与综合的、例行的与随机的等数不清的比赛，形成了风云变幻、战火纷飞的体育竞技世界。这个世界正以人类文化活动为起始点，愈来愈广泛而深入地渗透到人类政治、经济等生活的各个方面。

世界上的体育热

在日本，激烈的社会竞争使体育深入每一个人的内心世界中。无论哪个年龄层次的人，都希望通过锻炼获得健康的身体，迎接激烈竞争的挑战。运动场上表现出来的永不服输、坚韧不拔的意志品质，正是当今日本人在许多事业中获得成功的保障。一向被认为最为艰苦的项目之一的长跑，特别受日本人喜爱，许多大企业都常年赞助或直接培养一支长跑队，这既为日本培养了大批优秀的长跑运动员，又在全社会范围内弘扬了不畏艰险的精神。

在美国，大约3/4的公民每周至少收看一次体育比赛的实况转播，70%的人一天收看一次体育报道或者与亲友讨论体育比赛情况。不少人买报首先看的是体育版，约有4000万以上的人是不折不扣的体育迷。半数以上的成年人参加体育锻炼：其中6000万人游泳，2000万人慢跑，1200万人打高尔夫球，720万人骑自行车活动，500万人进行快步锻炼，篮球、橄榄球、棒球、网球等爱好者更是无以计数。

欧洲的“体育人口”更是无法统计。生活富裕、文化悠久的欧洲人在运动项目上有着更多的选择余地，他们不但继续培养着世界冠军，而且兴致盎然地寻求更新奇、更惊险、更有娱乐性的活动。“铁人三项”运动在20世纪80年代初还是少数最强者才能问津的高强度项目，现在却已经普遍开展，动辄有上千人参加。攀岩、翼伞飞行、热气球旅行、汽车摩托车大赛、滑雪也都有众多的爱好者参加。

在刚刚开放的中国，“体育热”的来势之迅猛令人惊讶。几年前，一位农村老大娘望着娃娃们在打麦场上追逐一个皮制的圆球时大摇其头，不明白这些娃娃们何以“吃饱了撑的”，去玩那个“消食疙瘩”，如今她也能同年轻人一起指指点点议论体育运动了。据《中国体育报》报道，1996 年中国有 2.7 亿人参加各式各样的比赛和表演。有关部门提供的统计数据表明，在北京、天津、上海等文明程度较高的城市，经常参加体育锻炼的人数都在数十万至百万之众。国外体育项目如网球、高尔夫球、保龄球乃至橄榄球的接踵引入，体育服装、器材、饮料的风靡市场，都说明了“体育热”在中国方兴未艾。

非洲国家近年来正咄咄逼人地步入世界高水平竞技舞台。在汉城奥运会上，男子 100 米决赛的 8 名选手是清一色的黑人，其中不乏直接来自非洲国家的选手，给世界田坛刮过一阵“黑色旋风”。1990 年世界杯足球赛上，喀麦隆队顽强的防守、闪电般的进攻，成了足坛最引人注目的事件。黑人不但要通过体育来改变个人的命运，还要以此来证明自己的能力，振奋整个民族的精神。

很显然，正是亿万各种肤色的人们，共同建设着现代文化的一个重要组成部分——体育。尽管在世界范围内，物质文明的发达程度存在着巨大差异，但是由于现代社会的日益一体化，体育以文化的形态神奇地沟通了不同的社会文明，将种种“超前”与“滞后”的人群吸引到自己的周围。难怪有人精辟地概括道：体育是现代人的宗教。

科技对体育的影响

40 多年前，使日本女排成为世界冠军的“魔鬼”大松博文，曾应周恩来总理的邀请到中国训练中国女排。从上午 10 点到晚上 10 点，大松制订了近乎残酷的超大强度训练。这位“魔鬼”对中国总理说，他就是以此使日本姑娘登上了世界冠军领奖台的。20 年后，美国女排迅速崛起了。美国队的教练是塞林格博士，他没有沿袭大松博文的办法，而是借助电子计算机来进行“电脑训练”，纠正队员的起跳和扣球动作，分析对手的防守与进攻模式。

国际竞技赛场上，金牌战的背后是科技大战。一位国际著名体育科学家在 20 多年前就曾预言：“如果说过去奥运会冠军是教练员—运动员二重奏的产物，那么随着运动水平的提高，今后的奥运会冠军就是教练员—运动员—科研人员三重奏的结果。”

随着各学科科技手段，特别是高科技手段在体育上的应用，这位体育科学家的预言被证实了。只有科学训练才能使有天分的运动员成为世界大赛中的佼佼者。

在美国科罗拉多州有一座斯普林斯训练中心，那儿不仅有世界一流的体育设施和场馆，而且设置了现代化的运动生理、运动心理和运动生物力学实验室。每逢大赛前夕，优秀选手都来到这里集训，通过精密的仪器监测运动员心血管、呼吸系统、肌肉系统的运动及恢复状况，提出训练的参考依据。运动生物实验室，通过高速摄影机、录像机、各种电子仪器和计算机，不仅能对运动员训练中的技术动作过程进行运动学及运动力学测量，作出科学评价，提出改进办法，还可以为集体项目提供技术、战术分析资料。运动心理实验室，针对运动员的个性心理特征进行心理训练。运动员之间个性差异很大，有的在训练中成绩很好，一到正式比赛便发挥不出水平。心理训练手段最为多样，有心理咨询、问卷调查、自我意志等方法，或者收集掌握运动员的意识变量、身体变量、注意及聚焦变量，然后通过仪器和使用特殊方法帮助运动员克服心理障碍，消除比赛前和比赛中的恐惧、怯场和紧张情绪。

在科学技术的指导下，美国的体育科技不断取得新的成就。一位医生发现，一名运动员要有良好的眼、手协调能力，就首先需要具备良好的视觉机能。视觉机能提高之后，其他方面的运动机能也就可以随之提高。这个理论被称为“视觉魔方”。“视觉魔方”训练，对短跑、球类甚至举重运动员水平的提高都起了显著作用。

法国医学博士拉波特根据时间生物学的理论，着重研究了体育运动出成绩的最佳时间，他发现，在几次重要的国际比赛中，法国的几项重要纪录都是在下午4点到6点这段时间里举行的决赛上创造的。

生物时间学的研究成果表明，一种对人体活动有直接影响的激素——可的松是在上午8点左右分泌的，产生最大影响的时间在下午5点前后，这就是运动员在这个时候创造最佳成绩的原因所在。根据这些，就可以选择比赛时间或者改变运动员的生物节奏，以创造好成绩。

科学家发现，血红蛋白的含量与运动员成绩有很大关系。在奥运会获奖选手中，血液中血红蛋白含量平均为16克，高于一般健康成年人。黑人选手的血红蛋白普遍较高，这很可能是他们取得好成绩的秘密所在。

近年来，一些科技发达的国家又试验用“血液回输法”提高运动成绩，并产生了显著效果。运动员在临近比赛时，将预先抽出、冷冻保存的自己的5%的血液输入体内，可以使运动员的能力提高5%～10%，对极限的忍耐力可以延长10～15分钟。在1984年洛杉矶奥运会上，美国自行车队一举获得9枚金牌，轰动体坛，两个夺魁呼声最高的西德队和英国队却与冠军无缘。原来，美国自行车队的选手安尔斯，平时训练成绩平平，集训时却异常出色，成绩直线上升。教练对此深感惊奇，再三追询之下，安尔斯披露了实情：

两个月前，他熟悉的一位医生建议他从自己体内抽出800毫升鲜血，保存在医院的血库里，赛前再注入身体，这样可以使体力增强。安尔斯为了在奥运会上得到金牌，冒险用自己的身体做了这个试验，果然体力增强了。教练知道这一秘密后，把安尔斯的做法告诉了其他队员。此刻距奥运会开幕只有一个星期了，时间紧迫，只好输别人的血替代。这样做使队员从心理上获得了巨大的激励，充满了夺冠决心，结果如愿以偿。

在运动器材上也体现了科学技术的优劣。田径运动服、游泳衣、跑鞋、自行车运动服等竞相出现新产品，提高了运动成绩。美国北部的一个医疗中心发明了一种荧光性紫外线光，据悉，照射这种光能增加男性荷尔蒙，使肺活量、肌肉负荷能力增强，体力迅速恢复。运动员们将之称为“魔光”。日本在研究减少运动员在水中阻力方面获得突破。他们发明了一种神奇的外涂药物，涂上可以减少运动员在水中的阻力。

运动食品更是五花八门，效用非常。美国能源部伊利诺伊阿尔贡国家实验室，甚至研究出一种能够抗时差反应的饮食，这就调整了生物钟，使运动员的体能高峰与比赛时间同步。

体育器材的制约

中国的射箭水平在20世纪60年代曾经大放异彩，70～80年代逐渐落伍乃至与世界冠军无缘。这其中除训练、人才的原因外，很大程度上是由于器材的落后而造成的。在过去，射箭运动中一般使用铝合金箭，但在20世纪70年代，美国发明了碳素箭。铝合金箭箭杆轻，截面面积大，极易受到风力影响，运动员只能凭感觉进行预校正；而碳素箭箭体沉，截面面积小，几乎不受风力影响而直达目标。韩国射箭队迅速装备了碳素箭，从此以后，中国选手几乎无法同他们同场较技了。

中国击剑队，在国际比赛中更是受尽了器材不如人的屈辱。我们的剑手用自己的剑上阵，经常出现刺中对方而灯不亮的故障，白白失去胜利成果不说，还屡屡被扣分，实在是令我们的选手悲愤不已。有的项目，干脆就是比器材、比金钱，令我们望而却步。马术、高尔夫球、赛艇等项目的器材均十分昂贵，我们的选手出赛时常常是捉襟见肘，当然难以取得好成绩。

中国的游泳运动水平，曾长期徘徊不前，只是在聘请了德国教练，采取了先进的训练方法并辅以先进的训练仪器之后，才突飞猛进。譬如对运动员极限的测试，以前只能凭教练员的经验和运动员的感觉，有了仪器的精密测试，合理地安排运动量才成为可能，训练水平上去了，运动成绩自然也提高了。

1988 年，在北京密云县曾经举行了一次国际铁人三项邀请赛。参赛的外国选手装备着精良的游泳衣和自行车运动服，踏着先进的赛车，一路遥遥领先。而中国选手们大多数用着借来的各式各样的赛车，有的甚至将普通自行车“轻装”一下，踏上征途。结果如何自然可想而知。

当今人类运动水平已经接近了极限，远远不是运动初期的水平，成绩每提高一分，速度每快一秒，都十分艰难。倘若没有先进的科学技术作为强大后盾，要想称雄世界体坛将难上加难。

鸽子及其他

在 1988 年的汉城奥运会开幕式上，象征和平的数万只和平鸽，竟有一些被熊熊燃烧的火炬烧死，由此而引起了放鸽子的争议。在国际奥委会会议上，这个提议引起了争论，最后决定仍然保留放鸽子的内容，以寄托人们对和平的向往和尊崇。

放鸽子不过是诸多的体育礼仪庆典的内容之一。在各种重要竞技比赛中，还有升国旗、奏国歌、点圣火、宣誓、授勋章、鸣礼炮、敲自由钟、插彩旗、扬彩带等内容，甚至要进行军队分列式检阅、飞机低空编队飞行、国家元首讲话、主持授奖等。这些礼仪庆典形式，同体育内在的蕴意一起构成了体育文化的独特内容。这些礼仪庆典活动给体育运动罩上了一层庄严肃穆的光芒，参加的运动员和观众不禁从中感受到国家、民族以至范围更广、意义更大的神圣呼唤，从心底涌起对正义与和平的渴望之情。

人生当中的理想与现实、对抗与协作、团结与争斗、爱与恨、严肃与幽默之间的各种冲突都可以不同程度地在体育运动中体现出来。可以说，体育运动是一个非常复杂的矛盾体，它是和平、民主、进步、团结等美好理想的最佳载体之一，因此体育比赛就是节日，人们就要用庆典的方式来迎接它。体育节的设立是人类对体育的这种文化层次上的重视的双重表现。每逢体育节期间，即使没有重要的赛事也要举行庄严、隆重、热烈的庆祝活动，寄托人们想通过体育运动而表达的美好心愿。一些国家的体育节是：法国，每年8月中旬的第一个星期天，节日的前身是“为心脏健康而长跑”的活动；日本，10月10日，参加者往往逾千万人；苏联，每年8月的头一个星期天，要举行报告会、运动会、展览会、庆祝会等活动；新加坡，8月1日起持续一个月；德国，每年7月4～5日，在全国各地举办足球、排球、自行车、摩托车障碍等活动；美国，每年7月23日起，持续一周，举办33个项目的比赛，选拔出优秀的运动员，组成参加奥运会和其他国际比赛的全国代表队；也门，体育节持续时间最长的国家，自每年10月开始至次年4月结束，在这期间开展全国性的球类和田径比赛。

中国传统文化对体育的束缚

一般对体育精神的叙述，大都是沿着西方体育文化和历史的轮廓来介绍的，这也是目前随着奥林匹克精神而传遍世界、已经被人们认同和接受的事物。但是，在中国独特的文化思想背景之下，确实形成了带有浓厚传统色彩的体育文化。在比较了中西文化差异后，我们可以看到中国传统文化的最大特征是缺乏对抗性。在这种大气候的影响下，中国传统体育自然也不例外。

第一，中国的体育活动一开始便大量渗入了礼仪内容。射箭本是体现尚武精神的，可是在封建社会却被视为表示封建等级的仪式。“大射、燕射、宾射、乡射”制度复杂，所用弓、箭及所配音乐都有专门规定，不可混淆。

第二，忽略体育的自身价值，如娱乐、健身、陶冶性情等，却尤其重视它的政治功能，以礼仪原则决定体育活动的存在价值。这造成了体育的活动主体——人的价值被忽略和轻视。在晋代，有种可笑的认识，持这种偏见的人上书要求取消技巧表演活动，认为其中的倒立和空翻等动作是以脚踩天、以头触地，违反了礼仪道德，应该禁止。到了后来，杭州钱塘江一带出现了水上弄潮活动，这不但是一项极具技巧的水上运动，更是我们民族中不多见的踏江蹈海、极具气魄的壮举。然而，在封建卫道士眼里，弄潮的勇士成了“无赖不惜性命之徒”，当时就有人作《戒约弄潮文》极力攻击，百般扼杀，使这项颇具对抗、朝气蓬勃的活动终于偃旗息鼓，渐至绝迹。

第三，中国传统文化主张体育不能“丧志”。不但为政者不可以耽迷于体育娱乐，就连普通百姓也不能“玩物丧志”，否则就会败坏社会风气。唐太宗就曾深深以此自责，他当众将自己玩过的球烧掉，以表示自己的决心。从此体育成了万恶之源，当然不会有良好的发展。

在中国传统文化的影响下，一些本来曾经是对抗性的活动，如蹴鞠，渐渐变成了表演性活动，最后甚至绝迹。直接脱胎于战争技击的武术，经过数千年的发展，没有形成如西方拳击那样的对抗性项目，却成了接近体操一样的表演活动，以至于今天我们想让中华武术走向世界时，竟为难于武术的缺乏对抗性！

当然，尽管西方竞技体育以其内在活力传遍了世界，并且仍在继续进入我们的生活，但中国的传统体育文化仍然有它的长久价值。一些研究未来的学者，越来越重视身心都处于积极的健康状态的意义，并且认为这才是将来人类对于健康的定义。这种身心俱佳的标准正是中国传统体育中气功、养生的追求目标。西方体育表现为“动”，而中国体育着眼于深入人的内心，表现为“静”的方法，其所依据的理论，已经越来越受到世界范围的重视。

千年圣火

在希腊首都雅典西南约300千米的地方，有一块丘陵地带，绿草如茵，层林叠翠，流水淙淙，这就是驰名世界的古代奥运会发祥地奥林匹亚。这里昔日曾是古希腊的宗教圣地，有瑰丽的宙斯庙和赫拉庙，有世界七大奇迹之一的宙斯雕像和宏伟的体育竞技场。千年风云变幻之后，奥林匹亚已经不复当年繁华，到处断壁残垣，只留下一片遗迹供人追忆了。但全世界永远都不会忘记，这里是人类体育的“圣地”，从这里点燃的奥林匹克之火，照亮着全球的每个角落。

古代希腊实行城邦制，各城邦之间杀伐攻击不断，需要源源不断的健壮善战的勇士。体育锻炼在各城邦都普遍开展起来，并且形成了一些竞赛活动。古代希腊人又信奉多种宗教，每逢重大的祭祀节日，各城邦都要举行盛大的宗教集会，以舞蹈和竞技的方式来表达对神的敬仰之情。战争和宗教，就是古代奥运会产生的历史背景。

公元前6世纪前后，在希腊一共有4个祭祀竞技大会，它们是：为祭祀宙斯而举行的奥林匹克运动会，在奥林匹亚，每4年一次；为祭祀太阳神阿波罗而举行的皮西安运动会，在泽尔菲，每8年（后改为每4年）一次；为祭祀海神波塞冬而举行的伊斯半安运动会，在科林斯，每4年一次；为祭祀力神海格力斯而举办的尼米安运动会。后3个祭祀盛会没有奥林匹亚大会规模宏大，日后又逐渐衰落了，因此人们谈到的古希腊运动会，一般是指在奥林匹亚进行的竞技活动。实际上，上述4个祭祀活动在公元前10世纪左右就已经存在了，只是到了公元前776年，古代奥林匹克运动会优胜者的名字才第一次被记录下来，后世人们也以这一年的竞技大会为第一届古代奥运会。

早期奥运会，竞技的比重比较小，它还有敬神的游行、祭礼和政治家们的外交活动、艺术家展示作品、雄辩家发表演说、学者研讨学术问题、商人展销商品等活动。人们从四面八方涌来，阿尔菲斯河樯桅林立，山坡上帐篷连绵犹如街市，可容纳4万人的竞技场敞开宽阔的胸怀迎接各地宾客。

第1届至第13届古代奥运会，竞技项目只有一项短跑。从第18届古代奥运会（公元前708年）开始，将摔跤和五项全能列入了竞技项目。五项全能由赛跑、跳远、铁饼、标枪和摔跤组成。以后又陆续增加了拳击、四马战车赛、角斗、赛马、少年项目、武装跑及各种形式的马车赛等。当时的比赛方法已难知其详。

随着竞赛项目的增加，竞赛日程不得不逐渐延长，其竞赛程序大致是：

运动员资格审查，要至少受过10个月以上的训练者方可参赛；到宙斯神庙宣誓，保证永不把非正当手段用于比赛；抽签，研究出场顺序和组次；然后是比赛。有的项目要有预赛，最后是闭幕式、颁奖。对获胜者的奖励主要着重于荣誉，物质奖品较为菲薄，后期随着职业选手的增多，物质奖赏逐渐丰厚起来。

古代奥运会的参加者必须是希腊的自由公民，外族人和奴隶一概排斥在外，比赛实际上是富裕人的活动。在漫长的古代奥运会历史中，一度曾流行赤身裸体参加比赛，运动员浑身涂满希腊所盛产的橄榄油，显得健美异常。妇女被严格禁止参加奥运会，这主要出于宗教的原因，怕妇女出席有渎神灵。值得一提的是，古代奥运会期间全希腊实行“神圣休战”，开始是1个月，后来延长为3个月。神圣休战期间，禁止城邦间的一切军事活动，任何人都不准将武器带入奥林匹亚地区，凡参加奥运会的人都不可侵犯，凡破坏神圣休战的城邦或个人必遭共谴，受到惩罚。这样，在战争背景下产生的古代奥运会，又在某种程度上制止了战争，同时向遥远的后世发出了和平、友谊的祝愿。

从时间上看，古代奥林匹克运动会始自公元前776年，终于公元394年，共举行过293届。实际上，由于各种原因有许多届未能举行，但仍如期计算了届数。公元392年，罗马帝国皇帝狄奥多西一世宣布基督教为国教，奥运会因祭祀宙斯神而成为异教徒的活动，两年后便被下令终止了。历时1170年之久的古代奥运会，就这样经历了一个由盛而衰的过程。在运动会被罗马人禁止之后不久，奥林匹亚地区又罹受兵燹和地震，致使各项设施毁失殆尽，古代奥运会终于彻底消亡。这项延续了上千年的活动，不能不说是一个人类社会的奇迹，只有在注入了某种人类共同理想的情况下，它才能有如此顽强的生命力。这种生命力又在千余年后，重新迸发于现代奥林匹克运动之中。

重现辉煌

自从文艺复兴运动的人文主义重新张扬人性、赞美健康的体魄之后，欧洲就已有不少人抑制不住千古激情，想要重现古代奥运会那壮丽的情景了。1875～1881年，德国的一个考察团在奥林匹亚进行了发掘，获得了大量古代奥运会的珍贵文物和史料，更进一步令许多热情洋溢的提倡者怦然心动。1793年，“德国体育之父”顾茨·姆茨第一个提出恢复奥运会的建议。在接着下来的几十年里，欧洲一些地方开始尝试举行每4年一次的运动会。1859年，希腊一位少校扎巴斯经国王批准，在雅典举办了第一届奥运会，至1889年，共举办了6届。但是这些尝试都失败了，失败的原因除组织管理不善和过分地区化外，最主要的也许是全球性奥林匹克运动的时机尚未成熟。

19世纪末，奥林匹克的太阳，在几代人、几亿人的千呼万唤之下，终于喷薄而出了。为点燃奥林匹克圣火作出最大贡献的人，是法国教育家皮埃尔·德·顾拜旦（1863～1937年）。就像法国历史上对全人类作出贡献的许多伟大人物一样，顾拜旦的名字将永远是法兰西民族的骄傲。

顾拜旦上中学时就对希腊史很感兴趣，这导致他放弃了仕途，将毕生精力投入到奥林匹克运动。他的最大创举，是提出把过去只限于希腊人参加的古代奥运会扩大到世界范围。从20岁开始，他为实践自己的上述理想而奔走欧洲各国，宣传奥林匹克理想，协商组织会议，草拟有关规则。1894年6月16日，巴黎国际体育会议终于召开，参加的有法国、希腊、英国、美国、俄国、瑞典、意大利、比利时、波希米亚、阿根廷和新西兰的代表，日本和澳大利亚也表示支持这次会议。

1894年6月23日是个划时代的日子，国际奥林匹克委员会在这一天成立。不少国家把这一天作为体育节日，中国也于1986年将这一天定为奥林匹克日。巴黎国际体育会议还通过了顾拜旦制定的奥林匹克宪章，希腊诗人维凯拉斯为国际奥委会第一任主席，决定于1896年在希腊召开第一届现代奥林匹克运动会。宪章表明，恢复奥林匹克运动的目的，在于增强各国运动员之间的友谊和团结，促进世界和平以及各国人民之间的相互了解，发展世界体育运动。

国际奥委会成立后，总部原在法国巴黎，1915 年迁入瑞士洛桑。现在洛桑已成为“奥林匹克城”，有奥林匹克博物馆、奥林匹克研究中心，还有以顾拜旦的名字命名的大街和体育场等。国际奥委会设主席 1 人，副主席 3 人，再加 7 名执委组成奥委会执委会。迄今为止已有 8 任奥委会主席，他们依次是：泽麦特里乌斯·维凯拉斯（希腊）、皮埃尔·德·顾拜旦（法国）、亨利·德·巴耶－拉图尔（比利时）、西格弗里德·埃德斯特隆（瑞典）、艾弗里·布伦戴奇（美国）、迈克尔·莫里斯·基拉宁（爱尔兰）、胡安·安东尼奥·萨马兰奇（西班牙）和雅克·罗格（比利时）。中国的于再清目前是国际奥委会的副主席之一。

国际奥委会的五环旗是由顾拜旦设计的，当时考虑到蓝、黄、黑、绿、红五色能包括所有会员国国旗的颜色。后来人们对五环旗的解释有了增加，说它象征着五大洲的团结和不同种族的参与。

奥林匹克运动会的格言是：“更高、更快、更强”。后来随着国际奥林匹克运动的发展，人们又将“体育就是和平”和“参加比取胜更重要”作为格言的补充，也有人主张以后面的两句话作为奥林匹克运动的格言。

奥运会分为夏季和冬季，均每 4 年举行一次。按照规定，夏季奥运会应至少包括下列运动项目中的 15 项：田径、赛艇、篮球、拳击、皮划艇、自行车、击剑、足球、体操、举重、手球、曲棍球、柔道、摔跤（自由式、古典式）、游泳（含跳水、水球、花样游泳）、现代五项（马术、射击、射箭、排球、帆船）。由东道国在上述项目范围内选择。随着体育运动的发展，后来增设了一些项目，如乒乓球、网球等，有的则正在被国际奥委会考虑取消，如现代五项中的马术。这一方面是要保证奥运会项目在全世界开展的普遍性，另一方面是要限制奥运会竞赛的规模。根据规定，运动项目列入奥运会比赛的批准条件是：夏季奥运会的男子项目，应至少在 40 个国家、三大洲范围内开展；女子项目，应至少在 25 个国家、两大洲范围内开展。

严格地说，各单项体育项目的国际组织，并不受国际奥委会领导，但由于奥运会的规模和影响日益增大，单项组织和国际奥委会的联系、协调也日益密切起来。

现代奥运会至今已开过 29 届，其中因两次世界大战而中断过 3 届，因此实际上只举行了 26 届。一个世纪的时间，比起千余年的古代奥运会历史是短暂的，但现代奥林匹克运动却走过了曲折的道路。无论从社会形态还是从科学技术而言，这一个世纪都是人类突飞猛进的时代，经济、政治、文化的变化与交流十分剧烈，直接或间接地影响到了奥林匹克运动。

百年来的奥运会历史，实际代表了人类现代体育运动的历史。运动成绩的提高，训练水平、手段的提高，对体育理解的加深，都一一映现在奥运赛场上。与此同时，体育同政治、民族、国家的关系，体育的职业化、商业化，运动中出现的兴奋剂等问题，也都愈来愈突出地摆在人们面前。在奥运盛会上，常常是三五大国“瓜分”金牌的天下，而更多国家的选手则注定只能为友谊而来，这是一种不平衡；在赛场上，服用兴奋剂与没有服用兴奋剂的选手一起拼争，这是一种不公平……如此，不一而足。

进入20世纪80年代以来，奥运会的规模迅速膨胀，“争办热”愈演愈烈。1988年汉城奥运会参赛运动员达8465人，单项达237个，都创造了历史最高纪录，国际奥委会不得不想方设法力争将巴塞罗那奥运会的规模加以限制。萨马兰奇主席说，人类暂无能力完美地组织更大规模的盛会，它的直接参加者除近万名运动员之外，还有一万名以上的记者，数千名官员，数万名工作人员，数十万名的外国入境观光者，数十亿计的间接观众。它要求主办者在交通、通信、食宿以及组织竞赛方面具有极高的水平。当然，目前奥运会的规模未必就已经是它的最佳规模，奥林匹克运动还在蓬勃发展之中。

走出困境 重返奥运

公元1896年，西方的资产阶级思想家们在资产阶级工业生产大发展的基础上举行了第一届现代奥运会。由于当时中国在世界上的影响，清代皇帝收到了参加奥运会的邀请书。这一天，邀请书呈上，满朝文武百官竟无人可以解释“奥林匹克”、“田径”一类古怪字样，只好作罢。

1897年，康有为编撰了《日本书月志》一书，把“体育”一词引入中国。接着，王正廷、孔祥熙、董守义先后被请入国际奥委会。中国出现了体育学校、体育组织，但是在将近半个世纪的时间里，奥林匹克跑道上仍未出现中国人的身影。当时的统治者甚至以“有碍陶冶性情，无益增进学识”为由，下令禁止体育比赛。

意气风发的西方人，先是嘲笑中国人孱弱的体质，继而鄙夷中国人委顿的精神，对这个人口最多的国度失去了信心。

五星红旗飘扬在中华大地上之后，中国人扬眉吐气了。他们挺直脊梁，舒展筋骨，开始为自己原本高大的骨骼充实肌肉。1952年8月21日，荣高棠、马叙伦上书党中央，建议成立全国体育运动委员会。9月12日，毛泽东圈阅了这份报告，刘少奇将这份报告批复给政务院副总理邓小平办理。11月15日，国家体委正式成立，贺龙兼任主任。此后，各地体委相继成立，全国体育运动的领导体系就此建成。新中国成立前，曾经有36年中国人未能走上奥林匹克跑道，体育事业无人过问。新中国成立后，仅仅3个月时间，全国性的体育领导机构就完成了从拟议到建制的全过程。

党和国家的重视，解放了中国人的体育生产力。国家在经济不宽裕的情况下，仍拨出巨款，投资发展体育运动。1956年，举重运动员陈镜开第一次打破了世界纪录，至1988年年底，中国运动员已385次打破和创造了世界纪录。“东亚病夫”的帽子抛掉了，中国成了亚洲第一体育强国。重返奥运会表明了中国选手已成为国际体坛一支举足轻重的力量，举办亚运会和奥运会，更显示了中国在体育设施、组织竞赛、旅游服务、通信、交通等方面的综合国力。

体育究竟是什么

中国人对体育的认识经过是曲折坎坷的。20世纪50年代在竞技场上，我们主要体现翻身解放的豪情和宣传社会主义的优越；60～70年代，胜负“服从友谊”，比赛成了工具。数十年里，除“增强人民体质”和“德、智、体全面发展”外，人们几乎没有领略到多少体育的深刻内涵。直到20世纪80年代，改革开放中的中国人，才在与国际竞技全面交融的体育中获得了比较深入的认识。在这个认识的过程中，中国人经历了一次痛苦的冲击。

20世纪进入80年代后，中国竞技体育迎来了有史以来成绩最为辉煌的时期。以朱建华三破世界纪录为先声，女排“三连冠”、“五连冠”为代表，体育大大激发了致力于现代化的中国人的民族感情。1984年洛杉矶奥运会上，重返奥运的中国代表团集天时地利，夺得15枚金牌，使全国范围的体育热推向了高潮。各行各业都开始学习女排精神，振兴中华，中国似乎已经进入了世界强国，举国上下，兴奋异常。也就在这时，精神上的盲点悄悄积聚成危机……先是黑色的“5·19”，给予很少如此尖锐地面临胜负交战的中国人一个巨大冲击，他们深切地感受到竞争的残酷无情。在第13届世界杯足球赛亚洲区预赛中，中国队主场输给了实力不如自己的香港队，失去了出线机会。众多的球迷和更多的国人心理失衡了，指责、谩骂、寄子弹、寄上吊绳，甚至爆发了一场前所未有的球迷骚乱。接着是中国代表团在汉城奥运会上的失利，被称为“兵败汉城”，仅获得5块金牌，名次排在韩国之后。这个结局为绝大多数中国人始料不及，众多的指责拥向了女排，拥向了李宁、何灼强……认为他们有辱国格，丢了民族的面子。

短暂的几年里，人们先是对胜利者赞誉不绝，甚至捧上云端，突然间，宛如一场噩梦，常胜将军战败了。正当人们准备进一步把民族精神、政治蕴涵、社会理想加诸于他们身上时，他们所代表的中国体育却令人难以置信地遭到了惨败。梦中初醒，人们精神上产生了极大的虚空之后，这才开始认认真真地思索——体育究竟是什么？

汉城奥运会使中国的“体育热”暂时停止了过分的膨胀。人们开始反思近年来的体育心态，并因此意识到民族感情的过分投入、政治意义的过多强调、国家起飞的迫切希冀，造成了新中国成立以来最大的一次体育精神危机。

体育赛场历来是寄托民族感情的所在，尤其是那些代表国家而进行的赛事，一些国家或地区，都曾有意识地利用体育来弘扬民族精神、激励民族信心。典型的事例是韩国，把第24届奥运会办成了增强民族凝聚力的誓师大会。汉城奥运期间，以“喜欢”游行示威闻名的韩国大学生几乎没有上街；为任何事都会吵成一团的各党派停止了纷争；此起彼伏的罢工也偃旗息鼓……

但是民族感情的投入要有限度，要在正确深入地理解体育自身内涵的理性控制之下，否则就会陷入狭隘的、短浅的民族主义狂热之中。在中国，一度曾禁止球迷呼喊和加油，提倡温文尔雅地起立退场，这固然遏制了人的天性甚至遏制了体育的推动力，但将体育胜负完全同民族自尊心等同起来，就会出现黑色的“5·19”这样不该出现的事件。

再有就是不可将过多的政治负荷加诸体育身上，一旦超出了体育自身的承受力，必定会出现反弹，削弱甚至彻底破坏体育有限的政治功能。

比如中国曾经流行过“国运兴、棋运兴”这句话，结果给围棋事业灌注了沉重的政治蕴涵。然而棋运无常，三十年河东三十年河西，这岂不是对国运成了嘲弄么？再如女排打出成绩后，女排精神要求贯彻到各行各业中去，仿佛只要拼搏就一定会登上世界冠军宝座，忽视了世界体育格局变化带来的机遇、一批优秀选手集中的条件、天下英雄无常胜的规律。结果后来女排失利后，国人纷纷指责女排训练不刻苦，女排精神也只好丢弃在过去的记忆中了。期待越高，失望也越大，我们不能给体育赋予过高的期望值，否则价值观最后可能找不到基点。

在世界上，体育胜负最易触动那些正在奋力改变自己命运的民族的神经，因为处于这个状态的民族心态非常敏感。一个正在奋起，正从失落中建立自信心的人，要以第一个微小的胜利安慰和激励自己，当他真正赢得了胜利，获得了自信之后才会又轻看那些安慰和激励。“东洋魔女”在世界排坛所向披靡之时，也恰恰是日本这个民族经济起飞之时。以日本人的身体条件，女排的成就应该说是个奇迹，以日本国的资源条件看，经济的成就也应该说是个奇迹。与此同时，日本体操也睥睨一时。1960 年在第 17 届东京奥运会上，日本夺得了金牌第三。此后的韩国走过了同日本同样的历程，用金牌显示了他们的实力。

中国是屈指可数的世界文明古国，中华民族是历史悠久的民族。这个民族在数千年沧桑巨变中饱经忧患，唯独很少经历竞争和胜负，不能否认在民族意识上还稍显幼稚，中国正在走一段激动而又复杂的感情路程。

民族要步入世界先进之林，便希望用体育树立自信。心理上先天不足，未免想赢怕输，赢得输不得。都说中国选手往往在重大比赛的关键时刻顶不住，心理素质差，这不仅是训练上的不足，还有文化心理上的不足。

足球“5·19”之役和汉城奥运会中国代表团的失利，使人们不得不在心理和感情的巨变上加深了对体育的认识。对胜利的承受力和对失败的承受力都得到了加强。在北京亚运会上，中国代表团获得金牌的总数遥遥领先于其他代表团，但滚滚如潮的金牌并没有令我们陶然忘我。体育曾经衡出过我们的幼稚与脆弱，体育也帮助我们走向成熟和坚强。中国足球队在小组赛中重蹈覆辙，败给了实力逊于自己的泰国队，我们也没有苛责不休。

中国体育的追求

国际竞技体育正在进入高消费阶段。球王马拉多纳到意大利踢球时，转会费是 700 万美元，后来意大利选手巴乔的身价超过了马拉多纳，达到 1400 万美元。1991 年 7 月，法国马赛俱乐部队创造了一个新纪录：以 2000 万美元巨款，将捷克斯洛伐克选手斯库赫拉维挖到了自己队中。2000 万美元是个什么概念呢？它大到足以和全中国一年的体育经费相比拟。

当我们还在紧闭国门，自力更生地建设社会主义的时候，体育是作为增强人民体质的手段而存在的。工人劳动之余，搞点文体生活，因地制宜，因陋就简，也能乐在其中。但当我们敞开国门，走进竞争激烈的世界体育赛场后，一个矛盾日益突现了：如何满足体育普及与提高的需要？作为十数亿人的代表，动辄便败于百万人口的小国，谁能久久地安于这个现状？要想夺金牌，就要增加投入，器材、设施、仪器、教练，走出去请进来无一不是钱来开路。钱从何来？把有限的钱财用于培养世界冠军，或许可以多得几枚国际大赛金牌，但因此可能会有成百上千的孩子失去了球场，这得失又如何衡量呢？

窘迫的困境说明了百业待兴的国家现况。同其他行业一样，体育不但要生存，还要发展，中国的体育事业，在信心中继续启动了。1984 年，国家体委在全国体育战略研讨会的基础上，确定了奥运会战略，即以夺取奥运会金牌为最高目标，在此前提下调整项目设置和竞赛体制。这是竞技体育的方针，与此并重的，是以群众体育为主要内容的全民健身战略。此外，还制定了相应的科技战略和人才战略。

国家体委提出，要以奥运会为最高层次，以科学化和社会化为两翼，促使中国体育在 20 年内实现腾飞，20 世纪末成为世界体育强国。在奥运会战略指导下，国家及各地体委先后调整了专业队的项目，重点扶植奥运会项目，削减和砍掉了一些非奥运会项目。全运会比赛项目向奥运会靠拢，缩短战线，突出重点，将有限的人力物力用于夺取奥运会金牌。

确立奥运战略是有着明确的针对性的。进入 20 世纪 80 年代以后，中国的奥运会、各单项世界锦标赛和世界杯三大比赛中，共夺得 300 多个世界冠军，200 多个世界亚军，100 多次打破和超过世界纪录。但是在世界冠军中，有 60% 以上是非奥运会项目，如跳伞、航模一类；在世界纪录中，有 80% 以上是非奥运会项目。由国家正式开展的 68 个项目中，属于夏季奥运会和冬季奥运会的占 38 项。这就是为什么虽然中国健儿在国际体坛上频频报捷，在奥运会上却难有作为的原因。

奥运战略的确立，为中国竞技体育规定了方向，与此同时，全民健身战略也引起了进一步重视。1991 年 4 月，国家体委主任伍绍祖提出了“生活化、群众化、科学化、社会化”的指导思想，以学校体育为基础，以职工体育和军事体育为重点，积极开展农民体育、少数民族体育、老年人体育、伤残人体育事业。

奥运金牌要拿回来，孩子们的操场也要建起来，强国不是梦，这就是我国体育事业的追求。

自由之梦 泪洒慕尼黑

光阴荏苒，岁月流逝，古代奥林匹克的理想被现代奥林匹克运动继承了，可那块“圣地”，却难以留存在人类世界之中。政治风云变幻无常，体育赛场阴晴不定，几乎从第一届现代奥运会起，战争、党派、民族、国家的各种利益就通过体育开始了争夺，政治以强权的面貌出现，体育在这种状态下痛苦地挣扎……

1972 年 9 月 5 日，凌晨 4 点 30 分，西德慕尼黑。在距离奥林匹克体育场仅几百米的奥运会选手村，选手们正在酣睡。这里正在举办第 20 届奥运会。7 名背着运动包的人出现了。他们迅速翻过两米高的架有铁丝网的栏杆，径直朝着科隆利街 31 号冲去，那里住着以色列、香港、乌拉圭代表团的运动员。以色列举重教练摩西·温柏格听到杂乱的脚步声，推门出来正想呵斥，一排狂风般的子弹击中了他的腹部，这位才当了五个星期父亲的以色列人当即倒在了血泊中。举重选手约瑟夫·罗曼诺急忙关门，想用门挡住突如其来的入侵者，然而门却挡不住穿透过来的枪弹，他当场被击中身亡。枪声及温伯格的叫喊声，使几名敏捷的以色列选手得以越窗逃走。他们报了警，警方马上切断了交通，包围了现场，枪手们将这幢三层楼房围得水泄不通。事情很快清楚了，这是一个令全世界感到震惊的事件：7 名巴勒斯坦“黑九月”分子，劫持了 11 名以色列选手作人质，其中一人死亡，一人重伤。“黑九月”分子提出了条件：要求以色列当局在当天下午九点钟以前释放 256 名巴勒斯坦政治犯，并要求西德当局提供撤离的飞机，否则他们将在期限过后枪杀人质。

一片混乱之后，西德当局、警方、组委会和国际奥委会在附近的组委会办公楼组成了临时指挥部。慕尼黑至西德首都波恩、以色列首都特拉维夫的电话铃声不断。国际奥委会主席布伦戴奇宣布，国际奥委会坚决主张人质不能离开西德。与此同时，奥运村村长瓦尔特·特罗格和慕尼黑市市长进入楼内，同劫持者开始了长达 14 小时的谈判。他们提出了许多建议，包括愿意支付任何数额的款项来代替被劫持者，都遭到了拒绝。期限一次又一次到期，又一次一次地推延，谈判毫无进展。以色列首相果尔达·梅厄夫人表示，决不释放巴勒斯坦政治犯来做这场交易，不过，她表示可以考虑把人质和劫持者都转移到第三国埃及后再进行谈判。

又一个夜幕降临了，气氛愈发紧张起来。夜晚 10 点左右，恐怖分子终于同意跟人质一起撤离。三架直升机在北大西洋公约组织的菲斯藤菲布德布鲁克军用机场降落了，恐怖分子准备在此换乘波音707飞机。西德警方决定在此刻采取行动。五名神枪手配备了夜里使用的红外线高倍瞄准镜，枪口对准了恐怖分子乘坐的直升飞行。第一架直升机停稳后，从里面出来了四名恐怖分子，两名押着飞行员和助手，另两名则去检查波音707。

警方射手的枪响了，第一轮射击便令三名恐怖分子一命呜呼，接着负隅顽抗的一名恐怖分子也被消灭。枪声停了下来，一个小时死一般的沉寂。西德警方正准备向另一架载有人质和另三名恐怖分子的直升机发起最后进攻。性急的警方甚至向守在波恩电视中心的首相勃兰特报告说，机场行动已获成功，人质安全无恙。这个消息立即通过电波飞往全世界，善良的人们终于放下心来。然而惨剧却在这时正式开始上演了。午夜刚过，剩下的三名劫持者突然跳下飞机，返身向直升机投出了手榴弹。在巨大的飞机爆炸声中，所有人质无一生还。

警方抓获了三名恐怖分子，历时20多小时的劫持事件结束了，结果是共有17人丧生，包括11名以色列人，4名恐怖分子，1名警察和1名飞行员。次日，奥运会停赛一天。9月7日，在奥委会主席布伦戴奇的竭力坚持下，比赛继续进行。选手们悲愤不已，4天里刷新了14项田径记录，创造了一个奇迹。然而，这个奇迹依然不能驱散人们心头浓重的阴影，因为恐怖主义者一手制造的血腥事件在嘲笑着为体育理想而虔诚拼搏着的人们。

慕尼黑惨案是迄今为止体育赛事中唯一的一起大规模流血事件。从那时起奥运会的治安保卫工作变得十分重要，满载着和平、友谊而来的各国运动员，不得不在大批武装军警的环伺之下来从事和平和友谊的活动，奥运村往往如同一个大兵营。

但是慕尼黑事件绝不是第一起明显的政治纷扰体育的事件，政治风云不断地在赛场上卷起旋涡。

1908年第四届伦敦奥运会，芬兰代表团拒绝持旗入场，因为大会要他们使用俄国旗帜。经顾拜旦和俄国使馆商量，结果是进场两国打一面统一的俄国国旗，如果芬兰人拿了金牌就在统一的大旗上加一个三角小旗。捷克与奥地利的旗帜问题，同俄国与芬兰处理方法一样。而澳大利亚、南非和新西兰欲持本国旗帜，却遭到了英国政府的激烈反对。旗帜问题反映了殖民地同宗主国之间的政治矛盾。在第5届奥运会上，芬兰选手柯迈尼夺得了5000米跑的金牌。他看着升起的俄国国旗痛苦地流下了眼泪。

1936年德国柏林奥运会，正值希特勒上台执政。希腊人在全世界善良人们的虔诚注视下，把象征和平友谊的火炬交给了希特勒，给奥运历史抹上了一笔耻辱。尽管希特勒在开幕前表示将遵守奥林匹克宪章，也只是象征性地让少数犹太人进入代表团，却坚持不许他们到赛场比赛。在颁发奖牌时，希特勒当着各国代表团的面，拒绝同美国黑人田径巨星欧文斯握手。

第 16 届和第 17 届奥运会，于 1956 年、1960 年在墨尔本和罗马举行，中国、德国分裂的状况在奥运会上体现了出来。1956 年，奥委会邀请大陆和台湾同时参加，大陆没去，台湾去了。东德同意与西德共同参加奥运会，但两国虽然国旗相同，国歌却不同，聪明的布伦戴奇建议用贝多芬第九交响乐作为国歌，双方同意了。1960 年，国际奥委会仍坚持大陆与台湾同时参加奥运会，大陆激烈反对，断绝了同国际奥委会的关系。东德在国旗上加上了锄头和五星，西德反对，于是布伦戴奇又建议：在原来的三色旗上加五环标志作为两国的共同旗帜。第 18 届东京奥运会，南非因种族歧视制度而被国际奥委会开除。

这些不过是历届奥运会所遇到的政治纷扰的极小部分，有时强大的政治原因不但使体育比赛暗淡无光，甚至将奥运会扼杀。两次世界大战就使第 6 届、第 12 届和第 13 届奥运会被迫取消。1944 年第 13 届奥运会，本该为现代奥运 50 周年而庆祝的，可当时国际奥委会只能来到顾拜旦墓前，搞了一个简朴的纪念活动。

体育的纽带

在政治的凌辱面前，体育往往是软弱无力的，但在政治的热诚邀请下，体育往往能够完成寻常政治手段所无法完成的任务。

1971 年 4 月 7 日的中午 1 点钟，日本名古屋，一位日本记者冲出藤开藤久观光旅馆的大门，以百米速度直奔对面的一家咖啡馆，气喘吁吁地抓起电话机。20 分钟后，日本共同社向全世界发出一条不寻常的消息："正在名古屋参加第 31 届世界乒乓球锦标赛的中国乒乓球代表团，今天正式邀请美国乒乓球队赛后访问中国。"

在一个星期后的北京，中国总理周恩来会见了美国乒乓球队代表团。周总理在人民大会堂高兴地说："你们为中美关系史打开了一个新篇章。"又是一个星期后，美国乒乓球代表团团长斯廷霍文来到白宫，向总统尼克松汇报北京之行的情况。他说："我已邀请中国乒乓球队回访美国。"总统说："给予完全对等的接待。"这就是著名的"小球推动大球"的故事。它的发生当然不是偶然的。

中美隔绝了近 20 年，20 世纪 70 年代，这种隔绝到了打破的时候了，但是，从哪里入手呢？美国国务卿基辛格曾经指示驻波大使斯托塞尔，利用各种场合接近中国外交官员，不久，中美大使级会晤在华沙进行。1971 年 1 月，中国政府决定重返在日本名古屋举行的世界乒乓球锦标赛。在此之前，由于“文革”，中国人已同这项赛事隔绝 6 年。在代表团预先写就的报告上这样写着：“如与美国代表团官员相遇时不主动交谈和寒暄；如果和美国队进行比赛，赛前不交换队旗，但可以握手致意……”

在日本，代表团向国内传回了一个信息：美国队一些人对中国代表团成员表现殷勤，主动接近攀谈……

这一天，中国乒协主席宋中参加国际乒联大会，休息时来到大厅，他和翻译取了一杯咖啡后走向大厅一头的沙发。两人刚刚落座，一抬眼，不由大吃一惊。坐在对面沙发上的，正是美国代表团团长斯廷霍文。斯廷霍文极为热情活跃，他首先问好后，表示了对中国文化的仰慕和对两国人民友谊的企盼之情。他说，美国国务院已经决定，取消对持有美国护照者去中国旅行的一切限制。

宋中礼貌而略带矜持地搭话，他说他已知道了美国政府的这项决定，这意味着也许他和斯廷霍文先生能够在北京见面。中国代表团向国内传回了第二条信息：美代表团与我接触，表示美人民与我友好。组委会安排各国选手游览三重半岛海湾，在游艇甲板上，中美运动员在一起交谈着。美国人一再追问：听说你们已经邀请了加拿大队和英国队去你们国家访问，什么时候邀请我们？

中国代表团把第三条信息传回了北京：美国队想访华。北京指示：立即邀请美国乒乓球队访华。美国代表团迅速响应。尼克松总统通知美国驻日大使迈耶：美国代表团务必去中国。

于是，小小的银球终于启动了东西方两个大国的国门，世界的政治格局在体育的作用下为之一变。在周恩来总理会见美国乒乓球代表团的当天，美国总统尼克松发表了一项声明，宣布对华采取五项新措施。

当时的美国国务卿基辛格，曾将这件事称为是周恩来总理在外交上的杰作，从某种意义上来说，这又何尝不是体育的杰作？也许正因为体育远离政治活动中心，才能够完成往往比较敏感的政治使命，而纵览文化、社会领域，似乎也只有体育是和平、友谊的最佳使者。

当年的两个德国，靠体育而暂时维持着一个国家的门面，维护着民族感情。

南北朝鲜，分裂多年，各种会谈均无结果。1990 年北京第 11 届亚运会之前，双方均考虑到民族利益，积极磋商欲以“高丽雅”为名联合组队参赛。虽然此举最终未能成功，但此后不久双方即在共同组队参加世界杯足球赛上达成了协议，并立即统一组队参加了世界青年足球赛，取得了不俗的战绩。

大陆和台湾，咫尺天涯，两岸同胞切盼聚首，要不是北京亚运会，台湾选手不知何时才能回大陆切磋技艺，一叙亲情。如今，在体操、围棋、桥牌、足球等项目上，两岸均已有频繁的交流，也许不久的将来，中华民族可以在同一面旗帜的引导下，排成一个方阵进入奥运赛场，而那将不过是两岸统一的先声……

走进汉城

由于 20 世纪激烈动荡的世界格局，现代奥林匹克运动一开始就面临着各式各样的挑战。为了应付这些挑战，使奥林匹克运动顺利发展，历届国际奥委会主席都竭尽心智，作出了巨大努力。顾拜旦任期内，为了躲开殖民地与宗主国之间的矛盾，强调体育的独立性，发明了一个词汇叫做“体育政治地理”。布伦戴奇就任期间，一面斡旋两德、两朝的矛盾，一面调和“英语国家”与“非英语国家”的冲突，殚精竭虑。基拉宁上任后，遇到有史以来最大的抵制事件，虽再三呼吁仍未能将之阻止。萨马兰奇担任这一职务后，仍不得不继续像个政治家那样，四处奔走、纵横捭阖于列国之间，小心翼翼地在政治与体育之间寻找出路。这几位出色的体育领导人都是出色的政治家，也许只有他们才能将体育与政治的关系阐述清楚。不过，通过回顾一下历届奥运会的“抵制史”，我们也可以获得一定的认识。

1990 年亚运会在北京举行。当时，由于伊拉克悍然吞并科威特，险些酿成阿拉伯国家抵制本届亚运会的后果。组委会和主办国家宣布制裁伊拉克，禁止它参加这届亚运会，才使得更多的国家前来北京。然而，亚运会上的“抵制”现象，比起奥运会来那是“逊色”多了。

抵制的“发明权”，应当归属性格温和的荷兰人。1896 年第一届奥运会上，荷兰声称不信任顾拜旦，没有参加奥运会。1920 年第七届奥运会，不等一些国家自己抵制，举办国比利时便决定不邀请第一次世界大战的战败国参加，即德国、奥地利、意大利及其盟国保加利亚和土耳其等。1924 年第 8

届奥运会，苏联认为这是资产阶级的活动，决定不参加，这种认识一直持续到1952年第15届奥运会时才改变。

1956年第16届奥运会，英法出兵赛德港，埃及、伊拉克、黎巴嫩抵制奥运会以示抗议；苏军出兵布达佩斯，瑞士、西班牙、荷兰抵制奥运会以示抗议。1976年第21届奥运会，由于组委会没有制裁同南非进行比赛的新西兰，20个非洲国家集体抵制，有的运动员已经抵达蒙特利尔，连城市都没能看一眼就含着泪水回国了。1980年第22届奥运会，美国总统卡特发动了抵制莫斯科奥运会的活动，以抗议苏军侵略阿富汗。在这次有史以来最大的抵制活动中，有62个国家加入了抵制行列，当时国际奥委会共有143个成员国；另有12个国家虽然参加了赛会，但以不举本国国旗的方式表示抗议。本欲重返奥运会的中国，也参与了抵制。

1984年，苏联及其东欧盟国报了一箭之仇。当国际奥委会获悉苏联已向美国的电视网支付了巨额电视转播费时，曾庆幸该届奥运会也许不会发生抵制行为，然而就在苏联付款后不到一个月，突然宣布抵制洛杉矶奥运会，最后有14个国家参加了抵制行动。

这就是奥运会的“抵制史”。种族歧视、强权暴力、殖民统治，甚至个人恩怨都带到了奥运赛场上。然而，事情在1988年的汉城奥运会上有了变化。韩国是个敏感的国际地区，1988年国际形势依然动荡，可就是这届奥运会创造了参赛国的纪录。曾经壁垒分明的东、西方两大集团，在分隔了12年之后重逢在赛场上，这其中的意义耐人寻味。无疑，国际奥委会主席萨马兰奇先生卓有成效的说服和组织工作起了作用，东道主韩国积极热情的外交工作也起了作用，然而根本的原因，使“东西方大携手”于20世纪80年代末的条件，是世界政治格局的变化和世界价值观念的更新。

无论是出于正义的激愤还是狭隘的利益，当今世界的许多矛盾通过“制裁”的形式体现出来。政治和经济形式的制裁固然可以达到某些效果，但更多的无辜人民必然要受到伤害。拿奥运会的抵制来说，直接的受害者首先是运动员。他们的运动生命十分有限，成绩的巅峰更往往极为短暂，国家的一次抵制就会牺牲许多运动员的才华和多年的艰苦拼搏，这是极为残酷的。此外，也许对奥运会的抵制可称为“文化制裁”，这种制裁恰恰更进一步切断了人民交流友谊、表达心灵的通道，影响了和平与正义之声的传递。从这个意义上讲，汉城奥运会的成功举办，反映了160多个参赛国家和地区的某种共识。从血腥的慕尼黑到祥和的汉城，更多的人一道携起手来，宣告着人类对于体育和政治的认识前进了一步。

体育的民族感

或许有人会问："体育，能摆脱政治的纠缠吗？"一位著名的体育史学家认为："运动和政治永远分不开。运动最有兴趣的地方，也是政治家最感兴趣的地方。谁要从事体育运动，谁就摆脱不了政治的影响。"

根据奥林匹克宪章，运动员是作为个人参加奥运会的，但是实际情形是：运动员必须佩带国家的标志，以国家或地区的名义参赛；比赛结束时，必须奏胜利者的国歌、升国旗；最后又要统计国家获得的金牌数，排出坐次先后。这样，运动员根本无法代表个人，而是代表着国家和民族的荣誉参加体育竞赛。大家所熟知的南非长跑运动员佐位·巴德虽然富有非凡的才能，却因此而无法大放光华。

佐拉·巴德1966年5月出生在南非，是英国人的后裔。她16岁那年在南非的田径比赛中，赤着脚夺得了1500米和3000米两项冠军，一鸣惊人。两年后，她又赤着脚创造了女子5000米非正式世界纪录，引起全世界瞩目，被称为"赤脚大仙"。不幸的是，这位才华横溢的选手生在南非，而南非政权由于执行种族歧视政策，多年来一直被排斥在国际体育大家庭之外，于是巴德便一直无法获得在世界大赛上一展英姿的机会。无奈之下，她于1984年回到故乡英国，很快获得了英国国籍，希望就此摆脱出生地带给她的与生俱来的厄运。遗憾的是，世人却不允许她重新选择自己的祖国。当她积极准备着作为英国选手参加汉城奥运会时，遭到了非洲国家的激烈反对，甚至威胁到英国参加奥运会的资格问题。别无选择的巴德，注定要作为南非的代表，饮恨承受着国家所给予她的重负。所幸，鉴于南非于1991年6月取消了种族隔离制度，国际奥委会1991年7月9日在瑞士洛桑决定，重新接纳南非为国际奥委会的成员，"赤脚大仙"佐拉·巴德终于可以在运动生命尚未衰竭之时，在巴塞罗那奥运会上一试身手了。

体育竞赛具有国际性的特点，这不仅扩大了体育运动的活动范围，而且加深了它所产生的社会影响，把本来属于运动技艺的比赛的意义，扩大和延伸到了国与国的竞争，使竞赛大大超越了体育本身的价值。1972年慕尼黑奥运会上，美国男篮输给了苏联队，第一次丢掉了奥运会男篮冠军。消息传回国内，一时公众大哗，纷纷要求调查失败原因甚至追究责任。美国人觉得，男篮的失败损害了美国的国际声望。

体育比赛的胜负还能激起人的民族情感。有人认为，凭借着体育所带来的凝聚力和热情，一个落后的民族甚至可以奋发起来，创造发展的奇迹，改变整个民族的命运。日本、韩国都曾利用体育作为民族经济腾飞的契机。然而，民族情感又是一柄双刃剑，当它恶性膨胀时，这柄利器就会造成伤害，胜利和金牌给人带来自豪与欢乐，也能带来灾难与悲痛，自 1902 年以来，仅足球场上就发生了 8 次大的悲剧，结果令人不堪回首。

1902 年在英国格拉斯格的阿布罗足球场，苏格兰队和英格兰队正在激烈角逐，狂热的球迷不断跺脚呐喊以助声势，突然看台倒塌，造成 25 人死亡，517 人受伤。

1964 年，秘鲁队和阿根廷队在智利首都利马进行比赛，争夺进军奥运会的资格，观众不断对裁判的判罚起哄。比赛刚结束，球员之间、球迷之间便相互厮打，并发生枪战，造成 301 人死亡，500 多人受伤。

1968 年，阿根廷的河床队和圣洛伦索队比赛，场面非常精彩，但一些头脑发热的观众竟将垫坐的纸片点燃扔下看台，结果引起大火，观众蜂拥而至大门，你推我挤互不相让，死 74 人，伤 1200 多人。

1969 年，在刚果布卡伐一场足球赛中，因一球进与不进之争，两派观众发生打斗事件，造成 41 人死亡，600 多人受伤。

1974 年，埃及队和巴拉圭队在埃及开罗扎马来克足球场比赛，观众企图冲进场内，发生骚乱，结果 48 人死亡，600 多人受伤。

1985 年，在比利时首都布鲁塞尔的海泽尔足球场，举行争夺欧洲足球俱乐部杯的比赛，由英格兰利物浦队对意大利尤文图斯队。英国球迷向意大利球迷肆意挑衅，造成冲突，双方大打出手，结果 39 人死亡，200 多人受伤。

1989 年，英格兰足总杯进入半决赛，利物浦队与诺丁汉森林队的比赛在谢菲尔德大球场进行。比赛刚开始 6 分钟，场外情绪激动的球迷大批涌入球场，秩序大乱，看台下层的观众被挤压在铁丝网下，造成死亡 108 人的惨重事件，震惊了全世界。

既然体育比赛的某些内在功能和外部特点，决定了体育在当今时代无法与政治、民族感情等因素分开，那么如何来评价这些因素对体育的介入呢？

前国际奥委会主席萨马兰奇 1983 年在国际奥委会执委会议上说：今日国际形势不可避免会对奥林匹克运动产生影响，这就需要我们共同努力来维护世界和平。

平等精神

无论是大到奥运会，还是小到学校的运动会，无疑都是以比赛为基本内容和形式的。但在人类体育活动的初期，却多数出自欢庆、娱乐或宗教祭祀的目的，将体育看做表演。只要我们认真思索一下，便会意识到：绝不能忽视比赛与表演之间的巨大差异。表演的性质，使体育运动永远停留在饭后茶余消遣的浅层次上，只有比赛才能使得体育运动获得真正的灵魂，并且激荡不已地跳动在人类社会生活各个方面。

有人比较了与古希腊文明同时、乃至早些时间的其他文明，如古埃及文明、古克里特和爱琴海诸岛上的文明等，发现后者当时的体育活动极少有比赛性质，基本上都是为法老和皇帝们进行表演，表演者处于奴隶的地位。与此相反，古希腊荷马时期的迈锡尼运动会却是以比赛的形式出现的，当时比赛的项目是竞走和战车。谁又能想到，正是比赛和表演的差别，使得古希腊文明对后世欧洲文明乃至世界文明作出了突出贡献呢？

了解一下古代奥运会的渊源，有助于我们理解古希腊运动会比赛形式的意义。我们已经知道，现在一般以公元前776年作为古代奥运会的开始时间，其实，古代奥运会的开始远在公元前776年之前。现有的资料说明，公元前884年，伊利斯国王伊菲特斯就为奥运会立了新规则，规定每4年举行一次，同时神圣休战一个月。而当时的奥运会已不被称为创建而被称为复兴。公元前776年则被称为古代奥运会的第二次复兴。那么，古代奥运会是何时以及由谁来创办的呢？像人类所有早期历史活动一样，我们只有从远古的神话中去寻踪觅迹。

关于古代奥运会创办的传说有三个。

第一个传说是，宙斯在战胜泰坦诸神之后，为象征法律和秩序的胜利，创办了奥运会。宙斯是正义与和平之神，代表着社会与自然法律，奥运会体现了这种精神。

第二个传说是，奥运会发起人为宙斯的孙子珀洛普斯。珀洛普斯想娶国王俄诺莫斯的女儿为妻，就必须按照国王的条件，同他进行战车比赛。而在此之前，已经有13位求婚者被残忍的国王、战神阿瑞斯之子杀掉。珀洛普斯战胜了国王，举行了盛大的奥运会。这个故事仍然表明，奥运会象征着法律的力量战胜了暴力。

第三个传说是，宙斯的儿子、力神海格力斯很小的时候，两条蛇爬进他的摇篮，他虽然没有被它们扼死，但危险和恐惧却将终生与他相伴。他受指派去做12件别人无法完成的事情，他需要战胜自己、战胜对手、战胜自然力量，结果他成功了，于是举办了奥运会。

这三个传说虽然不同，但它们蕴涵着一些相同的意义，这就是古代奥运会之所以产生和不断复兴的根据：法律和秩序，勇敢和胜利，拼搏和成功。古希腊人认为，比赛不但可以模拟生活中的战争、同自然搏斗等活动，而且是体现上述精神的最佳形式。也许令古希腊人没有想到的是，一旦比赛的方式被发明之后，它便在人类生活中日益显出自己独特的性格，按照固有的性格逻辑生存和成长，反过来为人类社会提供宝贵的精神财富。

体育比赛所给予我们的启示是多方面的。比赛的基本原则，是所有参赛者都必须遵守同一个规则，否则比赛无法进行。这就体现了人类一个极其伟大的精神——平等，一切种族的、国家的、权势的、贫富的差别都被排斥在一旁。当运动员们站在一起，凝神蓄力等待在起跑线上的时候，他们就如同置身于神圣的殿堂之中，享受着人类呼唤了千百年的理想境界，因为他们超越了当今世界上的不平等。当然，也可能不是所有人都能意识到"比赛"二字中体现出的基本含义，他们也可能漠不经心地随着检录处的指令走向起跑线，也可能嚼着口香糖如同观看赛马一样欣赏体育比赛。神圣而庄严的平等精神，往往被人们所忽略。

比赛的目的是一决胜负。在决出胜利者和失败者的过程中，比赛为我们提供了另外一种境界。在胜负、先后、强弱、高下的较量中，胜利者战胜了对手，他抛弃了一切的犹豫、怯懦、虚荣、褊狭，通过艰苦的拼争表明了自己的强大，那辉煌的一刻足以凝结为永恒。同时，荣誉和尊敬并不仅仅属于胜利者，失败者在搏击的过程中，同样经受了极为浓缩的人生旅途，更为深刻地体味到了人生的复杂感受，从而完善了自己的体能和人格。曾经有不少人，不懂得李宁从双杠上摔下去，又带着微笑站起来时那种博大而深邃的感情，他们的意志品质堪为我们的师表。

就在古希腊人庄严地进行种种体育竞赛的时候，一位波斯国王曾经发出了一个流传千古的疑问："这些不为金子只为荣誉拼搏的是些什么人？"循着这个千古疑问，我们发现了古希腊的比赛留给后世的第三种精神，这就是：体育比赛寄托人类的理想，体育永远是人类向着理想境界的进军。已经有哲学家概括了神话中海格立斯一生的业绩："与危险搏斗，为荣誉而受苦，这便是海格立斯的选择。"古代奥运会贯彻了这种精神，当时的获胜者只能获得一顶毫无市场价值可言的桂冠，没有任何物质和金钱奖励。正是这种对理想的追求影响了两千年之后的现代奥林匹克运动；也正是这种对理想的追求，人们不仅仅把“更高、更快、更强”作为奥运会格言，而是补充了“重要的在于参加”，号召数十亿与世界冠军水平相距万里的人参与每一场惊心动魄的竞赛，每一个人自身的价值在竞赛中获得高度的尊重和充分的体现。

体育的灵魂

描述体育比赛的文字，往往大量地借用形容战争的词汇，仿佛唯有如此才能最为恰当地传达比赛的真实情形。因为当我们观看一些讲究战术安排、进退拒守的两军对垒性比赛，或者观看一些双方赤膊相向、拳打脚踢的对抗性比赛时，很容易联想到人类互相冲突的那种极致形式——战争。体育活动的产生同战争有直接关系，有些项目如射箭、射击、拳击等都是从远古时期的战争中演化出来的。同时，不能不承认有些对抗激烈的比赛，不但能使参赛者血脉贲张，带着某种人类原始的冲动去拼命制服对手，而且会令观看者抑制不住阵阵冲动，内心体验着不亚于参赛者的紧张。有人曾经研究了体育比赛同战争的这种天然联系，认为随着社会的进步，战争虽然越来越少了，但人类血液里潜藏着的那种只有战争才能满足的欲望，仍然需要表达和发泄，于是人类选择了体育比赛作为发泄那种欲望的最佳场所。体育比赛中确实涌动着一个人类最基本也是最重要的精神，那就是竞争。

远古洪荒时，万物竞相发展，偏偏人类脱颖而出，进化为最高级的生命形式，并进而成为地球的统治者。漫长而遥远的人类进化细节，已经模糊难辨，也许人类当初曾经有过一些强劲的竞争对手，却在同人类的较量中失败了。他们也许已经灭亡，也许极为迟缓地在动物界进化着。物竞天择，适者生存，人类不但要抵御自然力的伤害以生存，还要战胜和驾驭自然以发展。从那时起，人类懂得了只有奋争拼搏才能保证自己的存在。

当人类社会形成之后，人们的对手就不仅仅是自然界了，自然界的优胜劣汰规律无情地体现到了人与人之间的交往中，每一个人必须做出最大努力以使自己强于他人，才能获得充分的荣誉、权力、财富或者知识。人类已经自觉地认识到了竞争，就像古希腊的运动所表现出的那样。不过，奴隶社会和封建社会是不保护竞争精神的，它更强调的是统治和服从，以维持少数人利益千秋万代不变。只是当欧洲文艺复兴之后，平等与自由的口号被写在社会的旗帜上，到处充满了竞争精神，竞争才真正成为社会发展的活力之所在。人的才能在竞争中充分显示出来，物质财富在竞争中大量创造出来，社会文明发展进入了一个新时代。从这个意义上说，我们不但解释了体现竞争精神的古希腊奥运会何以上千年绵延不断，人们何以在现代社会重建奥林匹克运动，而且发现了奥林匹克运动中的竞争精神对人类整个社会文明的巨大贡献。

从发展历史来看，资本主义社会的竞争是残酷无情的，无论是竞争手段还是结果，都存在着不平等。针对这种不平等而建立的社会主义制度，在发展过程中还不够完善，由于种种原因也存在着一定弊端，比如“大锅饭”的经济体制就限制了竞争，保护了懒惰和落后。在当代中国，大力发扬奥林匹克精神更具现实意义。

20 世纪 70 年代末，改革刚刚启动的时候，百端待理，体育率先而行，在人才制度、竞赛制度、奖励制度上进行了改革，使之更符合体育精神。这不是偶然的，因为体育精神最不能容忍抹杀竞争的“大锅饭”现象。从那之后，中国的体育起飞了，20 世纪 80 年代成为新中国成立以来成绩最为辉煌的时期，体育健儿在世界杯赛、锦标赛中共夺得 22 个项目的 445 个世界冠军，占新中国成立 41 年来获得世界冠军总数的 91%；共创造和超过 13 个项目的 227 次世界纪录。1990 年，在北京成功地举办了第 11 届亚运会，这不但表明了中国社会的稳定和科学、文化的进步，而且为处在改革开放之中、渴望早日实现现代化的中国人送来了一次意义深远的启蒙。男子十项全能选手台北李福恩的意外失手，使观众看到了“英雄泪”浸透了艰难的人生；中国男排的胜利，令观众体会到了勇于拼搏、自己改变命运的可能；而中国足球队在数万人的助阵下，输给实力弱于自己的泰国队，既让国人又一次感受到竞争的无情，又理直气壮地展示了体育比赛的平等：在同一规则下竞争。这些观念对于走向现代化的中国人来说是重要的，我们必须学会竞争，改变自己的气质和性格，并且最终改变自己的落后命运。

规模宏大的亚运会还增强了人们的参与意识，不但从文化上，也从政治上、经济上接纳了体育，这无疑拓展了中国人心态的包容能力。

竞争的最后一层含义更具有哲学意味：人在参与同自然与社会竞争的同时，还必须不断地战胜自己，这也是古希腊奥运会闪烁至今的光芒。战胜自己，就要向自己的人性弱点宣战，塑自己的健全人格；战胜自己，还意味着向自己的能力不断发出挑战，使自己不断地在更广的领域和更高的层次上取得成功。一些独步当今体坛的运动员，他们面前往往很长一段时间没有堪与匹敌的对手，寂寞而骄傲地站在人类体能的最前沿，他们在努力使自己更高、更快、更强的同时，也是代表着整个人类向自己的极限挑战，这更是一种神圣而庄严的竞争。

比如跳高选手索托马约尔、短跑选手伯勒尔、撑竿跳高选手布勃卡等，他们的成绩在时间上的每一次缩短和空间上的每一次延长，都意味着他们不但战胜了自己，也突破了整个人类体能的极限。因此，体育比赛最基本、最核心的精神是竞争的精神，竞争使体育蕴涵了具有普遍意义的人生哲学意味，更加充满魅力和活力。

在我们生活中，不少人以为体育是在物质生活相当丰富之后才能从事的余兴活动，是文化生活中的“奢侈品”，不少体育项目的“贵族化”——高消费现象更加强了人们的这种看法，如场地考究、器材昂贵的高尔夫球、网球、保龄球等。但是，通过对体育发展历史的概观和对体育精神的考察，我们发现，人类的体育活动渊源流长，它绝不仅仅是游戏，而是和日常生活密切相关的基本活动的一部分，其中以竞争为核心的体育精神更是人类社会进步的内在活力之一。一些西方学者甚至认为，世界文明的中心在欧洲，欧洲文明主要来自古希腊文明，而古希腊文明最有代表意义的思想财富之一便是由古代奥运会所体现出来的竞争精神。由此不难看出，体育对整个社会的贡献是何等巨大。欧洲文艺复兴以后，古代奥运会迅速被复兴并日益繁荣发展，形成20世纪空前蓬勃的大潮，原因就在这里。带着这样的理解去投身体育活动，我们就处在了较高的境界。

就整个体育所能涵盖的思想意义来看，并不仅仅是单一的竞争精神。以奥林匹克运动的口号为例，一般认为是“更高、更快、更强”，这是直接地张扬比赛和竞争的。可是人的体能和技巧除后天训练外，还有一定的先天因素，体现在不同种族、性别及人与人之间，这使得竞争的起点具有先天的不平等。于是，有人提出将“重在参与”作为奥林匹克运动的补充口号，强调了每一个人投身竞争的重要意义，鼓励所有的民族和个人为实现自己的价值而努力。

随着时代的变化，体育精神的内容也在发展和变化之中。在中国，一度曾经忽视体育竞赛的基本特征，不尊重运动员的努力，片面强调“友谊第一，比赛第二”，结果既阻滞了体育运动的发展，又缩小了体育的丰富内涵。现在，一般大型体育盛会都以“和平、友谊、进步”为宗旨，体现了整个人类社会的时代理想。

赛场就是人生，体育不但能给人健全的体魄，还能给人健全的精神，概而言之，就是自主独立的思想，拼搏奋争的精神，开放包容的心态，平等竞争的观念，以及探索进取的追求。

金牌的“含金量”

体育在自身的发展过程中，出现了一些相悖于体育精神、与奥林匹克精神背道而驰的现象。这其中首先引起人们注意的便是金钱的作用。

1987 年中国第六届全运会开幕后第二天，举重赛场上就传出新闻：广东选手何灼强在 52 公斤级比赛中两次刷新世界纪录。又过了一天，赛场外再次传来新闻：佛山市政府决定，奖给何灼强一套三居室住房；其家乡佛山市南海县政府奖给他价值 1. 5 万元的一套家具；平州镇奖给他价值 1. 5 万元的家用电器。加上广东省体委的破世界纪录奖和金牌奖，何灼强一夜之间成为巨富。

第六届全运会上，各省、自治区、直辖市竞相对夺取金牌的运动员实行丰厚的奖励，以刺激他们为本地区争取荣誉。地处西南的贵州省只获得了一枚金牌，也是该省在历届全运会上的第一枚金牌，于是贵州省府给予重奖：教练员和运动员各奖 1 万元，住房 1 套。

不过，腰缠万贯乃至“十万贯”的何灼强同西方体育明星相比，就立即显得寒酸了。1987 年 4 月 6 日，在美国著名的赌城拉斯维加斯举行了一场世界中量级拳击比赛，由号称“屠夫”的哈格勒与“智多星”舒戈尔争夺世界冠军。这场拳击赛有 3 亿多电视观众，300 万人在闭路电视前观看实况，现场门票高达 800 美元一张。结果，舒戈尔收益 1100 万美元，哈格勒收益 1200 万美元。主办者通过各种收入获利达 1 亿美元。这还不是世界之最。重量级拳王泰森同斯平克思的比赛，泰森仅用了 91 秒就打败对手，获得的奖金高达 2000 万美元。

在古代奥运会上，物质奖励是不被推崇的，人们更注意精神上的褒扬，获胜者仅仅得到一个橄榄花环。随着体育功能的日益扩展，金牌的“含金量”也越来越高。各国政府出于不同的目的和需要，不惜以重金鼓励运动员在奥运会上夺取奖牌；商业为获得广告效益，也高悬重金吸引知名度高的选手进行各种大规模的角逐。于是，导致了全球性不可遏制的“商业化”浪潮。亚洲的韩国在经济起飞之后，为了进一步扩大国际影响，开始实施“体育战略”，千方百计争取承办了亚运会和奥运会。政府鼓励运动员夺取金牌的有效办法之一便是高额奖金制度。在第 24 届奥运会的“奖金计划”中规定：在奥运会上夺取一枚金牌者，可获得 15 万美元奖金，银牌获得者是7.5万美元。更有奖金终身制，运动员只要在世界比赛中取得分数累计100分者，即可终身享有每月1500美元的奖金。根据规定，奥运金牌60分，亚运金牌30分，世界大型单项赛事30分。物质奖励对于运动成绩的提高起了巨大作用，金钱栽培出大量光芒四射的明星。

金钱的诱惑还推动了体育的国际化。物质生活发达的西方体育俱乐部吸引着愈来愈多有才能的运动员。在1991年日本千叶举行的第41届世界乒乓球锦标赛上，“乒乓王国”中国的“海外兵团”引起了注目。至少有14支球队由中国人执教，一些中国名将活跃在不同国家和地区的球队里。不过，国际化最典型的现象仍然在意大利，那里被称为“足球联合国”。在美丽的亚平宁半岛上，有18支甲级队，其中容纳了几乎全世界一半以上的球星。德国、荷兰、巴西、阿根廷、前南斯拉夫等足球强国，差不多有小半支国家队长年滞留在意大利踢球。像丹麦、葡萄牙、匈牙利、英格兰、俄罗斯、罗马尼亚等国，也都有优秀球员聚集在意大利。不难想象，以拥有荷兰“三剑客”古力特、巴斯腾、里杰卡尔德的AC米兰队；拥有德国“三驾马车”马特乌斯、布雷默、克林斯曼的国际米兰队；拥有马拉多纳、卡雷卡、阿莱芒的那不勒斯队；拥有扎瓦罗夫、阿尼连科夫、巴乔的尤文图斯队等明星在一起进行车轮大战，或粗犷，或细腻，或豪放，不同流派、不同风格各放光芒，异彩纷呈，将是一幅多么引人的场景。这些，不得不归功于金钱的“功劳”。

体育的商业化

“体育搭台，经济唱戏”，几乎成了大型体育活动的共同特点。金钱不仅仅作用在体育运动的最小细胞——运动员身上，而且在宏观场景上导演出有声有色、波澜壮阔的一幕。

有一种观点认为，现代足球在英国的历史虽长，但长期以来英国足球的水平却徘徊不前，没有什么突破性进展。只是在20世纪50年代后，各俱乐部改善球员待遇，提高薪金，足球水平才出现了飞跃。这种说法或许不足为训，还是意大利的“足球经济”更能说明问题。在这个特殊的经济领域里，广告费、转会费、电视转播费、高价球票、体育彩票、球星工资、补贴奖金，金钱漫天飞舞，资本高速流动，堪称奇观。

更大规模的世界杯足球赛，其商业化程度可能更为典型。企业家把赛场变成了商品交易会，世界大公司、大企业的商标广告，随着无处不在的电波传到世界的每一个角落，映现在数十亿人眼前。在1986年墨西哥世界杯足球赛上，场地上放置的广告牌价值达到每块数百万美元，庞大的跨国公司如日本的精工、佳能、西铁城，欧洲的奥佩尔，美国的可口可乐、柯达、蓝吉列，德国的柯迪达，荷兰的菲利浦等公司，都竞相投入巨额资金，大做广告。国际足联主席阿维兰热不无自豪地说："足球为世界经济作出了贡献。"

不仅是足球，还有拳击、网球、篮球等体育赛事也严重地商业化了。不仅仅是简单的广告，还有电视转播、门票、彩票、运动器材、出租场馆、提供就业、财政税收、运动饮料、赞助赠送、纪念商品、旅游推销、服装食品……1988年，美国在体育商业方面的总收入达到631亿美元，远远将石油工业、证券交易业、电台、电视台抛在后面，成为美国居第22位的大行业。

有这样一个例子：世界球星马拉多纳来到意大利踢球后，经纪人为他办理的健康保险中为腿投保3000万美元！最初接受投保的那家保险公司老板既高兴又紧张。高兴的是这桩买卖办好了要名利双收，紧张的是如此巨额的投保，风险太大。于是，肥肉虽香，这个老板却不敢独吞，最后由他牵头在那不勒斯成立了由34家保险公司参加的联合保险集团共同承保。仅从马拉多纳腿部的保险额，就可见西方现代体育经济的规模。

奥运会，也是充分显示体育商业化的展厅，只是奥运的账算起来更为复杂一些。

一般来说，奥运会由城市申请，国家与地方共同承办，于是人们往往以盈亏来衡量奥运承办的成功与否。蒙特利尔奥运会，负债达10亿美元，人称"蒙特利尔陷阱"，巨额欠款要到20世纪末才能还清；洛杉矶奥运会，财源滚滚净赚2.25亿美元；汉城奥运会，创了历史纪录，赢利达到5亿美元。

上述盈亏，自然取决于不同组织者的才能，但不能忽视国家原有的体育设施和服务设施基础。规模宏大的奥运盛会，对于发展中国家来说是个巨大的负担，美国人赚钱的经验并不适于那些穷国。不过奥运会的账也有另外的算法：用于奥运会的各项设施，如体育场馆、交通道路、旅游服务等，对于一个国家和城市早晚是要搞的，钱虽花得多，却"肥水不流他人田"。何况奥运会为旅游业、商业所带来的短期收益和为整个国民经济带来的活力，还会进一步显现出来，更何况还有不可忽略的政治效益。

金钱战胜了什么

商业化推动了体育的发展，但金钱的可怕腐蚀力同时严重地侵害了体育健康的肌体。在争办1996年奥运会的角逐中，或许多少可以看出一些金钱的作用。1996年是现代奥林匹克运动100周年，共有雅典、亚特兰大、多伦多、墨尔本、曼彻斯特和贝尔格莱德申请主办这一年的奥运会。其中，雅典是古代奥林匹克运动的发祥地，100周年的纪念放在雅典当是合乎情理的。

按照惯例，举办地点要由国际奥委会经过5轮投票而最后决定，每轮投票后淘汰一个得票最低者。

第一轮，雅典23票，亚特兰大19票，多伦多14票，墨尔本12票，曼彻斯特11票，贝尔格莱德7票。

第二轮，雅典23票，墨尔本21票，亚特兰大20票，多伦多17票，曼彻斯特5票。

第三轮，雅典26票，亚特兰大26票，多伦多18票，墨尔本16票。

第四轮，亚特兰大34票，雅典30票，多伦多22票。

第五轮，亚特兰大51票，雅典35票。

1990年9月18日在日本东京举行的这次投票，最后表决通过卫星向38个国家实况转播。五轮投票共持续了12个小时。结果公布后，希腊代表大叫"这是不公平的"！希腊总理康斯坦丁含着眼泪说："我们很失望，100年以来，我们25次为奥运会送去了火炬，我们只不过要求这一次轮到我们……"

行家们分析，亚特兰大能够在这场竞争中获胜，关键在于其雄厚的财力，亚特兰大的代表带去了远远超过其他竞争对手的活动经费。表决结束后，一位西方记者称这是一次"情感对美元的较量"，结果，美元胜利了。

还有许多更为明显的事例。运动员往往为了金钱而不惜抛弃体育道德，采取不正当的手段谋取胜利，甚至服用兴奋剂。奥林匹克的名言"重要的不是取胜，而是参与"，被金钱给改成了"重要的不是参加，而是奖牌"。贿赂、作弊行为也时有发生，这些都是体育运动中值得注意的倾向，否则恶性膨胀的拜金主义会将美好的体育理想断送掉。

在社会对于商业化倾向这一个认识过程中，国际奥委会第5任主席布伦戴奇曾经理直气壮地宣称："人们如果问我为什么不能通过奥运会赚钱，奥委会主席将回答，我们是本着古代奥运会精神来开奥运会的，不是为了钱。”但是，国际体育界的领导人始终面临着同样的挑战——他们必须在日益活跃高涨的商业化浪潮前，设法维持体育事业的健康发展。

兴奋剂的悲剧

可以说，政治化和商业化的评价大致是毁誉参半，而兴奋剂现象则实实在在是体育运动的敌人，有人将之比喻为体育肌体上的一个毒瘤。实际上，兴奋剂的危害已经远远扩大到体育运动之外。

约翰逊是移居加拿大的牙买加黑人。从 1984 年起，他开始多次称雄世界大赛，并屡屡战胜不可一世的田径巨星刘易斯，成为当时独步世界的短跑选手。1988 年 9 月 24 日，约翰逊在汉城奥运会上同刘易斯进行了举世瞩目的“世纪之战”，结果约翰逊不但取胜，而且创造了 9″79 的世界纪录。这个成绩意味着人类向着极限的冲击又跨出了一步，全世界为之欢欣鼓舞。

但是人们万万没有想到，约翰逊竟然是冒天下之大不韪，靠药物“实现”了理想，一个人欺骗了全世界。汉城兴奋剂检测中心宣布，约翰逊的尿样呈阳性反应，此系服用兴奋剂无疑。国际奥委会理所当然地剥夺了他的奥运金牌，宣布他的“世界纪录”无效，给予他停赛的处分。十数家跨国公司同他撕毁合同。加拿大政府表示永不录用他代表本国比赛，举国饮泪，枫叶蒙羞。

兴奋剂作为能改变人的体能的药物，它的种类仍在不断增多。被国际奥委会明令禁止使用的有以下 5 类：

兴奋剂：能加强注意力，增强肌肉工作能力，减少疲劳感，但药物中含有大量苯丙胺，会引起精神亢奋、血压升高甚至全身痉挛以致死亡，由于药物刺激使肌肉超过工作能力，常出现肌肉撕裂和猝死现象。

麻醉品镇痛剂：会产生快感和幻觉，能减轻痛感，使受伤者能参加训练和比赛，经常使用会像吸食海洛因一样成瘾而不能自拔。

合成蛋白固醇：是一种雄性激素，可增强肌肉，但副作用相当严重，使女子男性化，男子性功能衰竭等。

阻断剂和利尿剂：阻断剂开始为降压所用，具有镇静作用；利尿剂可以稀释尿液，用于掩盖其他禁药的反应，还可减轻运动员的体重。

服用兴奋剂的危害在于，它不仅仅会损害服用者的身体健康，而且依赖药物作用参加比赛，借以取胜，破坏了平等竞争的体育基本原则。

兴奋剂的作用是明显的，它可以满足人的欲望，在短时期内大幅度提高成绩，甚至摘取人类运动之冠——男子100米跑的金牌。约翰逊不是第一个服用兴奋剂的人，1904年圣路易斯奥运会时，美国马拉松运动员汤马斯·希克思半途体力不支，准备退出比赛。但服用了教练给他的兴奋剂后，立刻体力大增，健步如飞，夺得了金牌。1960年罗马奥运会，丹麦自行车运动员努博·詹森突然摔倒在赛场上，医护人员作出最大的努力仍未能挽救他年轻的生命。经过尸检，才知道凶手是过量的兴奋剂。1964年东京奥运会，使用药物者进一步增加，厕所里随处可见小药瓶和注射器。1987年4月，西德著名田径女选手德雷塞尔猝然死亡，两年的服药史令她的内脏和关节严重受损。

据统计，现代体育史上因服药而死亡者已逾百人。是什么促使运动员，包括约翰逊这样原本极有前途的运动员铤而走险呢？是诱人的荣誉、地位、金钱，有时，还有国家或某一集团的利益。

约翰逊的迅速崛起，引起了某一国际赌博集团的重视。他们通过体育医学研究机构，对约翰逊进行了深入的体能研究，发现他的起跑反应时间达到0.129秒，有一次竟达0.124秒，于是断定，约翰逊超乎正常人的反应速度必定依赖于药物。不过这个赌博集团一时难以确定药物的种类。

在周密的安排下，赌博集团设法弄到了约翰逊的尿样，立即由专使秘密送到在兴奋剂研究上领先的一个国家，这个国家的专家分析、化验后证实，约翰逊服用了合成代谢类固醇。专家们同时提醒赌博集团说，有一种号称“守护神”的药物，专门化解类固醇的阳性反应。这种药物可能已经秘密流传在国际体育界了。

国际赌博集团立即巧妙地将这个情报暗中通报给国际奥委会和韩国当局，汉城立即加强专门探查“守护神”及类固醇的研究．不久，汉城兴奋剂检测中心便已严阵以待。

一个惊人的赌博计划开始在幕后实施了。这场汉城奥运会男子100米跑比赛的总赌码，高达70亿美元，欧美各国赌约翰逊胜利的赌注均占多数，因为在此前的多次较量中都是约翰逊取胜。谁能想到，赌刘易斯获胜的集团，经过两年多精心准备已经立于不败之地。在这项被命名为“猎鲨计划”的行动中，自以为得计的约翰逊及背后操纵约翰逊的集团，已难逃失败的命运。事态的发展，一切均在计划之中进行。世人的感情表面看来是被约翰逊愚弄，实际上却是被国际赌博集团所愚弄。假如国际赌博集团出于爱心，早日揭发约翰逊，便可挽救数十亿人的感情。然而，他们需要将这幕剧导演至终，因为他们需要金钱。约翰逊也需要名誉和金钱，他背后的势力也需要同样的东西，一场悲剧就不可避免地上演了。

奥委会与兴奋剂的较量

兴奋剂的危害渐渐引起了国际奥委会的重视。1961 年，国际奥委会成立了医学委员会，开始明令禁止使用兴奋剂，此后开始了艰巨而漫长的反对兴奋剂的斗争，直至 1988 年的约翰逊事件，终于引发了全球性的反对使用兴奋剂的高潮，令人遗憾的是，愈是严格检查，被查出服用兴奋剂的选手愈多。在 1972 年、1976 年、1984 年的奥运会上，均有丑闻被揭露。加拿大政府了解了约翰逊、刘易斯之战的深层黑幕后，一方面惩罚约翰逊，一方面动用政府力量参与国际性的揭露药物丑闻大战，许多蜚声全球的体育明星的名字，接连出现在加拿大政府的调查报告之中。

加拿大女选手作证说，美国女飞人乔依纳服用禁药，并曾说服她一起服用。美国选手阿什福德称，据她所知，在 7 名获得汉城奥运会金牌的美国女子田径队员中，至少有 2 名使用过类固醇。卡尔·刘易斯也走上证人席，他说，至少有 5～10 名汉城奥运金牌获得者使用过类固醇，可是不久刘易斯自己也受到了揭露，美国 400 米选手鲁宾逊对此作了证词。

就在汉城奥运会过去一年之后，国际奥委会又披露了一件更大的丑闻。

国际奥委会副主席兼奥委会医学委员会主席亚历山大·德海罗德亲王，1989 年 8 月 25 日在波多黎各首都圣胡安宣布：该医学委员会用更先进的药物检测方法对汉城奥运会期间采集到的 1100 名男运动员的尿样进行了复查，结果发现其中 5%，也就是 50 多运动员在奥运会开幕前 6 个月内使用过类固醇。当时在汉城执行药检时，未能查出这些类固醇的反应。由于时过境迁，这些违禁者的成绩不再追诉了。国际奥委会没有公布这些运动员的国家和姓名。

多年来，国际奥委会虽然为维护体育的纯洁而同兴奋剂坚持作斗争，但往往是“道高一尺，魔高一丈”，不断出现的新药物和使用方法、消除药物痕迹方法令检测手段望尘莫及。第 23 届奥运会时，美国以 200 万美元建设了新的实验室，其精密度可以测出放入游泳池中的一块方糖；汉城兴奋剂检测中心更集中了当时世界最高科技水平的仪器，甚至捕到了约翰逊这样的“大鱼”，却仍然未能查出更多的服药者。据说，世界上某些国家的药物研究已远远地走在国际奥委会的检测手段前面，以此为基础，这些国家一批批地捧回了世界大赛的金牌。

然而魔高一丈，道高十丈，正义的事业，最终必将战胜邪恶的力量。全球性的兴奋剂现象终于引起了各国的高度重视，一些有影响的国家公开表态支持国际奥委会反兴奋剂的斗争。

美国曾和苏联达成协议，双方可以在任何时间内，对对方运动员进行药物检查。国际举重联合会宣布：对举重选手实行全年随时测试制度，裸体抽取尿样。法国成立“与兴奋剂作斗争委员会”，有关人员可以随时抽查训练和比赛中的运动员。中国国家体委主任表示，要同服用兴奋剂现象作坚决的斗争。

使用兴奋剂和反对兴奋剂之间的较量将是长期的，谁胜谁负的问题还没有解决，与此同时，兴奋剂现象还向经典体育观念提出了挑战。正如国际奥委会前主席萨马兰奇所说：“运动员偷服禁药，是对体育运动宗旨的嘲弄，也就是对我们前人都认为是神圣理想的灵魂的嘲弄。”但是，也许将来有一天，兴奋剂会出现它的辩护者，在当代体育的新进程中为其作出辩护。

使用兴奋剂首先违反了公平竞争原则。但是由于人种的差别，器材的差别，现行的竞争实际上已经是不平等的；有的服药，有的不服，使得竞赛也不平等。兴奋剂损害服用者的身体健康，但是当今竞技体育已成为一门职业，世界冠军在长年累月的训练和竞赛中，身体器官严重受到伤害，已经无法自称“健康人”，这也是违反体育精神和理想的。

随着科学技术水平的提高，兴奋剂的危害会日益减少，乃至消除，成为同一般营养物质相近的药物，甚至是一种更高级的营养物，那又当如何？人类的价值观不断变化，真理总是相对存在，新的问题有待于时代作出回答。

奥运会的由来

奥林匹克运动会始源于古希腊的竞技会。第一次古代奥运会是公元前776年在希腊奥林匹亚举行的，以后每隔4年一次。公元394年被罗马皇帝禁止。

1875～1881年，德国库蒂乌斯等人在奥林匹亚遗址找到了大量出土文物，引起了全世界的兴趣。为此，法国的顾拜旦认为，恢复古希腊奥运会的传统，对促进国际体育运动的发展有着十分重大的意义。在他的倡导与积极奔走下，1894年6月，在巴黎举行首次国际体育大会，正式成立了国际奥委会。第一届现代奥运会于1896年在雅典举行，以后每4年举行一次。其中三届因世界大战被中断，但届数仍按顺序计算。

奥运会五环旗的由来

五只相套接的彩色圆环是现代奥林匹克运动会最显著的标志，象征五大洲运动员的友谊和团结。依据传统的说法，五环标志及其颜色是现代奥运会创始人皮埃尔·德·顾拜旦男爵于1913年精心设计和选定的，以后才作为国际奥林匹克的会旗和会徽的主要标志。

1914年7月，这面旗帜首次出现在巴黎庆祝奥运会成立20周年的大会上，1920年，比利时奥委会把一面绣有五环的绸缎会旗赠送给国际奥运会，在安特卫普奥运会的开幕式上升起来。在一般情况下，每届奥运会闭幕时，该届奥运会城市代表将这面旗移交给下届奥运会城市市长。

然而，在新近挖掘出土的一块古希腊的大理石上发现了与上述标志完全一样造型的图案。据史料记载，它是迪奥腓古代祭祀盛典中的一项活动。古代奥运会则是从中逐渐演变形成的。由此可见，现代奥林匹克运动会五个彩环相套的标志并非现代人的首创，而是古希腊时代的产物。

奥运会会徽的由来

奥运会的会徽就是五个相套的、不同颜色的圆环。

对奥运会五个圆环的含义，曾有一种比较流行的解释，认为每一个环的颜色代表一个大洲。1979年6月国际奥委会出版的《奥林匹克杂志》第140期指出，这种说法是错误的。根据奥林匹克宪章，五环的含义是象征五大洲的团结以及全世界的运动员，以公正、坦率的比赛和友好的精神在奥林匹克运动会上相见。

每届奥运会都有不同的会徽，但所有的会徽都带有五环图案，然后再衬之以反映东道国特点或民族风俗的图案。如第17届奥运会于1960年在意大利罗马举行时，就以罗马的城徽作为会徽，即一只母狼哺育两个婴儿的图案。又如第19届奥运会于1968年在墨西哥城举行，选择了墨西哥城最著名的出土文物——24吨的历石作为会徽。日本设计的第18届奥运会会徽是以本国国旗为图案的。苏联为第22届奥运会设计的会徽是以运动场跑道绕成的克里姆林宫建筑为造型的。

特殊奥运会的由来

特殊奥运会即世界弱智人运动会，发起人是美国前总统肯尼迪的妹妹和妹夫。他们俩同是波士顿财团的主要成员。在别人眼里，他们是最显赫、最幸福的夫妇，但不幸的是，他们的孩子竟是智障儿童。

可能是出于爱屋及乌的原因，肯尼迪和丈夫依靠波士顿财团的坚强实力，发起了举办世界弱智儿童运动会的倡议。这个倡议很快得到世界各国的响应。他们决定在美国举办第一届世界弱智人运动会，并把比赛扩大到全部弱智人的范围。国际奥委会对此十分赞赏并给予热情支持，称第1届世界弱智人运动会为特殊奥运会。

体育奖牌的由来

奥运会、亚运会以及各个单项的世界锦标赛，都授予竞赛的优胜者金牌、银牌和铜牌。然而，在很久以前，体育竞赛中的优胜者所获得的奖赏却是一个用橄榄树枝或桂枝编织成的“桂冠”。1896年第1届奥林匹克运动会的优胜者获得的就是这样的“桂冠”。

直到1907年，国际奥委会在荷兰海牙召开的执委会上，才正式作出了授予奥运会优胜者金牌、银牌和铜牌的决议，并在翌年举行的第4届伦敦奥运会上开始实施。

自1924年第8届巴黎奥运会起，国际奥委会进一步作出了如下补充决定：优胜者除授予奖牌外，还同时发给证书（奖状），并对金牌、银牌、铜牌的设计、制作作了具体的规定。一、二、三等奖的奖牌直径均不小于60毫米，厚度为3毫米。其中，一等奖（金牌）和二等奖（银牌）的奖牌用银制作，其纯度（含银量）不低于92.5%，一等奖奖牌（金牌）的表面至少镀6克纯金。

以上这些规定，从1928年的第9届阿姆斯特丹奥运会上开始使用至今。

体育奖杯的由来

现代的体育奖杯是由一种叫“爱杯”的大酒杯演变而来的。它起源于英伦三岛。据西方史料记载，公元 978 年 3 月 18 日，英国国王爱德华出征归来，骑在马上接受别人敬献的一杯祝酒，正当他仰首痛饮时，被刺客从背后猛刺一刀，坠马身亡。

此后，英国人凡是举行各种宴会，主人使用一个大酒杯盛满美酒，在客人中依次传递，轮流啜饮。每当一位客人起立接过大酒杯时，邻近左右的两位也必须陪同站起来，以示保护，免使饮酒者重蹈英国国王爱德华之覆辙。后来，这只来宾都要轮流啜饮的大酒杯便被命名为“爱杯”。在当时英国，这种“爱杯”被视为最珍贵的礼品馈赠给贵客。

随着体育运动的蓬勃发展和人们对体育竞赛的兴趣日趋浓厚，人们又将“爱杯”作为奖品赠送给体育竞赛中的优胜者，以示祝贺。获得“爱杯”的人受到人们的尊敬。这个方式一直流传至今，而且现代的奖杯仍保留着当年“爱杯”的遗痕——形似大酒杯，多数带有两个长长的耳朵，并且在称呼上都带有一个“杯”字。如乒乓球的斯韦思林杯、考比伦杯，羽毛球的汤姆斯杯等等。

桂冠的由来

在各种体育竞赛中，人们常称优胜者为夺得“桂冠”。桂冠的来历，出自古希腊神话。

太阳神阿波罗爱上了露珠女神达芬，一往情深。但达芬却始终拒绝阿波罗的追求。一天阿波罗又来到众女神的居住处，达芬拔腿就跑，阿波罗恳求她不要躲避，当心被树桩绊倒。眼看要追上了，达芬向她母亲大地女神呼救道：“母亲，如果你不能让我逃脱，就改变我的形状吧！”当阿波罗接触到心爱的姑娘时，感到她的心仍在突突地跳，她的身体却已变成一棵月桂树。阿波罗对达芬的爱情并没有因此而泯灭，他说：“我将永远爱你，让你成为最高荣誉的象征。”

后来，希腊人便将桂树枝叶编成“桂冠”献给竞赛的优胜者，以示荣耀。

亚运会的由来

亚洲运动会，简称“亚运会”，是亚洲地区的综合性运动竞赛会，也是亚洲体坛最大的盛会，由亚洲运动联合会的成员国轮流主办，每 4 年举行一次。

亚运会的前身是远东运动会，1911 年由菲律宾体育协会发起组织并每两年举办一次，轮流在菲律宾的马尼拉、中国的上海和日本的大阪举行。先后共举行了十届，1937 年因世界大战爆发而中止。

1948 年，参加世界奥林匹克运动会的亚洲体育界人士协商，倡议重新恢复远东运动会，并扩大规模，改称亚洲运动会，每 4 年举办一次，时间正好与奥运会错开。

第一届亚运会于 1951 年 3 月在印度的新德里举行（本应 1950 年举行，因准备不足而推后一年），当时只有 489 人参加，以后规模逐渐扩大。到 1978 年第八届时，参加人数已超过了 4000 人。目前，亚洲选手已成为世界体坛上一支不可忽视的力量。1990 年，第十一届亚运会在北京举行，这是中国第一次作为东道国举办亚运会。

足球裁判穿黑衣的由来

1978 年以前，足球裁判不像现在这样在场内跑来跑去，而是坐在看台上进行裁判。但由于足球场场地大，坐在看台上，裁判不可能发现所有的犯规情况，后来决定裁判员到场内进行判决。

裁判员在场内随运动员来回跑动而判决，易与运动员混淆。为使裁判员在场内区别于运动员，足球裁判员全都穿上黑色服装成为特殊的标志。据说，黑色是严肃、庄重的象征，因此法国人一般都穿黑色制服。所以，为显示裁判员的神圣地位，裁判员也着黑色服装，并被尊称为“黑衣法官”。

裁判哨子的由来

1875 年，在伦敦一场足球赛中，发生了球赛事故。为了球分，争论不休，甚至动了拳头，陷入全场混乱。

正好，担任这场球赛的裁判员，是一位名叫约翰的警察。目击混乱不堪的场面，他情不自禁地摸出了口袋里的警哨，使劲一吹，参与闹事的人，以为触犯了警察，便很快回到原座，顿时秩序井然。这个哨声取得了意想不到的效果，从此哨声也取代了裁判的吆喝和手势。

足球赛出示红、黄牌的由来

在激烈的足球比赛中，裁判员经常出示黄色、红色小牌，对运动员的犯规行为予以警告或罚出场。

国际足球比赛规则规定：一个运动员在同一场比赛中，被裁判员出示黄牌共计达两次者，当场停止比赛且停止下一场比赛；一个运动员被裁判员出示红牌，除当场停止比赛外，还停止一场比赛。

红、黄牌是南美足球协会联盟在 1970 年举办米尔斯·里梅特杯赛时首先采用的，目的是帮助裁判员克服比赛场上的语言障碍。以后经国际足联裁判委员会研究并经世界杯赛组织委员会批准，在墨西哥城世界杯赛中首次使用，并沿袭至今。

点球的由来

100 多年前，英格兰足坛的一场重要比赛，产生了足球赛中一条罚“点球”的规则。

以前，守方后卫为了阻碍对方队员在球门附近将球踢进大门，不惜采用各种各样鲁莽的行动。1891 年，英格兰的斯托克队和诺丁汉队进行夺杯锦标赛，诺丁汉队在 1 比 0 领先的情况下，以守为主。斯托克队尽管轮番进攻，仍然不能拔城。在比赛结束前一分钟，诺丁汉队一名队员幸运地射了一次门，守门员判断失误，眼看球入网窝要得分，斯托克队一名队员急中生智，用手把球击出端线。这种情况根据当时的规则，只能判罚任意球，而防守队员却可以组成一道人墙阻击，结果斯托克队以 0 比 1 输掉了这场球赛。

比赛结束后，不少观众提出，这样的规则不合理。1891 年 9 月 15 日，英格兰足协在观众舆论的压力和裁判员的要求下，把类似的情况判“无人防守的罚球”写进了规则。由于罚点球距离球门只有 12 码，所以也称“十二码球”。规则规定，主罚队员在未踢球前，双方队员都要退出罚球区外，守门员两脚站在球门线上不得移动。近年来，有不少场次的足球赛，是以罚点球决定胜负的。

铁人三项赛的由来

1978 年的某一天，美国军官约翰·科林斯在夏威夷檀香山与几个同事一起聊天。话题突然转到什么项目的运动量最大，是游泳、骑自行车，还是马拉松？他们争论难解难分，最后以一项有趣的决定结束了辩论：他们要进行一次比赛，把 3.8 千米的游泳、180 千米的骑自行车和 42.195 千米的马拉松长跑三项运动放在一起，一项接一项地一气完成。

这种在当时看来似乎是不可思议的比赛运动项目，竟迅速风靡欧洲。美国“铁人三项赛”每年举行就不下 500 次，参加者达百万人。

现在，这项运动已有三个档次标准：第一档次如上述，是游泳 3.8 千米，骑自车 180 千米，长跑 42.195 千米；第二档次依次为 3 千米、120 千米和 25 千米；第三档次已作为奥运会的标准，依次为 1.5 千米、40 千米和 10 千米。

拳击运动的由来

拳击是一项历史悠久的体育运动项目，据《荷马史诗》记述，早在公元前 1100 年，古希腊就有一种竞技会，会上共进行七项比赛，拳击就是其中的一项。在比赛中获得冠军者，人们把他们作为英雄载入史册。

拳击在公元前 688 年第二届古代奥运会上，就被正式列入比赛项目。这项比赛非常激烈而残酷。古代奥运会上的拳击运动无论是在形式、比赛规则还是在用具上，均有别于今天的拳击运动。

18 世纪，拳击运动从欧洲传入美洲、亚洲。欧美经常进行一些小型比赛。在美国、意大利以及欧洲一些国家，已有拳击训练场、训练馆和俱乐部。他们除每年举行国内的拳击比赛外，还时常出国进行比赛。到了 1904 年，在第三届现代奥运会上，拳击运动已成为比赛项目。

汽车赛的由来

汽车赛是各种类型的汽车竞速比赛。汽车赛源于法国。1887 年 4 月 20 日，法国《汽车》杂志主编弗谢，为了扩大其杂志的影响，增加杂志的发行量，组织了从巴黎的桑·贾姆，沿塞纳河直至努伊伊的汽车比赛。

出人意外的是，此次比赛只有1人报名参加。《汽车》杂志在第二年再次举办汽车比赛，此次比赛参加人数并不多，夺冠者是布顿。随着汽车工业的发展，汽车比赛的花样越来越多。最初，搞这种运动比赛的往往是一些乐于此道的富翁和汽车制造商。后来，很多大公司、大企业纷纷出巨资赞助汽车比赛，借此为自己做商业性宣传——广告。1900年6月14日，从巴黎至里昂之间的“格顿·贝纳特杯”汽车赛是最早的国际汽车锦标赛，法国人夏伦夺魁。1906年6月26~27日，法国俱乐部主办了世界上最早的汽车大奖赛，匈牙利的普罗·雷萨和弗林·希斯夺标。

摩托车赛的由来

摩托车比赛是一项惊险激烈的运动。摩托车比赛源于欧洲。19世纪末20世纪初，一些工业发达的欧洲国家为了检验新型交通工具摩托车的性能及质量，举办了非正式的国际比赛，从而开始把摩托车赛作为一项运动开展起来，并逐渐形成一套竞赛规则。

1904年9月，世界首次摩托车比赛在巴黎郊区的柏山举行，奖杯由法国摩托车俱乐部提供，参赛的国家有法国、英国、德国、丹麦、奥地利等5个国家，每个国家只有两三名运动员参加比赛。按规定，驾驶的车必须是本国产品，竞赛路线是一周长度为50千米的环行路，行驶5周，结果法国队获胜。

国际摩托车联合会成立于1904年，每年分别举办各项世界摩托车锦标赛。我国于新中国成立后开展摩托车运动。

健美操运动的由来

健美操运动是个新兴的体育运动项目。它有机地综合了体操、舞蹈和音乐等学科，旨在通过身体自抗力的动作练习，达到增强人的体质、塑造美的形体的目的。

19世纪，在德国、瑞典、丹麦等国家先后出现了各种体操学派，他们对人体的健美锻炼都有独特的论述和实践。1937年，我国出现了被称为“增美之奇方”的健美专著《女子健美体操集》。1956年，英国大不列颠健美协会把很多体操运动员培养成健美教师。美国著名电影明星简·方达在20世纪50年代初就开始练习并创编健美操，并出版了“健美操丛书”和录像带，成为女子健美训练的指南。1969年，美国人杰姬·索伦森创编了“健力舞”。

进入20世纪80年代，健美操很快遍及世界，成为风靡全球的体育运动项目之一。美国在1985年开始正式举办一年一度的阿洛别克健美操锦标赛，使健美操发展成竞技性的运动项目。

艺术体操的由来

艺术体操也叫韵律体操，是一种艺术性较强的女子竞赛体操项目。它起源于19世纪末20世纪初的欧洲，20世纪50年代由苏联传入我国。艺术体操并不是体育家单独创造的，当时法国的生理学家乔治·德迈尼，瑞士的音乐教师台尔克罗兹，德国的舞蹈教师拉班以及现代体操家博德和梅道等人，主张以女子优美的自然体型为基础，在音乐伴奏下做有节奏的艺术造型动作和柔软活动，从而发展女子身体的柔韧性，形成正确的健康的身体姿态，提高动作的艺术性。

当时，专门从事研究体育与医学的爱沙尼亚人爱德勒及他的学生库普，则致力于创造符合美学要求的和谐，将动力性动作与放松的流线型动作交替进行，形成了具有活力及独特风格的现代节奏体操的雏形。艺术体操就是在这个基础上，经过长期实践逐渐形成的。20世纪50年代正式定名为艺术体操。

艺术体操是一门新兴的体育项目，是一种从事徒手或手持轻器械，在音乐的伴奏下进行的体育运动。其项目有绳操、圈操、球操、棒操、带操五项，它吸收了芭蕾舞、民间舞、现代舞和杂技等精华，可以培养运动员的力量、灵巧、节奏感，从心理和生理角度来看更符合女子锻炼。

体育舞蹈的由来

体育舞蹈是一种既有文化艺术内涵，又有体育竞赛规则的、融艺术与体育为一体的舞蹈，它包括国际标准舞华尔兹、探戈、狐步、快步、维也纳华尔兹和拉丁舞伦巴、恰恰、桑巴、斗牛舞、牛仔舞两大类共10种舞。

体育舞蹈起源于欧美的传统社交，具有悠久的历史。1925 年英国皇家舞蹈教师协会博采众长，创编了一种合乎标准规范的统一舞蹈步法，并制定出教程及比赛规则。首届世界交谊舞锦标赛于 1947 年举行。1960 年拉丁舞也成为世界锦标赛的比赛项目。

目前，体育舞蹈的世界锦标赛和世界杯赛举办频繁。现在这项活动已被列为亚运会及奥运会的表演项目。

溜冰鞋的由来

18 世纪，居住在荷兰的一位男滑冰运动员，经常在冰面上滑冰，当冰开始融化时，冰面就不能支撑身体重量。他思索着如何解决这个问题，于是用四个大木制线轴安装在一双旧皮鞋上，试着在地面上滑行，居然成功了，被人们认为是世界上第一双溜冰鞋。

1760 年，比利时人约瑟夫·默林制造了一双溜旱冰鞋，由于没有刹车装置，使用不便。1815 年，法国人加尔森创制了一种轮式溜冰鞋。1819 年法国人首先出售木制、金属制和华贵的象牙制溜冰鞋。英国人罗培脱泰斯制造了三个轮子排列在鞋子中心成为一线，使滑冰者必须移动身体的重心，一只脚灵巧地旋转中间那只较大的轮子的溜冰鞋。一个澳大利亚人也制成了一种“品”字形的三轮溜冰鞋。

1863 年，美国人詹姆斯·普利姆普顿重新设计一种新溜冰鞋。这种溜冰鞋最初是在每只鞋底上镶四把小冰刀，在冰上滑行；在冰雪开始融化后，鞋底上换上镶有活动底座的两对小轮，以利于在坚实的地面上滑行。

现在人们所见的四轮花样溜冰鞋是这样的：鞋子用皮革制成，高腰、硬帮、高跟硬底。男式的为黑色，女式的为白色。鞋底托用金属制成，镶有四个小滑轮，前面有制动器，可用以调节与地面距离的高度。前后小轮均可左右扭转。轮与托是用胶垫连接的，并用螺钉固定在滑轮上。

高低杠的由来

高低杠是女子体操中的特有项目，是由双杠演变而来的。

起先，女子体操运动员用的也是双杠，可这样使女子上肢负担太重，不适应女运动员的特点。于是，人们采用两根高低不平的杠子，也就是把双杠的一根杠子升高，另一根杠子保持原来的高度。就在这两根高低不平的杠上进行坐、仰、卧、立撑、平衡等比赛动作，这就是高低杠的前身。

到1960年以后，高低杠技术的发展日新月异，器械也不断完善，终于产生了今天大家见到的高低杠。

体育的魅力

年轻的朋友，你喜欢体育吗？

你可曾有过这样的经历，忘记了疲劳和困倦，深更半夜爬起来，聚精会神地守候在电视机旁，只是为了看一场发生在千万里以外的体育比赛的现场直播。你可曾心甘情愿地排长队、出高价、走后门，使出浑身的解数去谋求一张体育比赛的入场券，并在现场情不自禁地随着赛事的起落，或手舞足蹈，或凝神屏气，或欢呼喝彩，或高声诅咒？在奥运会或其他重大赛事期间，你可曾为中国队的命运而魂牵梦绕、揪心焦灼、抓耳挠腮、出汗发抖，当终于取得最后胜利时一跃而起，振臂狂呼；当功亏一篑招致失败时伤心懊恼，悲愤莫名？这就是体育的魅力。

人们尽管性别不同、年龄不同、职业不同、经历不同、兴趣不同、观点不同，甚至政见不同，但在对待本地、本国运动队和运动员的态度上却可以取得惊人的一致。世界级的体育明星，则赢得了世界的喜爱，人们会破除地界、国界的局限，宽容大度地看待他们的胜利，从他们的精彩表演中得到极大的满足。奥林匹克运动有一个光荣的传统，运动场上的竞争是激烈无情的，但无论是胜利者还是失败者，他们所追求的目标都是全世界的团结、进步、和平和友谊。据统计，通过各种手段观看1992年巴塞罗纳奥运会开幕式的达35亿人，占全世界总人口的68%！这就是体育的魅力！

20世纪60年代的中国乒乓球队、80年代的中国女排、90年代的“马家军”，都曾在不同时期对我们国家的各个方面，起到过极大的鼓舞作用。全世界的炎黄子孙都从中品尝了世界民族之林中平等一员的自豪感，昂首挺胸，吐气扬眉，精神焕发。这就是体育的魅力！

体育的魅力是无穷的，是任何其他力量所无法代替的。

朋友，你想有一个健康的身体，精力充沛地投入到建设祖国和保卫祖国的行列中去吗？请你参加体育运动吧！

朋友，你想成为一个具有坚定的自信心和独创性，热爱美、热爱生活的人吗？请你热爱体育吧！

朋友，你想一展自己的特殊运动才能，为祖国和人民创造佳绩、赢得荣誉吗？请你献身体育事业吧！

体育的魅力是无穷的！

体育运动之母——田径

田径运动是由跑、跳、投掷等项目组成的一种综合性项目。以时间计算成绩的项目为径赛，以尺寸丈量计算成绩的项目为田赛。田径是各项运动开展的基础，它又称为体育运动之母。现代田径项目已增到59项（其中男子36项，女子23项），金牌数量居运动会项目之首。

田径两大部分项目的内容包括：

田赛主要是跳跃和投掷。

跳跃项目有4项：跳高、跳远、三级跳远、撑竿跳高。这些项目一般认为是属于灵敏性和技巧性。其实，它们比的是运动员的速度、爆发力、腰腿力量、身体的柔韧性和动作的协调性。

投掷也有4个项目：铅球、铁饼、标枪和链球。

径赛主要是走和跑周期性动作的较量，成绩取决于步幅大小和频率快慢。其项目有：男女100米短跑，这个项目是典型的“飞人”项目，是争分夺秒的时间竞赛；男女800米、1500米，男子5000米、10000米，女子3000米中长跑，主要是比耐力。跨栏项目设有10个，这项比赛技术性强、起跨和过栏技术难度大；3000米障碍跑是长跑与跨越障碍相结合的运动项目。竞走项目是单脚着地和双脚着地交替进行，步幅大、步频高的耐力走。接力跑是田径比赛中唯一的集体项目，技术性强，它有男子4×100米、4×400米，女子4×100米。马拉松跑是一项超长距离跑，19世纪末才列入正式比赛。马拉松跑是在公路上进行的，因为赛程长，不论用自行车、推轮、钢卷尺还是计程汽车来测量，由于气候、路质等原因，都会出现一定的误差。由于目前测量存在的实际困难，国际田联允许全程误差可在42米以内。马拉松赛程固定为42.195千米。

田径运动是随着社会的发展与进步而逐渐形成和发展起来的。原始人类在同大自然的斗争中，逐步掌握了快速奔跑、敏捷跳跃和准确投掷的技能，这些动作是形成田径运动的最初因素。随着物质文明和精神文明的发展，娱乐性体育活动也广泛地开展起来，出现了工匠投掷铁锤、士兵投掷炮弹、牧羊人跳跃羊圈等自发性的比赛。后来，钟表的推广、简单规则的制定，使带有竞赛特点的近代田径运动初步形成。

1896年第一届现代奥运会，将田径项目列为主要竞赛项目，并按单项设奖。从1928年起，女子田径项目也相继出现。20世纪80年代以来，由于现代科学技术的发展，田径运动技术水平提高很快。这是因为运用了运动生理学、运动医学、运动生物化学、运动生物力学、运动心理学、信息论、控制论、系统论、电子计算机等现代科学技术，使田径运动日趋完善，竞赛器材和设备的更新也为成绩的提高创造了良好的条件。

风驰电掣话短跑

奥运会上有个口号："更快、更高、更强"。快，主要是指跑得快，尤其是短跑，即100米、200米、400米跑。"田径是运动之母，短跑是田径之王！"这话说得一点也不夸张。在任何一个地方，短跑都是重头戏，都是人们注意的焦点。发令枪一响，运动员就像子弹出膛一般，迸然跃出，风驰电掣，激烈追逐，眨眼间冲过终点，令人紧张得透不过气来，成绩以百分之一秒计！

相传，古希腊少女阿塔兰塔美丽善跑，其择偶条件为"快我胜我者从"。众多青年慕美应试，纷纷败下阵来。希普门纳斯是个英俊健美的青年，他执著而热烈地爱着阿塔兰塔，百折不挠，终于感动了女神阿富罗娣，女神帮助希普门纳斯在赛跑比赛中战胜了阿塔兰塔，两人终结良缘。这段美丽的传说，反映了在古希腊时代，人们对短跑运动的推崇和赞扬。在现代世界田径场上，不断涌现出许多令世人惊讶、钦佩、崇拜的灿烂耀眼的短跑巨星。这里我们给朋友们介绍一下20世纪30年代的美国黑人运动员杰西·欧文斯。

杰西·欧文斯，1913年出生于美国亚拉巴州的丹维尔，后来全家移居克里夫兰市。欧文斯是家里的第七个孩子，由于家境贫困，他从小就随父亲下田劳动，上学后还要抽空做小工和给人擦皮鞋以挣点儿钱贴补家用。欧文斯读小学时，喜欢足球和橄榄球，在和小伙伴们的追逐嬉戏中，人们发现他的动作格外敏捷，跑得特别快。上中学后，他开始在田径场上崭露头角。在一次学校的运动会上，他的100米跑出10秒3的优异成绩，引起了人们的普遍注意：一个普通的中学生，没有经过任何专门的训练，竟然能跑得这么快，充分地显示出他在短跑方面的特殊才能。这成绩也使小欧文斯信心倍增。此后，他开始了短跑运动的专门训练，成绩飞速提高。1933年，欧文斯20岁时，平了当时100码跑的世界纪录，进而敲开了俄亥俄州大学的大门，科学的、系统的学习和训练，使他的田径天才得到了充分发挥，大放异彩。

大约两年之后，1935年5月18日，欧文斯以22秒9的成绩打破了220码跨栏的世界纪录。这是他创造的第一个世界纪录。一周之后，即5月25日，在全美大学生运动会上，欧文斯取得了令人目瞪口呆的成绩：在45分钟之内，他创造了五项世界纪录，平了一项世界纪录！真是空前绝后！那天的开始并不顺利，欧文斯在前往体育场时，从台阶上摔了一跤，把背部摔伤了。这一跤不但没有使他沮丧，反而似乎给了他灵感，伤痛的刺激使他很快兴奋起来，一到赛场就全身心地投入了比赛。他开局小胜，首先在100码跑中夺魁，平了世界纪录。15分钟后，他第一次试跳即以8.13米的成绩刷新了跳远比赛的世界纪录，此前这个纪录一直保持了25年。欧文斯放弃了以后的试跳，投入到220码跑决赛，创造出20秒3的世界纪录。220码等于201.17米，国际田联把这个纪录也算做新的200米跑的世界纪录。最后，欧文斯在220码跨栏跑中再创新纪录，成绩是22秒6，国际田联同样把这个成绩算为200米跨栏的世界纪录。全场沸腾了，世界震惊了，短跑运动历史上一颗耀眼的巨星升起了！人们从欧文斯的成就中获得了这样的启示：人，是什么样的奇迹都可以创造出来的！1936年在美国的春季田径赛上，欧文斯又创造出10秒2的100米跑纪录，成了当时世界上跑得最快的人。

体育是不可能完全脱离政治的。1936年第11届奥运会在德国柏林市召开。当时希特勒已经上台，疯狂推行法西斯主义，准备发动第二次世界大战，这届奥运会客观上为德国法西斯的扩军备战阴谋蒙上了一层和平的面纱，起到了粉饰太平的作用（1954年国际奥委会曾专门为此发表公报，做了检讨）。在奥运会上，希特勒为了笼络人心，假惺惺地和每一个项目的冠军握手。伟大的欧文斯以自己的优异成绩给了这个法西斯头子以有力的一击。在这届奥运会上，欧文斯一举夺得100米、200米、跳远和4×100米接力四项冠军，并创造了一项新的世界纪录。大家都知道，希特勒是一个狂热的种族主义分子，大力鼓吹所谓“雅利安种族优越论”，他看到一个被他认为是劣等民族的黑人运动员竟然取得了超过所有白人运动员的辉煌成绩，无奈地离开了看台。对此，欧文斯大义凛然地说：“我来柏林不是为了和德国元首握手，我是来夺取胜利的，而且我已经取得了胜利！”国际奥委会不理会希特勒的态度，维护了自己的尊严，以大会名义赠送给欧文斯四棵柞树苗，特别表彰他的杰出贡献。欧文斯把其中一棵栽在克里夫兰家中的果园里，两棵赠给了自己就读过的克里夫兰中学，另一棵栽种在使他的体育才能得以大放异彩的俄亥俄州大学的林荫道上。如今，这四棵树都已枝繁叶茂、挺拔参天。1980 年 3 月 31 日，欧文斯因患肺癌逝世，终年 66 岁。美国总统为这颗巨星的陨落发表了公告，赞扬欧文斯是“反对专制、贫困和种族对立的斗争的象征”。1981 年，美国体育机构为了纪念他，特设“杰西·欧文斯奖”，每年评奖一次，用以奖励在田径运动中成绩卓著的各国运动员。

怎样欣赏短跑比赛呢？一个完整的短跑过程，包括起跑、途中跑加速、终点冲刺三个环节，我们以短跑运动员刘易斯和约翰逊的 100 米跑为例，加以简要的介绍。

起跑。主要是看运动员的启动反应速度，即发令枪响后，多长时间运动员跨出第一步。约翰逊的起跑反应最为著名，他在 1987 年罗马第二届世界田径锦标赛上的起跑反应是 0. 129 秒；他在平时训练中也多次达到这个速度（有一次竟达 0. 124 秒）。其瞬间爆发力已和南美猎豹相近。而刘易斯则略逊一筹，他在东京创造百米世界纪录那一次的起跑反应为 0. 14 秒，比约翰逊慢 0. 011 秒，也就是慢了半步，在短跑中，半步之差就足以使一个优秀运动员遗恨终生了。

途中跑加速。优秀短跑运动员的途中跑，有“步幅型”和“步频型”两种。以前的短跑名将多为“步幅型”，欧文斯的起跑反应较慢，但步幅大，他比别人后起跑，但往往几步以后就能赶上并超过所有的人。后来，德国人发明了“高频跑”，很快被诸多高手采用。1988 年东京世界田径锦标赛中，进入 100 米跑前6 名的运动员，多属这种“步频型”。刘易斯和约翰逊也都是把步频训练放在第一位的。约翰逊在汉城奥运会上的途中跑，最高速度曾达到 11. 75 米/秒。刘易斯要更快些，他在东京大赛上，途中跑的最高速度达到 12. 04 米/秒！

终点冲刺。从距离终点多远开始算做最后冲刺？现在的说法不一。一个优秀的短跑运动员，在途中跑加速后应一直保持高速度冲向终点，而不应减慢。刘易斯在百米赛跑中，跑过 90 米后仍能加速，则是无人能及的了。

当前短跑的世界纪录是：男子 100 米 9 秒 58，200 米 19 秒 19，400 米 43 秒 18；女子 100 米 10 秒 49，200 米 21 秒 34，400 米 47 秒 60。我国的短跑成绩与世界水平相差很远，需要我们长期不懈的努力。

牧羊人的游戏——跨栏

在很早以前，欧洲一些地区的畜牧业相当发达，人们白天放牧牲畜，夜晚就把牲畜用木栅栏圈起来。牧民们经常要跨越畜栏，儿童们也会在畜栏上跳进跳出，追逐玩耍。每逢节假日，还经常举行跳越畜栏的比赛，看谁跳得最多，跑得最快。这大概就是现代跨栏跑的起源吧！

跨栏是一项技术性很强的短跑项目。运动员要在一定距离内，跨过按规定的高度和数量设置的栏架，到达终点。现代的跨栏比赛男女各有两个项目。男子有 110 米栏，栏高 106.7 厘米，栏数 10 个，栏间距离 9.14 米，从起跑线到第一栏为 13.72 米，最后一栏至终点 14.02 米；男子 400 米栏，栏高 91.4 厘米，栏数 10 个，栏间距离 35 米。女子 100 米栏，栏高 84 厘米，栏数 10 个，栏间距离 8.5 米，起跑线到第一栏 13 米，最后一栏至终点 10.50 米；女子 400 米栏，栏高 76.2 厘米，栏数 10 个，栏间距离 35 米。比赛时，运动员分道进行，不得有意推倒或踢倒栏架，更不得从栏外绕过，无意碰倒栏架不算犯规，但影响了速度不利于跑出好成绩来。

在第 23 届洛杉矶奥运会开幕式上，火炬接力的最后一棒，是由一位身材高大矫健的黑人运动员完成的，他一入场，美国观众立即响起“摩西，摩西”的欢呼声。摩西是一位天才跨栏运动员，有“跨栏之王”的美称。摩西是教师的儿子，物理工程师，他飞跃 91.4 厘米高的栏架时猛如豹子，他一直用 13 步跑完每个栏架之间的 35 米距离，当他的多数对手在栏间不得不多跑几步的时候，摩西已如一股风似的从他们身旁掠过，并领先到达终点。每临重大赛事的前几天，摩西就百事不问，把全部精神集中在 400 米的赛程和 10 个栏架上，仔细认真地思索着每个技术动作，并进行反复练习。比赛那天，他要进行一个多小时的热身活动，使得全身肌肉充分放松，他把这称为“同自己的身体进行对话”。进场后他就悠闲地躺在草地上，连对手都不看一眼，直到点名时他才起来，站到自己的起跑线上。

1976 年，摩西首次参加奥运会，就以 47 秒 64 的成绩获得了冠军，并打破了 400 米栏的世界纪录。这以后的 5 年中，摩西 3 次获得世界杯田径赛的 400 米栏冠军，两破世界纪录，在 72 次重大的国际比赛中获胜，年年被评为世界体育“十佳”运动员。1982 年因伤未能出赛，1983 年摘取了第一届世界田径锦标赛的金牌，事隔三周，又以 47 秒 13 的成绩再创世界纪录。在 1984 年的第 23 届奥运会上又获得冠军，创造了在 106 次国际比赛中的不败纪录。不久，又在罗马田径赛中夺得了第109次胜利。目前，400米栏的世界纪录是46秒78。

跨栏，由起跑、上第一栏、栏间跑、终点冲刺四个环节组成。随着科学技术的发展，胶跑道的问世，使跨栏技术又有了新的变化，主要是由“跨栏”向“跑栏”过渡，过栏的绝对速度加快了，从而全程跑的速度也大为提高。据估计，今后跨栏跑的技术仍将沿着提高栏间跑和过栏的速度，加快节奏和提高耐力等几个方面继续发展。

身轻如燕话跳高

在中世纪日耳曼人和北欧人的一些资料中曾提到一种类似跳高的活动，即参加活动的人跳起用脚去触墙上的标记，高者为胜。法国文学家拉宾在1583年所写的《绅士的娱乐》中，把跳高称为一种体操练习。在我国的武术中，专有一项“轻功”训练，讲究的是运功提气，身轻如燕。在几乎所有的武侠小说中，都有一些武功高强的好人或坏人能够在需要时“垫步拧身，‘嗖’的一声上了房顶，穿房越脊，绝尘而去”。当然，中国民居、平房高度多在1丈以上，即4米左右。一跳4米高是不可能的，小说描写自有其夸张之处，但从中也可看出我们中国自古以来就重视跳高，称羡跳得高的人。

在现代跳高运动中，我们国家也确实有过数度辉煌。

1957年是我国田径运动史上值得纪念的一年。我国优秀跳高运动员郑凤荣在北京以1.77米的成绩，成为中国第一个打破女子跳高世界纪录的运动员。

新中国的成立，使各条战线充满了生机，田径运动也广泛地开展了起来。1952年，14岁的郑凤荣成了济南市女子跳高冠军，接着又获得全省第一名。第二年，她的步伐迈得更大，在全国田径比赛中取得了第四名。她是幸运的，遇上了好“伯乐”——国家田径队跳高教练员黄健。

郑凤荣当时的条件并不理想：腹肌力量很差；100米跑15秒；铅球只能推6米多远；体重只有43.5公斤；比赛成绩呢，位居第四，且太瘦弱了！这样的条件还能重点培养吗？许多人提出了疑问。但是，黄健教练并没单纯注重目前成绩，而是看到了她的潜在能力。他把郑凤荣找来，在垫子上做了几个动作：“照我的动作做！”山东姑娘一点儿也不腼腆，立刻做出来了。“好！”黄教练发现她不仅腿长、灵敏、弹跳力出众，而且模仿力很强，动作协调性更是罕见得出色。同时，郑凤荣不甘示弱，别的女孩子看到陌生人在做垫上运动，都站在一旁老老实实地看，显得很拘谨，可她却像一匹跃跃欲试的小马驹，不管众目睽睽，就跟着跳起来……就这样，郑凤荣来到北京，成了国家队的一员。这次选拔，使她走上了通往世界高峰的台阶。

1957 年是郑凤荣运动生涯中最辉煌的一年。

这年十月金秋，在北京体院的一次表演赛中，周恩来总理陪同外宾来参观。郑凤荣多么希望能跳出好成绩啊！可是她只跳了 1.72 米。此时，她急得掉下了眼泪。周恩来总理走到她身边，亲切地安慰说："你还年轻，以后时间长着哩，要继续努力创出好成绩！"

就在这次难忘的会见 27 天后，郑凤荣以剪式越过了 1.77 米的高度，打破了美国运动员麦克丹尼尔所保持的 1.76 米的世界纪录。这一跳不仅振奋了我国体育界和广大人民，也引起了舆论的注意。美联社消息说："一位 20 岁的中国姑娘在北京以有力的一跳警告世界田径界：中国人不会永远是落后的选手！"中国体育运动的春天已经来临。

倪志钦，世界著名男子跳高运动员，福建省泉州人，读中学时在厦门市业余体校从事跳高训练。1970 年 11 月 8 日下午，长沙市劳动体育场坐满了观众。2.24 米两次试跳都失败了，倪志钦还剩最后一次机会。他勉强站在助跑线上，但心里已掉进了无底的深渊：在过去比赛中，凡是遇到关键高度，第三次跳时往往败多胜少，所以心里恍惚而又紧张，他重新踱回休息区。突然，一个声音响起来：闯它一下嘛！对，怕也没用，他猛然转过身，重新站在助跑线上，深深地吸了一口气，憋足劲跑了出去……

过去了！重心还高一大块。刚刚落地，他就站起身来，对领队说："今天2.29米跑不了！"

他只喘了口气，马上向裁判要了这个高度。2.29 米的数字一出，全场立即肃静了下来，连咳嗽声也抑制住了。"过了！"观众喊了起来，掌声四起。"成了！"当时，他心里也喊起来。

但是，跳高架子却"叮当"作响起来，怎么回事？他一下子愣住了。跳高架上支持横杆的卡子没拧紧，慢慢地松脱了，横杆也随之一高一低地颤了半天，最后，掉了下来。

全场哗然！

裁判员急得快哭了，连声高喊："算！成功！"但他的声音已被淹没在观众的议论声中。

猛然间，他的心都快碎了。十多年的希望和心血全部毁于裁判手中，你为什么不拧紧?!

但是，他很快平静下来。他向裁判示意：没有关系，不能算，再跳一次！一下子全场人的眼睛全瞪着他，似乎问："能行吗?"只见他深深地吸了口气，轻快助跑，用力一蹬，高高跃起，横杆已在他的眼下，他迅速漂亮地做了个翻转动作，跌落海绵坑内。霎时间，几万名观众狂呼起来，啊，成功了！

当他小心翼翼地走出海棉坑时，杆子一动也不动，这时他却激动得全身发抖了。

2.29 米，一个新的男子世界跳高纪录诞生了。

在 1983 年的第 5 届全运会上，又冒出来一个朱建华。当时的世界男子跳高纪录是 2.36 米，是 1980 年由前东德运动员格·韦西格创造并保持的。1983 年 6 月 11 日，北京工人体育场，第 5 届全运会的田径预赛正在进行。朱建华从 2.08 米起跳，到 2.20 米时，跳高架旁只剩下朱建华一人。横杆升到 2.26 米，朱建华一跃而过。这时，扩音器里传来激动人心的消息，朱建华要了 2.37 米这个超越世界纪录 1 厘米的高度。这时，全场观众的目光都集中在朱建华的身上。场地工作人员升起横杆后，反复测量。只见他徘徊在距离横杆 20 米开外的助跑线上，边低头沉思，边下意识地活动四肢。裁判员示意后，朱建华转身伫立，抬眼瞄了瞄横杆，深深吸了一口气，助跑开始了，他那双修长的腿有力地移动着，越跑越快，在地面上划出了一条绝妙的曲线，横杆临近了，朱建华右脚有力地一踏，身体腾空而起，从横杆上轻松跃过，跌落在海绵坑里。成功了，朱建华爬起来，激动得像孩子一样，高举双手，跳起来又摔倒，摔倒了又跳起来。全场观众欣喜若狂，数百名观众不顾工作人员的劝阻，涌入场内，把朱建华高高抛起。朱建华兴奋地对记者说："我不会满足这个成绩的，我不会让 2.37 米这个成绩像韦西格那样放那么久。"朱建华实现了自己的诺言。时隔 102 天，即 9 月 22 日，朱建华在上海又越过了 2.38 米。1984 年 6 月 10 日，朱建华在原联邦德国埃伯斯诺特的国际比赛中，再创 2.39 米的世界纪录。在短短的一年之内三破世界纪录，这在世界跳高史上是罕见的，朱建华为中国人民、亚洲人民争了光，不愧为体坛英豪。

对朱建华所创造的杰出成绩，国际体坛给予了很高的评价。时任国际奥委会主席的萨马兰奇在贺电中说："这是项了不起的世界纪录。"时任国际业余田联主席的内比奥罗说："这一优异成绩证实了我们在亚洲所看到的巨大进步。"时任亚洲田联主席的安田诚光说："朱建华不仅是中国的光荣，也是亚洲的光荣，对世界来说，这同样是值得骄傲的事。"

遗憾的是，在郑凤荣、倪志钦、朱建华之后，我国再没有涌现出新的跳高名将。这是因为，跳高运动对运动员身高、体型、速度、弹跳等方面，都有很高的特殊要求，技术可以通过训练加以提高，但是人才则是可遇不可求的。

跳高场地为一扇形，助跑跑道距跳高架20米以上，跳高架两立柱间的距离为4~4.04米，横杆为圆形，直径2.5~3厘米，杆长3.98~4.02米，质量小于2千克，两端各有一长15~20厘米、宽2.5~3厘米的平面，以便安放。横杆后面的落地区为一长5米、宽3米的海绵坑。随着跳高技术的发展，先后出现过跨越式、滚式、剪式、俯卧式、背越式等过杆姿势。科学研究表明，各种姿势在过杆时身体总重心高出横杆的距离是不同的，跨越式要30厘米左右，剪式15~17厘米，而背越式通常有10厘米就够了，也就是说在其他条件相等情况下，采用背越式就能越过更高的横杆。所以，当前的跳高名将多采用背越式。

大力士竞赛——铅球

田径运动中的投掷项目共有4个，即铅球、铁饼、标枪和链球，都是把手中的体育器械投出去，看谁投得最远。其中的铅球项目，被称为“田径运动中的大力士竞赛”。

国际比赛的标准铅球为球形，表面光滑，男子铅球直径11~13厘米，质量为7.26千克，女子铅球直径9.5~11厘米，质量为4千克。运动员要在投掷圈内完成投掷动作。投掷圈直径2.135米，掷出的铅球必须落在前方40度角的扇形场地内。

在1980年美国《田径新闻》评选的历年女子田径十大明星的名次表上，原民主德国女运动员伊洛娜·斯卢皮亚内克荣居首席。

斯卢皮亚内克在柏林附近的波茨坦长大，从小就爱好体育运动。开始时她练手球，但不久教练发现这位姑娘是个推铅球的好苗子，1970年让她改练这个项目。最初她的进步并不快，成绩也不惊人，但不久就脱颖而出了。1973年斯卢皮亚内克第一次参加国际比赛，就获得了欧洲少年冠军。1980年她曾两次刷新世界纪录，这一年她在6场比赛中，有8次成绩超过了22.32米的世界纪录。她12次室外比赛平均成绩接近22.31米。在世界女子铅球史上的30次最好成绩中，她占了28次。这样辉煌的成就，在田径史上是罕见的，在女子铅球史上更是绝无仅有。

斯卢皮亚内克自1977年夺得世界杯铅球桂冠后，连续四年雄居冠军宝座。她常说："任何一次比赛不到最后一掷就不算结束。"

现代的推铅球运动，是经过漫长的岁月，由投掷石块演变而来的。在原始社会，一块石头，既是工具，又是武器。我们的祖先随手拣起一块石子，就可以扔向猎物。但是，体积较大的石头却不是那么好摆弄的，得先把它举到肩上，然后才能使劲掷出去。在中世纪的欧洲，日耳曼人就已经有投石块的竞赛，这一竞赛一直传到近代，甚至在大洋彼岸的美国，也曾盛行过投石块的竞赛。在英格兰，农民在赶集的时候，常常拿秤砣来做掷远比赛。秤砣，是集市贸易上的主要衡器——秤的附件，取材方便，加上集市上人多，稍有能耐的"大力士"，都想趁机显显身手。于是人们便围拢来，比赛立即组织起来了，秤砣便成了一件有趣的运动器材。这些都是现代铅球的雏形。1340年，欧洲出现了第一批炮兵，用的是火药炮，炮弹是用铅铸成的，样子像个圆球，一个炮弹重16磅，折合7.257千克。战士们在休息的时候拿炮弹推来推去玩耍，逐渐地发展成为锻炼身体的方法，这就是世界上最早的推铅球运动。现代的铅球比赛开展之初，运动员像举重选手那样，按体重分级。成绩的好坏，取决于选手的身高和体重，投掷技术并未引起重视。但是一些个子不高、体重较轻的选手，由于动作迅速并运用了全身的力量，反而创造了更好的成绩，因而分级比赛的规定取消了。人们开始逐步研究起投掷技术来。几十年来，投掷姿势、方法几经变迁，向最科学地运用力量的方向发展，因此投掷成绩逐渐上升。目前，男子铅球世界纪录为23.12米，是美国选手巴恩斯创造的；女子铅球世界纪录由苏联选手莉索夫斯瞳卡娅保持着，成绩为22.63米。

风靡世界的运动——足球

足球，被誉为"球中之王"。足球运动以"世界第一运动"风靡全球，最为人民群众、尤其是青少年所喜爱，是目前世界上开展最为广泛的运动项目之一。

足球的祖先在中国，中国古代把用脚踢球叫做"蹴鞠"。"蹴鞠"这项游戏活动早在战国时期就出现了。到了汉代，出现了专供比赛蹴鞠的场地——"鞠城"。鞠城为东西向的长方形，两端各有6个洞状的鞠室。比赛时，双方各派12名"蹴勇"上场，其中6人把守鞠室，6人踢球，以踢进鞠室的球数多少来评定胜负。唐代蹴鞠有了新的发展，一是用灌气的球代替了过去以毛发之物充填的球；二是用球门代替了鞠室。唐贞观年间，在中国留学的日本遣唐学生，把唐代蹴鞠传到日本，使东瀛掀起一股“蹴鞠热”。宋代是蹴鞠的鼎盛时期，明、清后日趋衰落。中国原始足球约在公元前4世纪传入中东，以后又传入罗马、希腊，再由罗马传入英国。

现代足球的发源地，应该属于英国。12世纪，足球运动风靡英国，上至官吏，下至百姓，都喜爱这项体育活动。但那时的足球比赛，没有人数规定，少则几人，多则几十人均可上场。赛场上没有球门，而是画线为门，只要踢过对方的这条球门线，即可得分。当时欧洲战争频繁，英国也受到影响。由于武士们迷恋足球而忘却练武，官吏们酷爱足球而玩忽职守，市民们在大街上追逐踢球扰乱了经商，因此国王查理二世断然下令，禁止踢足球，号召百姓射箭习武，准备打仗。但球迷们并不罢休，国王的禁令从1388年起虽然延续了好几代，可民间的足球活动却一直没有中断过。

到了15世纪，英国的足球运动又有了发展，踢球的人越来越多，而且比赛的规模逐步扩大。一次大型比赛，球场可长达三四英里，但对场地大小和出场人数尚未做统一的规定。此外，当时还出现了一种纸糊的球门，每射入一球，纸门上就打出一个窟窿。球队比赛获胜，本地妇女还争相跳舞，为之庆贺。1490年，英国正式命名这种用脚踢的球为足球。此后300多年时间，为现代足球的萌芽期。

1855年，英国人谢菲尔德成立了世界上第一个足球俱乐部。1863年，英国11个足球协会制定了全国统一的竞赛规则。至此，现代足球基本形成。随着当时国际上经济、文化的交流，英国的足球运动也很快传到了其他国家：1875年传到荷兰、丹麦，1882年传入瑞士，1890年传至捷克，1894年传到奥地利……后来又传至南北美洲和亚洲各国。足球运动走向了全世界。

目前，参加国际足联的国家和地区已经达到200多个，使国际足联成为世界上规模最大的单项体育组织。许多青年朋友，把看一场精彩的足球赛，作为一种乐趣和享受，而且常常还作为街头巷尾、茶余饭后议论的有趣话题。国际足球竞赛的种类繁多，1900年足球被列为奥运会比赛项目。然而，由于奥运会只允许业余运动员参加，许多优秀的职业足球选手被拒之门外。为了反映出各国足球的实际水平，从1930年开始，每四年举办一次世界足球锦标赛（即“世界杯”足球赛），这是当今世界上最高水平的足球大赛，迄今为止已举办了19届。最初规定，若哪个国家连续3次获得冠军，奖杯就永远归属于他。1970年在墨西哥举行的第9届世界杯足球锦标赛中，巴西人第三次获得桂冠，永远占有了雷米特杯。1971年国际足联对53种设计方案进行评议，最后通过意大利人加扎尼亚的设计方案，新杯定名为“国际足联世界杯”，价值2万美元。新杯为流动奖杯，不能为某个国家占有，不论它获得过多少次世界冠军称号。

近几十年来，足球技术、战术历经革新，有了很大的发展。欧洲和南美洲是世界上开展足球运动最普及、水平最高的两个地区，先后涌现出贝利、贝肯鲍尔、苏格拉底、穆勒、罗西、济科、佐夫、普拉蒂尼等几乎家喻户晓的超级明星，开始了欧洲和南美洲争霸世界足坛的局面。

现代足球自19世纪末传入中国，1908年我国第一个足球组织“南华足球会”成立，1910年即被列为旧中国的首届全运会比赛项目，此后至1929年举办的9届远东运动会上，中国队8次登上远东足球盟主的宝座。新中国成立后，在党和政府的关怀下，中国足球运动迈开了新的步伐，1951年举行了第1届全国足球赛。1958年“八一”足球队以1:1踢平第16届奥运会足球冠军原苏联国家队，充分显示了实力。1960年举行的中、朝、越、蒙四国足球联赛，中国队居4队之首，当时中国已成为亚洲足球强国。20世纪60年代中后期，由于神州大地经历了三年自然灾害和随之而来的“文革”，我国足球运动一直步履维艰。进入80年代后，我国的足球健儿几经风雨拼搏，终于获得第24届奥运会东亚赛区的出线权，冲出了亚洲，实现了迈向世界足坛的夙愿。但是，我们应当承认，我国的足球运动和世界水平还有很大的差距。

足球的自白

我的名字叫足球，体重450克，直径23厘米。我的外衣是用32块皮革拼制而成的，形成一个梅花形图案。别看我光脱脱，圆溜溜，没有手，没有脚，但谁要向我踢去，我的速度可以和“桑塔纳”轿车一样，每小时达到80千米以上。

我的老家在英伦三岛，英文名字叫“Soccer”。其实，早在古希腊时就有人踢足球，以后我又从罗马、法国、意大利辗转来到大不列颠帝国定居。1836年10月，英国人在伦敦成立了世界上第一个足球协会，并统一了足球比赛的规则，人们也因此把这一天当做我——现代足球的诞生日。1904年5月21日，法国、西班牙、比利时、荷兰、丹麦等5个国家在巴黎正式成立国际足球联合会。100多年来，现代足球运动蓬勃发展，我就成了当今世界各国人民体育生活中当之无愧的“天之骄子”。

可是，最早发明足球和进行足球比赛的却不是英国，而是中国。

根据历史文物考证，中国早在公元前1401年至公元前1122年间，在殷墟出土的甲骨文中，就有“足球舞”的记载。由此可以说明，中国殷代就创造了足球游戏。战国时，足球运动已开始流行。

司马迁的《史记》中，有“蹋鞠”的记载。还有的古书上，称之为“蹴鞠”。“蹴”和“蹋”，都是踢的意思。“鞠”是皮做的球，球里充填毛发等物。史书还记载汉武帝和卫青曾把足球活动在军队中推广的故事。可见，足球在中国古代不只是游戏，而且有军事锻炼的意义。

由于“蹴鞠”的名字与英文“Soccer”的译音极为相似，经过“内查外调”，终于弄清了这事，原来足球最早的故乡在中国。大约在唐朝末年，足球被传入日本，以后在亚历山大战争中，又从远东传入罗马。

1980年4月，国际足联技术委员会主席布拉特在亚洲足联举办的各会员国秘书长学习班上所作报告中指出：足球发源于中国，由于战争而传入西方。布拉特说，公元前500年左右，有关孔子的著作里就讲到用脚和头比赛的球戏。西汉成帝时（公元前32年），已经开展一种叫“蹴鞠”的运动，即足球运动。当时的诗人和说书者把最著名的足球手作为国家的英雄来歌颂。

渔网的妙用

19世纪中叶以前，足球门上是没有网的，只有两根直立的木柱，以后上面又加了一根横木。这样的球门，裁判员要判断一次射门是否得分实在太难了。因为运动员的一次劲射，球速要达每小时80千米以上。这样快的球速在门框旁边飞过，恰如“白驹过隙”，确实很难判断球到底是从球门里进去的还是从球门外飞出的，因而往往使许多球迷和球员意见分歧，引起纷争，甚至多次引起相互殴斗，造成流血事件。

一次英国利物浦城内某一渔具制造厂的老板洛林·鲍尔斯去观看足球赛，就发生了一起这样的纠纷。在满场的哄闹声中，他突然灵机一动：“如果把渔网挂在球门架上，射进去的球不就跑不了吗?”他急忙跑回厂里，用马车拉来了两张鱼网，费了好多口舌才算说服裁判员把渔网挂在双方的球门架上，果然非常管用。从此，利物浦城的所有足球门上都挂上了渔网。此后，鲍尔斯渔具厂还获得了制造足球球门网的专利权呢！

现代足球使用的球门网，已成为体育的专用器材，制作越来越标准，材料也越来越讲究了。原来以棉纱、麻线为主，由于强度不够，有时会被运动员射来的足球冲破。我国老一辈足球运动员孙锦顺就曾因此被誉为“孙铁腿”。现在的球门网多改用强度更大的棉纶或尼龙线纺织而成了。

足球的进攻和防守

攻守这一对矛盾，是推动足球技术、战术发展的动力。足球的进攻战术和防守战术，是从球队在比赛中所采用的阵型而体现出来的。

足球比赛的胜负是以把球送进对方大门而决定的，所以进攻是最基本的、最主要的战术。在英国，最初的队形是1—1—8，即除守门员外，从后向前，1个后卫，1个中场，8个前锋。这种阵型的攻击力是很强的，但防守能力很差，在对方的强大攻势下几乎不堪一击。所以，苏格兰人发明了2—2—6队形，使防守的力量增强了。后来，剑桥大学球队又采用2—3—5队形，使攻防力量渐趋平衡，中场的3名队员，进可以攻，退可以守，比较灵活，因此很快风行欧洲大陆，足球界把这种队形称为“金字塔形”。

1934年和1938年，意大利队连获两届世界杯赛冠军，他们采用的是“双W”队形。后防线上是5名队员，采用2—3配备，即2名后卫，3名前卫；前锋线上也是5名队员，采用2—3配备，即2名内锋，3名前锋（中锋和左右边锋）。用“双W”队形来对付“金字塔”队形非常有效，进攻时3名前卫上前助攻，可形成兵力上的优势，防守时内锋撤防，在中场就对对方形成了兵力上的优势，阻止和破坏对方进攻。

英国人研究了各种阵型的优缺点，结合自身的特点，又创造了“WM”式阵型。

“WM”式阵型具有攻守平衡、分工明确、中场力量较强等特点。进攻时主要采用高中锋中央突破，两边锋外线吊中的打法；防守时经常采用紧逼盯人。这种队形在英式足球风格的形成中，发挥了重要的作用。所谓英式足球，其主要特点是对抗凶猛，进攻时直来直去，简捷快速；防守时全场紧逼盯人，攻防转换十分迅速。

“WM”式阵型很快风行世界，一直沿用到20世纪50年代。以后又陆续出现了“4—2—4、4—3—3、4—4—2、3—5—2、4—5—1”等阵型。需加强进攻时，增加前锋的兵力；需加强防御时，增加后卫兵力，根据不同比赛对象的特点，灵活运用。直到1974年，荷兰队在第10届世界杯赛上采用了“全攻全守”的踢法，才使人耳目一新，并轰动了国际足坛。荷兰队采用“全攻全守”战术，获得1974年和1978年两届世界杯亚军，并造就了克鲁伊夫、内斯金斯等一代超级球星。原西德也采用了这种打法，并取得了引人注目的成绩。现在，“全攻全守”被公认是世界足球的发展趋势，因此它被誉为足球史上的一个里程碑——第三次革命。

所谓“全攻全守”，顾名思义，亦即以攻为主，攻守结合，攻时全线压上，守时全队扼守。十上十下，波峰迭起，势如破竹。其主要特点是：有位置要求但又不受位置的约束，尽力争夺、控制中场。攻时前锋不停地交叉换位，前卫快速插上，后卫压上助攻，形成排山倒海连珠炮式的攻击；丢球后每一个前锋首先都是后卫，就地拼抢，逼得对方没有喘息的余地，一旦得球，立刻进行快速反击。

充沛的体力和高水平的技术能力是实现“全攻全守”打法的物质保证和基础条件。这样，运动员才能在全场90~120分钟的时间内，在任何地区和位置掌握攻防战术的变化，始终如一地投入闪电般的攻击以及进行有效的防守。

“自由人”由“清道夫”发展而来，它是自由中卫或拖后中卫的别名。随着现代足球“全攻全守”打法的出现，它也应运而生了（1333阵型中的“1”即为其人）。它的职责是：守则坐镇门前中央要塞，左中右三方均要顾及；攻则又是出色的后场进攻组织者，或控或带或传均有独到功夫。它是全攻全守型打法的一个鲜明特点。前西德队的贝肯鲍尔被誉为是“自由人”的典范。

足坛的五大流派

足坛五大流派通常指欧洲力量派、南美技术派、欧洲拉丁派、全攻全守派和核战术派。

欧洲力量派：以英国和前西德为典型代表，拼抢凶悍，攻防速度快，远射和头球功夫特别好，长传吊冲威胁甚大，善打4—3—3阵型。

南美技术派：以巴西、阿根廷、乌拉圭为典型代表，整体配合默契，特别注意脚下功夫，个人控球能力强，传球落点好，尤以二三人的小配合见长，善打4—4—2阵型。

欧洲拉丁派：以法国、西班牙、丹麦、瑞典为典型代表，十分讲究技术与身体素质的结合。攻守转换特别灵活，运用体力适当，对于中场的控制能力有其独到之处，善打3—5—2或4—5—1阵型。

全攻全守派：以荷兰、意大利、保加利亚、比利时为典型代表，场上经常出现大幅度的交叉换位，善打4—3—3阵型。

核战术派：是20世纪70年代风靡世界的荷兰球星克鲁伊夫创造的战术。无所谓什么阵型，只保留一个左边锋的位置，当本队队员抢到球后，立即有四五个同伴紧紧围在他的身旁，形成一个保护网，然后逐渐推进，攻向对方球门。

巨人争霸的运动——篮球

篮球，这项魅力无穷的运动，今天在世界上已经拥有上亿名运动员，更有难以计数的爱好者和观众。在我国，从工矿到农村，从学校到营房，到处可以看到人们在打篮球，可以说篮球运动在我国是开展最普及、最受群众喜爱的一项运动。

追溯篮球运动的起源，颇有趣味。公元前7世纪，南美洲尤卡坦半岛的印第安人，以塞满植物的圆球，投入石壁两端凿刻的石洞为戏。公元16世纪，墨西哥印第安阿兹台克人也有类似的用硬胶质球掷向一个固定石圈借以取乐的游戏。这些都是考古学家根据历史遗迹推论出来的类似篮球的游戏。

现代篮球的诞生距今已有100多年的历史了。世所公认的现代篮球运动的创始人，是美国马萨诸塞州斯普林菲尔德基督教青年会训练学校的体育教师——加拿大人詹姆斯·奈史密斯。他为了丰富学生的体育活动，别出心裁地将两只水果篮高挂在健身房看台两侧，让学生向篮中投掷足球，规定每队7人，比赛分3节，每节20分钟。投入篮中者得1分，得分多者为胜，学生兴趣很浓。这种活动以篮子作为投掷目标，所以称为“篮球”。此后，虽有人设计过“线篮”“铁篮”，但由于要用梯子才能把投入篮中的球取出，很不方便。到1893年，有人把网底剪开，成为活底铁篮，逐步形成篮板、篮圈、球网三要素，篮球运动因此而飞速发展。1904年第3届奥运会时篮球即被列为表演项目，1932年国际业余篮球联合会成立，1936年第8届奥运会将男子篮球列为比赛项目，1950年国际篮联举行首届世界男子篮球锦标赛，1953年开始举办世界女子篮球锦标赛，1976年女篮又列为第21届奥运会比赛项目。从此，4年一度的奥运会篮球赛和世界篮球锦标赛，成为检阅各国篮球水平的最有权威的两大比赛。

篮球运动于1896年由基督教青年会传入我国，一度较为兴盛，水平高于其他运动项目，在中、日、菲三国参加的远东运动会上，我国曾得过篮球冠军。驰名远东的“南开五虎”，以及威震解放区的“战斗篮球队”都有相当的实力。新中国成立后，50～60年代初期的国家男篮，是一支有高度、有速度，中、远投准确，快攻神速，以及防守咄咄逼人的亚洲劲旅，曾先后战胜过处于世界先进行列的匈牙利队、捷克斯洛伐克队、保加利亚队、巴西队等，并涌现出一批球星，如后卫钱澄海、前锋杨伯镛等优秀选手。国外报纸曾赞誉：积极＋速度＋灵巧＝中国队，对中国篮球运动评价很高。

“文革”期间，我国篮球运动水平严重下降。20世纪70年代初恢复全国篮球赛，为冲出亚洲，中国健儿走上了一条顽强奋斗、重振雄风的艰苦历程。经过几年的努力，1975年国家队首夺亚洲篮球锦标赛男子冠军，使我国篮球运动出现了转机。

从20世纪70年代后期到80年代，我国篮球运动发展较快，中国男篮获得第8～13届亚洲篮球锦标赛“五连冠”，中国女篮也多次在亚洲篮球锦标赛蟾宫折桂，并获得第9届世界女篮锦标赛和第23届奥运会女篮决赛两枚铜牌，这是有史以来国家篮球队在世界大赛上的最好成绩。1986年中国男篮在第10届世界男篮锦标赛上第一次进入12强，勇夺第9名。同年10月的亚运会上，中国男女篮双执牛耳。在1996年的亚特兰大奥运会上，中国男篮取得第8名，女篮荣获亚军。这些都是我国篮球健儿几年来挥洒汗水、艰苦拼搏的结果。进入20世纪90年代，在第11届亚运会上，我国男篮获冠军、女篮获亚军。但是，近些年来，欧美篮球水平提高较快，我国的篮球运动出现滑坡现象。在几次国际大赛中，男女队成绩不尽如人意。我们确信：在全国人民的大力支持下，我国的篮坛健儿，弘扬亚运精神，继续努力，艰苦训练，我国的篮球事业一定能赶上去。

国际篮球联合会

19世纪20年代，篮球运动虽已在美洲、亚洲、非洲、大洋洲和欧洲的许多国家中开展起来，然而国际间的比赛和交往却极少。最为重要的原因是没有一个有效的国际组织和领导机构。

1930年，瑞士国家队与意大利队在罗马举行比赛。威廉·琼斯先生代表瑞士篮联，会晤了意大利篮联主席阿尔多·纳迪，双方商讨了两个协会共同关心的问题作出决定，由瑞士篮联于1930年6月向所有欧洲各国篮球组织发出了一份邀请，建议在日内瓦举行一次会议，讨论统一比赛规则和成立国际业余篮联的问题。但是，由于一些国家对此缺乏应有的热情，所以未能召开。

1931年2月，意大利篮联再次筹划召开一次会议，仍未奏效。在1931年和1932年，发生了涉及许多国家球队的一系列事件，必须采取措施，尽快解决。应捷克斯洛伐克、瑞士和意大利篮球协会的要求，日内瓦国际基督教青年会体育学会主席埃尔莫·贝里博士，发出了在1932年6月18日于日内瓦举行国际会议讨论篮球问题的邀请。1932年6月18日，首届国际篮球联合会议，在国际基督教青年会体育教育学会内，由埃尔莫·贝里主持开幕。威廉·琼斯先生作为译员出席了会议。参加会议的代表有阿根廷、希腊、意大利、拉脱维亚、葡萄牙、罗马尼亚、瑞士、捷克斯洛伐克以及匈牙利、保加利亚的代表。会议一致通过了采取国际统一的篮球比赛规则和要组织一个独立的国际篮联的决议，制定了国际篮联的基本章程和规则，修改并制定了国际篮球比赛的13条规则，决定今后每4年修改一次等等。

国际篮联总部设在罗马，1940年迁至瑞士的日内瓦，1956年以后又迁至德国的慕尼黑，2002年搬回日内瓦。现有会员213个，现任主席是法国人麦尼尼。

国际篮联组织的重大比赛有：

世界篮球锦标赛。男篮比赛始于1950年，每4年一次，参加比赛的队数和选拔办法经常变更。如1986年的第10届锦标赛共有24个队参加，1990年的第11届锦标赛只有16个队参加，2010年第16届锦标赛有24个队参加。女篮比赛始于1953年，1967年后定为每4年举行一届，参赛队数为14个。

奥运会篮球比赛。男篮1936年被列为奥运会正式比赛项目，40年后，即1976年，女篮也被列为奥运会正式比赛项目。此项赛事，随夏季奥运会每4年举行一次，男女参赛队各12个。

篮球运动的发展趋向

看篮球比赛，大家总是为进攻而喝彩，其实篮球比赛赢球主要靠防守。守为得球，攻为得分，只有得球才能得分。防守的成功与否直接影响到比赛的胜负，防守是篮球的取胜之本。当然，防守也不是完全被动的，随着当今世界篮球发展，防守也是攻击性防守。

篮球运动经过100余年的发展，其运动水平和技术状况，已非昔日可比。一支能代表当代篮球水平的队，应具备这样6个方面：

（1）内线队员攻守能力和争抢篮板球的实力，直接关系到一个队的比赛成绩，也是衡量一个队能否成为世界强队的首要条件。

（2）对抗将越来越激烈，尤其是无球对抗。无论是进攻还是防守，任何技术发挥都应在对抗中完成，不然技战术水平都将是一句空话。

（3）每个队员都应具备40分钟高强度比赛所需的充沛体力，并要求攻守兼备。

（4）明星队员的数量和质量决定一个队的水平，为此教练员将培养队员在全面的基础上发挥专长的能力，通过阵容配备和技术、战术打法形成最佳组合，以保证明星球员作用的发挥。

（5）高、快、灵、准在现代篮球运动中已融为一体。

（6）战术趋向简单、实用，打法更快速，移动更频繁，掩护质量更高，妙传更多，攻击得分更有把握。

有的人认为，NBA能够达到现在的水平，是因为有大批黑人运动员参加。这的确是一个重要的因素，据统计，在NBA中，黑人运动员占65%。黑人手大臂长，并有惊人的弹跳力和爆发力，这些身体素质，在篮球运动中都是非常重要的。但这并不是绝对的，威名赫赫的拉里·伯德就被誉为NBA最伟大的白人前锋，他曾连续3年获得最有价值的球员称号，11次入选NBA明星队。伯德的身材不算很高，弹跳也一般，但他的篮球意识绝佳，近中远投奇准，他总能在最适当的时机跑到最有利的位置，把同伴妙传过来的球塞人篮筐。所以，美国有人认为，社会的、经济的因素对NBA的影响更大一些。在美国，种族歧视、种族偏见根深蒂固，黑人谋生就业的机会比白人少得多，黑人要想在NBA中站住脚，就必须付出更大的努力，练就一身过硬的本领才行。

球衣号码的奥秘

国际篮联规定，每个篮球队有12名队员，他们所穿球衣的号码是4~15号。为什么没有1、2、3号呢？原来，在比赛中运动员犯规，裁判员要用手势向记录员说明，是几号队员犯规，犯了什么规，如何处罚。罚球一次要伸一个指头，罚球两次要伸2个指头，“三秒违例”要伸3个指头，如果运动员穿1~3号球衣，裁判员的手势就可能发生混乱，造成误解。

“13”在欧美一些国家是个不吉祥的数字。然而，敢于向令人厌恶的“13”号挑战的是赫赫有名的美国篮坛巨星张伯伦。更令人感到有趣的是，竟有人穿上“0.5”号的球衣，俱乐部老板为了使自己的球队更吸引观众，就让一位矮个子球星穿上“0.5”号的球衣。据说主要是他的个头矮，而这位球星却不怎么高兴，因为他怕观众误认为他只有别人一半的篮球才华。

1992年2月6日，洛杉矶湖人队在同波士顿赛尔蒂克斯队比赛的中场休息期间，举行了一个隆重的仪式，宣布本队32号球衣退役。32号球衣是魔术师约翰逊使用的，约翰逊退出了篮坛，湖人队永不再使用32号球衣，以表示对这位篮球巨星的永久纪念，这是只有本队的超级球星才能享有的殊荣。

篮球运动在中国

篮球是1895年传入中国的。篮球在中国得到了广泛的普及，并已达到了一定的水平。目前，中国男篮居世界的第10名左右，女篮在前4名以内。

中国男篮第一次参加奥运会篮球赛是1936年的第11届奥运会，最好成绩是1996年、2004年、2008年分别取得第8名，第一次参加世界锦标赛是1978年举行的第8届男篮世锦赛，1994年第12届世锦赛上获第8名。

中国女篮第一次参加奥运会篮球赛是1982年第23届奥运会，获铜牌；第一次参加世界锦标赛是1983年的第9届女篮世锦赛，获铜牌；1994年第12届世锦赛上获亚军。

中国篮坛上也出现过不少耀眼的球星。老一辈的有发明了“停空单手投篮”的黄柏龄，这位福建来的运动员被称为神投手，一场比赛他得分要占全队的1/2～1/3，命中率高达70%～80%，新中国成立后，他是第一任国家篮球队队长。20世纪50年代有著名的控球后卫钱澄海和前锋杨伯镛，当时的中国男、女篮球队曾先后战胜过匈牙利、捷克、保加利亚、巴西等世界强队。以后又有巨人中锋穆铁柱、“矮巨人”孙凤武、神投手张勇军以及“小巨人”姚明等。女篮也出现了一批世界著名的优秀运动员，如世界最佳中锋之一郑海霞、著名前锋宋晓波、著名后卫丛学娣等。

中国的篮球运动开展得很普遍，工厂、农村、机关、学校一般都有篮球场，但多被当做娱乐、健身使用。从竞技体育的角度，还缺乏正规的篮球知识教育和训练；高水平的篮球教育人才还比较少，特别是基层更十分匮乏；对优秀篮球运动员的发现、培养、选拔还缺乏科学的程序和管理。中国篮球要想赶上世界上最先进的水平，还需要经过长期的不懈努力。

网上争雄的运动——排球

排球运动是我国人民最喜爱的体育项目之一。随着排球运动的蓬勃发展，尤其是中国女排获得“五连冠”之后，中华大地掀起了一股强烈的“排球热”。

排球起源于19世纪末的美国。1895年，马塞基诸塞州霍利奥克青年会干事威廉·摩根，认为球类运动就是消遣游戏，而篮球过于激烈，因此打算创造一种男女老少皆宜的室内活动，于是他在室内挂上约2米高的球网，用篮球的球胆表演，将参加的人分为两组，双方用手把球拍击过网，互相托来托去，不使球落地，以达到娱乐目的。后来嫌球胆太轻，改用足球，又经过几次改革，才逐渐变成今天的用羊皮做壳、橡胶做胆的排球。

1896年，摩根制定出了世界上第一个排球比赛规则。同年，又在斯普林费尔德体育专科学校举行了被称为世界上最早的排球比赛。当时的规则比较简单，曾经采用过十六人制、十二人制和九人制三种打法，阵式按前、中、后三排站位。直到20世纪50年代才改为今天的六人制打法。

排球问世后，整整半个世纪一直作为一种娱乐活动，而没有被列入正式比赛项目。第一次世界大战期间，这项活动被美国军队带到南美、欧洲等国家，以后又通过各种途径传入亚洲、非洲地区。

初期的排球运动在波兰、意大利等一些东欧国家比较普及。传入苏联，那是第二次世界大战以后了。在英国，排球一直作为游戏，直到20世纪60年代才正式列入体育竞技项目。排球传入中国还比较早，1913年在菲律宾举行的远东运动会上第一次出现排球比赛，赛后中国队将它带回，在广东台山、新会一带开展。新中国成立前的国内运动会也曾有过排球比赛。

随着排球运动在世界范围内的普及和发展，各国排球运动员要求进行国际间交流的呼声越来越高。1947年4月18~20日，法国、捷克斯洛伐克等13个国家排球协会的代表在法国巴黎召开会议，一致决定成立世界性的排球组织——国际排球联合会。国际排联成立后，排球运动真正成为世界性的体育竞赛项目。1949年和1952年分别举办第1届世界男排和女排锦标赛；1964年列为第18届奥运会正式比赛项目；1965年又开始举行世界杯排球赛。此后，每4年一届的排球世界杯赛、世界排球锦标赛和奥运会排球赛成为代表世界排球运动最高水平的角逐，像三座巍峨的高峰吸引着各国排球健儿奋力攀登。

世界排球运动的历史虽然很短，但水平提高很快。20 世纪 40 年代至 50 年代，以前苏联、捷克斯洛伐克、民主德国等为代表的东欧国家，依仗队员身材高大的特点，采用了“高打强攻”的欧洲力量型打法，一直称雄世界排坛多年。20 世纪 50 年代末，中国排球开始崛起。年轻的中国选手，以快速灵活的特点，首创了“快板球”。到了 20 世纪 60 年代初，中国男排又在“快板球”的基础上，逐步发展成以四号位“平拉开”球为主的一系列多种变化的快球战术。这种被称为“网前机关枪”的快球，一度使那些排球强国的选手束手无策，难以对付。与此同时，日本女排教练大松博文的滚翻垫球震惊世界排坛。它使女排的后排防守坚不可摧，犹如筑起一条“钢铁长城”，从而“东洋魔女”一举跃上世界女排盟主的宝座。20 世纪 70 年代，被誉为“黑色橡胶”的古巴队，以惊人的弹跳力控制网前优势，挤上世界排坛强国的行列。进入 20 世纪 80 年代后，形成了以中国女排和美国男排为典型代表的高快结合、全攻全守的全面型打法。1981 年，中国女排以全胜的战绩夺得第 3 届世界杯冠军，1982 年中国女排又赢得了第 2 届世界女子排球锦标赛的桂冠，1984 年又获第 23 届洛杉矶奥运会冠军，1985 年再获第 4 届世界杯冠军，1986 年又蝉联第 10 届世界锦标赛的冠军。从 1981 ~ 1986 年，中国女排创造了“五连冠”的辉煌业绩，成为中国运动员、教练员和中国人民的骄傲。中国男排也几度夺得亚洲冠军，在世界排坛上属中上水平。

当 20 世纪 90 年代初的世界锦标赛冠军被意大利男排和前苏联女排摘走后，代表着世界排坛进入了一个新的历史时期，即全面、高度、快速、创新将成为今后世界排球运动发展的总趋势。

排球运动溯源

排球运动是美国人威廉·摩根于 1895 的发明的。

摩根生于纽约，早年在马塞基诸塞州斯普林菲尔德的春田学院学习体育，毕业后在奥克城的基督教青年会任体育干事，负责组织人们进行体育活动。他发现，适合年纪大的人的活动方法不多。例如，手球和篮球，对抗性很强，经常要发生身体冲撞，很适合年轻人的口味，而对中老年人来说则过于剧烈；网球可以避免冲撞，不会发生伤害事故，但参加的人太少。于是，他发明了一种当时被称做“小网子”的室内体育游戏：在篮球场的中间挂起一个网球网，高度略高于普通人的身高，参加活动的人分站在网的两边，把一个篮球胆从网的上边拍过来托过去，尽量不使其落地，落地为输。这种文明的、不太激烈的活动，引起了人们，特别是中老年人的极大兴趣。1896年初，摩根应邀带领10名年过半百的队员和一些球迷，回到自己的母校作“小网子”游戏的表演，比赛双方各5名队员，一方的队长是市长，另一方的队长是消防署长，比赛打得热热闹闹，人们看得兴致勃勃。哈斯戴斯博士建议把这项活动取名为“VolleyBall”，本为“室中飞球”的意思，后来又因为比赛的队员站成一排排的，所以又被译为“排球”。1900年，摩根又设计了橡皮胆外面加帆布的排球，重250~300克，圆周63.5~68.8厘米。排球网高为6尺7寸。21分计分制，以后改为15分制，沿用至今。

1947年国际排球联合会成立，总部原在巴黎，后迁至瑞士洛桑。国际排联制定了世界统一的排球比赛规则，现有会员协会218个。

三大国际排球赛事

目前，世界上的大型国际排球赛有世界排球锦标赛、奥运会排球赛、世界杯排球赛。

世界男子排球锦标赛始于1949年，到1990年已举办了12届，中国男排没有打进过前3名；世界女子排球锦标赛，始于1952年，到1990年，已举办了11届，中国女排取得第9、第10届的冠军，第11届的亚军。

奥运会排球赛始于1964年的第18届奥运会。中国男排没有拿到过名次，中国女排拿过奥运会冠军。

世界杯男子排球赛，始于1965年，女子排球赛，始于1973年，中国女排在1981年的第3届和1985年的第4届上取得两次冠军，第5届取得第3名。此外，1990年开始的国际男排联赛和1993年开始的世界女排大奖赛，也由于设有百万美元的巨额奖金而引起人们的注意。

中国男排简介

中国男排和世界强队相比，还有较大的差距，在亚洲则有一定的优势。中国男排对于世界排球运动，是作出了较大贡献的。

1956年，在第3届世界男排锦标赛上，身材矮小的中国队，在网上争夺十分吃亏，对高举高打，我们封拦不住，而自己的强打强攻却常常被身高马大的对手封死。但是，只要中国队一传到位，二传手就会传出一种刚刚过网的球，攻击手几乎同时起跳，在球刚过网的一瞬间飞快下手，将球扣死，使对手防不胜防，不知所措。这就是有名的“快板球”。中国男排首创的“快板球”打法，引起了世界各国的关注，纷纷效仿，形成了20世纪50年代的“快球”和“半快球”热潮。到了20世纪60年代，中国队又在近体快球的基础上，创造和发展了以快为中心的4号位平拉开、交叉进攻、梯次进攻等。20世纪70年代，又发展成短平快、背平快、时间差、位置差等技术。以后中国队又发明了空间差的打法，如前飞、背飞、拉三、拉四等。这些以快为中心的新技术、新打法，都是为了避开对方的有效拦网，都是根据中国队身材比较矮小的特点创造出来的。这些新技术，很快为各国排球队普遍采用，推动了世界排球运动技术、战术的发展。

这里我们想到了著名的中国排球运动员汪嘉伟。汪嘉伟是江苏人，身高1.92米，英俊潇洒，技术全面，头脑灵活，作风顽强。1976年入选国家队任副攻手。汪嘉伟首创了“前飞”、“背飞”战术，他和二传手、队长沈富麟配合默契，在9.50米长的网上，飞来飞去，变幻莫测，使对手防不胜防，被称做“网上飞人”，在第2届亚运会上被评为最佳运动员，在第23届奥运会上被评为最佳扣球手。

“东洋魔女”和她们的“魔王”

20世纪60年代之前，世界女子排坛一直是东欧人的天下，以苏联队为代表的“力量派”和以捷克队为代表的“技巧派”，长期称霸，她们仗着身高体壮，比赛中用不着讲究更多的战术，只要高举重扣，发挥出个人技术，就能取胜。

但是，从20世纪60年代初的第4届世界女排锦标赛开始，奇迹出现了：日本女排过关斩将，所向披靡，一举夺得了冠军宝座，被誉为“东洋魔女”！“东洋魔女”魔在哪里？魔在她们发过来的球摇摇晃晃，飘飘悠悠，一垫就飞，一碰就跑，即使勉强接起，也不能到位，很难组织起有效的进攻；还魔在“打不死”，你重扣也好，轻吊也好，明明已是定赢无疑的球，竟被日本姑娘们一个个地救了起来，还来不及从惊愕中缓过神来，日本队已经把球打到了你的场内。众多的世界强队就是在这种“接不住，扣不死，救不起”的无奈之中，统统输掉了。

这是怎么回事呢？这得从他们的“魔王”大松博文教练说起。大松博文是一位军人出身的排球专家，有极为强烈的民族感、爱国心，他刻苦地阅读钻研了大量资料，对排球运动的规律有了深刻的认识。他的基本指导思想是：日本队要想取胜，关键在于解决好防守问题；由这种指导思想出发，他根据排球运动攻防转换各环节的特点，独创了勾手飘球、前臂垫球和翻滚救球等全新的技术动作；他还狠下心来，把日本军队的一些管理办法移植过来，严格要求，严格管理，刻意培养顽强不屈、百折不挠的作风。大松博文可以说是个不折不扣的“魔王”，他在训练队员时是残酷无情的。他采用的是高难度、大强度的极限训练法，队员们走进训练场，几乎像进了地狱，训练结束时几乎个个鼻青脸肿，精疲力竭，连床都上不去。练翻滚救球时，大松博文坐在网上左一个右一个，前一个后一个，专门打到队员不奋力扑救就够不到的地方，队员拼命跃出把球垫起后，一个翻滚，再迅速爬起，扑向大松博文打过来的一个更刁的球。这还不行，救起的球还必须到位，否则不但不算，还要加练几个。姑娘们常被累得躺在地上爬不起来，大松博文就一面骂着喊着，一面把一个比一个更重的球打在她们的头上脸上身上腿上，逼着她们站起来继续救球。姑娘们流泪也好，流血也好，求饶也好，咒骂也好，大松博文一概不管，只要还没有达到预定的计划和目标，姑娘们就必须练，有时他甚至冲上前去把队员揪起来一顿拳打脚踢，打完了逼着她们练。20世纪70年代，我国女排也曾请大松博文执教，他用的也是这一套方法，受到周恩来总理的批评和教诲，大松博文才有所收敛。就是在这个“魔王”这种严酷的调教下，日本女排在不长的时间里，终于练出了过硬的功夫，掌握了全新的技术，养成了顽强的作风，练就了一套套默契、流畅的战术配合，成了打败天下无敌手的“东洋魔女”，称霸排坛达20年。

但是，排球比赛和其他绝大多数比赛一样，需要攻防结合。日本女排的进攻能力较弱，一旦对手解决了接发球技术，提高了一传到位率，并针对日本队起球率高的特点采取相应措施，日本队就会陷入被动，只剩下挨打的份了。

中国女排“五连冠”

1981年11月，第3届世界杯女子排球赛在“东洋魔女”的故乡日本举行。中国女排一路过关斩将，杀入决赛，只剩下最后一役的中日之战了。这场球，中国队即使输了，只要能拿下两局，也稳获冠军。

眼看着王冠即将到手，多年的梦想成真，年轻的中国姑娘们兴奋得睡不着觉。

11月16日傍晚，这场全世界的炎黄子孙都为之牵肠挂肚的比赛，在大阪市体育馆展开了。鼓足了劲的中国女排，一上场就显出了一副王者气势，人人使出了浑身解数，干脆利落地连下两局，冠军到手了！场内场外一片欢腾。中国姑娘热泪奔淌，热血沸腾，怎么也抑制不住自已的狂喜心情。这时，战局发生了变化，日本队抓住中国姑娘心情激动、精神分散的机会连扳两局。场上成了2:2平。这场球虽然输了也不影响中国队拿冠军，但总叫人遗憾。所以，一向胜败不露声色的主教练袁伟民也激动了。他在第二、三局休息时，本已多次提醒队员们要清醒、冷静，不要过于激动。但年轻的中国姑娘怎么也抑制不住兴奋的心情，结果出现了当前这种极为不利的局面。在全场观众震耳欲聋的呐喊助威声中，日本队简直打疯了。袁伟民知道，这时候用不着布置什么战术、技术，关键在于敲醒队员的头脑。他说："几亿人民的眼睛都在看着我们，祖国不允许我们输掉这场球！这场球拿不下来，你们会后悔一辈子！"袁伟民的话字字千钧，重重地砸在姑娘们的心上！第五局战幕一拉开，紧张激烈的气氛已达到白热化的程度，双方比分交替上升13平、14平、15平，偌大的体育馆，似乎已容不下观众的呐喊声。中国女排队员们互相鼓励，终于经受住了这巨大的磨炼和考验，以17:15赢得了这场比赛的胜利，第一次登上了世界冠军的宝座。这是一个过硬的世界冠军，是中国女排向祖国人民交上的一份打满分的答卷。

从此以后，登上了世界冠军宝座的中国女排一发而不可收，包揽了国际排坛三大赛事的金牌，创造了"五连冠"的辉煌战绩。

1982年，秘鲁利马市，获第9届世界女子排球锦标赛冠军。

1983年，国际排坛无大赛事，中国女排乘机调整队伍，补充新生力量。

1984年，美国洛杉矶，获第23届奥运会女排赛冠军。

1985年，日本东京，再度夺得第4届世界杯女排赛冠军。

1986年，布拉格，再度夺得第10届世界女子排球锦标赛冠军。

到现在为止，世界上还没有别的队赶上和超过中国女排创下的纪录。

中国女排的胜利极大地振奋鼓舞了中华儿女的精神，党和国家领导人号召各行各业向女排学习，中国女排成了人们心目中的英雄偶像。

沙滩排球

赤热的太阳，晴朗的天空，蓝色的大海，白色的沙滩，一群群赤足的男女，头戴太阳镜，身着艳丽的各色泳装，在一块块沙滩球场上，不停地跑动跳跃着，发球、接球、扣球、救球，赢得围观群众的阵阵喝彩声。这就是沙滩排球。有人预测，在不久的未来，沙滩排球将成为最受欢迎的体育项目之一。

沙滩排球是在室内排球的基础上开展起来的。它本来是游泳余暇的一种游戏，后来才逐渐发展为一种体育比赛。1940 年，美国、巴西等国都组织过沙滩排球比赛。1976 年美国举办了第一次有奖金的比赛，1979 年开始出现职业沙滩排球，1982 年成立了美国职业沙滩排球协会。

1987 年 2 月，国际排联在巴西举办了“第一届世界沙滩排球锦标赛”，设奖金 25000 美元，美国、巴西等 7 个国家参加了比赛。此后，在国际排联的支持、号召下，沙滩排球在世界各国普遍地开展了起来。

巴西全国有近 2000 个沙滩排球场，每逢休假日，一大早就有人拉起网，热火朝天地打起球来。美国现有 60 多名职业沙滩排球运动员，职业比赛的奖金越来越高，从 1976 年的 5000 美元到 1987 年的 60 万美元，旅行社还组织旅游团观看比赛。意大利每年有 8 个大型沙滩排球赛，参赛队 50 多个。

沙滩排球比赛的规则，基本适用国际排联公布的室内排球比赛规则，在球场面积、球网大小、架网高度、用球重量和直径等方面，无大差别。区别较大的是，双方上场人数有 2 人、4 人等，队员在不妨碍对方比赛的情况下，可以从网下穿越，比赛开始后不准换人，发球要轮换进行，发球时本方队员不准遮挡、干扰对方视线，防扣垫击时允许连击和捞球动作，但不允许全手掌的轻扣或吊球，每局暂停时间为 60 秒，只要两队不继续比赛就算暂停，暂停时间累积计算等等。

在亚洲，日本是第一个开展此项运动的国家。

银球连四海——乒乓球

乒乓球是中国人引以为豪的国球。我国已成为久战不衰的“乒乓王国”。中国乒乓精英们从 20 世纪 50 年代末开始夺得了多次世界冠军。他们所取得的辉煌胜利，不但为我国赢得了荣誉，同时也为世界乒乓运动的普及与发展作出了重大的贡献。

乒乓球起源于英国，它是从网球运动中派生出来的。19 世纪后期，英国一些大学生从网球运动中得到启发，在家里以餐桌为球台，以书作球网，用羊皮纸贴作球拍，用橡胶或软木作球，在桌上打来打去。后来由于对球、球拍及其他设备都加以改进，并制定了规则，这项运动才逐渐流行起来。因为使用的球拍打在球上有“乒乓”声，所以这项运动称为“乒乓球”。第一次大型乒乓球比赛于1900年12月在英国举行。国际乒乓球联合会于1926年在英国正式成立并在伦敦举办了首次世界乒乓球锦标赛。此后，世界乒乓球锦标赛每年举行一次。从1957年起改为每两年举行一次。

乒乓球运动大约经历了三个阶段：最初阶段乒乓球拍是木制的，击出的球速度慢，打法也单调。1903年，英国人古德发明了胶皮球拍，有力地促进了乒乓球技术的发展，出现了防守型打法，这一时期乒乓球运动的优势在欧洲，特别是以匈牙利队成绩为最佳。20世纪50年代，奥地利人发明了海绵球拍，日本运动员首先在世界比赛中使用，并采用典型的远台长抽打法，一举打破了欧洲运动员的垄断，夺得了第19届世界锦标赛的四项冠军。1959年，中国著名运动员容国团获得第25届世界乒乓球锦标赛男子单打冠军后，中国乒乓球运动开始登上国际乒坛。我国乒乓球运动员创造了直拍近台快攻的独特打法，长期在国际乒坛上占有明显优势，这是乒乓球运动的第二次高潮。20世纪70年代，随着弧圈球的发展，欧洲运动员从失败中逐步缓过气来，并创造了以弧圈球进攻为主、结合快攻和以快攻为主、结合弧圈球进攻的两种打法，他们用加转弧圈球寻找机会，以前冲弧圈球和扣杀制胜，使乒乓球的旋转和速度达到紧密结合的新高度，这是乒乓球运动的第三次大提高。

尽管乒乓球运动起源于英国，但是它成为我国的国球则是举世公认的事。这主要是乒乓球运动在我国的普及程度已大大提高，在我国大地上，不管是大街还是小巷，到处可见乒乓球战场，男女老少挥拍上阵。小学、中学、大学的体育课更是以乒乓球为核心，班班有球队，月月有比赛。我国乒乓球运动在普及的基础上，技术水平不断提高，球星层出不穷。自1959年到20世纪80年代我国乒乓球队共参加过13届世界乒乓球比赛，总计获得35.5项次冠军，31项次亚军和50项次季军，真称得上战果辉煌。我国培养了郗恩庭、梁戈亮、郭跃华、曹燕华等一批弧圈球结合快攻打法的世界一流选手，也培养了有中国特色的庄则栋、李富荣、江加良、陈龙灿、何智丽等乒坛名将。

人才辈出战绩辉煌

经国际乒联批准，第26届世界乒乓球锦标赛于1961年4月在中国北京举行。这是中国第一次主办世界大规模的体育比赛。

中国队借作为主办国的大好机会，在国际乒联规则允许的范围内，尽量培养和派出大批新手参战，男女选手各32名，其中参加单打和双打的选手各占一半。经过这场大战的锻炼，中国乒坛涌现出了众多新秀，他们中的许多人不但自身战功赫赫，而且成了此后30年里中国乒坛的领袖人物。

参加男子团体冠军角逐的中国人，由王传耀、容国团、庄则栋、李富荣和徐寅生组成。这是一个新老结合、以新为主的队伍，人人功夫硬，个个有绝招，瞄准金牌，志在必得。一路上过关斩将，七战七捷，半决赛中遇到了当时可算欧洲最强的匈牙利队。在第25届世乒赛中，中匈相遇，中国队以3:5败下阵来。两年过去，中国队今非昔比，派出容国团、庄则栋、徐寅生三员大将应战，以5:1的比分战胜匈队，痛快淋漓地报了一箭之仇，进入了决赛，和蝉联五届男团冠军的日本队对垒。这是一场完全在预料之中又盼望已久的恶战。在当时，日本是乒坛的绝对王者，只有打败了日本队，才能算名副其实地登上了世界乒坛最高峰。

1961年4月9日晚，激动人心的决战开始了。日本队派出了最强阵容：多次获得世界男单冠军的“智多星”荻村，人称“猛狮”、打法凶狠、战前公开宣称“要独拿3分”的星野和球路怪异的“黑马”左手将木村。日本人站台较远，以攻为主，步伐灵活，他们还带来了新发明的秘密武器——弧圈球。那时，这种打法刚刚出现不久，只有简单的弧圈形上旋球一种，但已经取得惊人战绩，打得欧洲联队接连惨败，一局比赛下来，欧洲选手很少能拿到10分。对这种球，欧洲人畏之如虎，日本人也有意把它说得神乎其神、无法对付。

中国队派出容国团、徐寅生、庄则栋应战，一色的近台直板快攻打法，容国团是当时世界男单冠军，人称“多面手”；徐寅生是中国的“智多星”，反应敏捷，打法刁钻；庄则栋人称“小老虎”，往往是一上场就噼里啪啦，左右开弓，让对方喘不过气来。

第一场庄、星对阵，庄则栋旗开得胜，2:0。

第二场徐、木大战，徐不敌木，2:3败下阵来。

第三场容、荻拼杀，容包袱太重，打得拘谨，0:2输1分。

第四场徐、星相抗。2人都已先输1分，压力甚大，都想在对方身上拿回1分，将功补过。头一局，徐寅生以17:21先失一局，第二局徐寅生勇于拼杀，渐渐打开，21:14扳回一局；第三局，徐以20:18领先，这时，一个令世界乒坛和广大中国人民津津乐道多年的精彩场面出现了：徐寅生以落点极刁的拉攻，把星野逼得远离球台大放高球，徐寅生腾身跃起，猛力扣杀，连攻12大板，终于为中国队赢回了宝贵的1分！

第五场庄、荻出场，“小老虎”又是一阵噼里啪啦，“智多星”荻村无计可施。

第六场容国团输给了木村。这时的中日大战打得让人们透不过气来，连主席台上的一些领导同志都不敢抬头再看下去，最后干脆撤到了休息室，让工作人员来回给他们通报比分！

第七场已经找回了感觉的徐寅生打出很高水平，连平时很少用的反手攻球都打了出来，以21:7和21:8的较大优势击败荻村。

第八场，在前面连输两场的容国团终于显出了世界冠军的英雄本色，以2:1擒获了日本“猛狮”星野！

经过3小时的8盘苦战，中国男子乒乓球队，在家乡父老面前献上了一份珍贵的厚礼：那沉甸甸、金灿灿的斯韦思林杯。

中国女队火候不够，以2:3负于日本队，屈居亚军。在5个单项比赛中，庄则栋和邱钟惠分别获得男女单打世界冠军。

中国女队的“登顶行动”是在4年之后，即1965年的第28届世乒赛上完成的。

1963年中国女队由第2名降为第3名，国人纷纷提出：女队何时才能翻身？容国团挺身而出，接掌女队帅印。女队精神面貌大变，斗志昂扬，刻苦训练，实力大增，第28届世乒赛开幕之前，已被世人看好是唯一能和日本女队抗衡的新军。

中国队派出的4员战将是李赫男、梁丽珍、林慧卿和郑敏之，两攻两守，全是新人。一路战来，甚是顺手，李、梁二将攻杀凌厉，战果辉煌，勇不可挡，林、郑二人偶出小试，战绩亦佳。

决战对阵，日本派出最强阵容：关正子和深津尚子。大赛开始以来，日本队派出专人，一场不漏地紧紧追踪着中国女队的足迹，仔细记录下中国队员每场比赛的表现，加以细致地分析研究，制定出相应的对策。由于李赫男和梁丽珍出场最多，战绩最著，所以日本人也记得最多，研究得最细，他们认为中国队的决赛人选非李、梁莫属。

可是，也许是世界乒坛史上最最出人意料的事情发生了：中国队派出了两名横拍削球手林慧卿、郑敏之应战。足智多谋、运筹妙绝的容国团给了世界乒坛人士，特别是日本队一个大大的震惊，他们茫然不知所措，急促间哪能想出什么对应的良策？第一个出场的日本队员关正子在选球时，紧张得手在发抖，这使得本来也有些紧张的郑敏之精神为之一振，增强了胜利的信心。日本队本来长于进攻，20 年来她们把擅打削球防守的欧洲队员打得一直翻不过身来。林、郑二人也是打削球防守的，为什么使日本人这么害怕呢？原来，中国队打的削球和欧洲人不同，中国队员的手上功夫好，同一手型可以打出转与不转等多种球来，变化莫测；而且接球点低，常常等球落到台面以上才去击球，使对方根本看不清用的是什么动作。再加上，日本队没有仔细研究林、郑二人的技术特点，根本就是一场仓猝上阵的遭遇战，哪有不败的道理？所以很快地就以 0:3 败下阵来。

中国女队终于和中国男队一起，登上了世界乒坛的最高峰。

到 1981 年第 36 届世界锦标赛上，中国队创造了一个空前的，恐怕也是绝后的奇迹：不但夺取了全部 7 项比赛的金牌，而且夺取了全部 5 个单项比赛的全部银牌。5 个单项的国际大赛，成了中国的国内比赛！

这是真正的战绩辉煌！外国通讯社的报道说："中国创造了乒乓球历史的新纪元。"

不知是真是假，有人传说周恩来总理在听到这个消息之后，曾笑着说："中国要讲点儿风格嘛！"反正，在以后的第 37、38、39 届世乒赛上，中国队员每次都只拿了 6 项冠军。

小球推动大球

1971 年，由于"文革"磨难，两届都没有参加世乒赛的中国队，终于同意参加将在日本名古屋举行的第 31 届世乒赛了。

3 月 20 日羽田机场大厅人头攒动，笑语声声，日本各界朋友和各国记者们，喜气洋洋地欢迎中国乒乓球队的到来。赵正洪团长发表了"友谊第一、比赛第二"的讲话，立时引起了各方面的广泛关注。这是周恩来总理亲自为中国代表团制定的活动方针。

4 月 4 日，一辆中国队的大巴车，正准备去爱知县的比赛大厅，队员到齐后，汽车缓缓启动。这时，一个满头金发、身着蓝色运动服的年轻运动员，神色焦急地跑了过来，司机刹住车打开车门，让这个可能是没找到本队车子的运动员搭车。他上来后，大家才看清这位运动员的胸前印着"USA"。呀，一个美国运动员上了中国队的车！

中国和美国已经断交 22 年，几乎在所有的国际场合，都是针锋相对的。

这种政治上的对抗，在人们的感情和心理上，自然造成了很大的距离。车厢里突然安静了下来，原来那一片无拘无束的欢笑声戛然而止，那个美国运动员孤零零地坐在前面，没有人理他。

就在这时，中国男队第一主力、三届世界男子单打冠军庄则栋站了起来，面带微笑地向美国运动员走去。连庄则栋自己也没有想到，他这几步是在跨越一条历史的鸿沟，在跨越一个历史时代！

美国运动员当然认识鼎鼎大名的庄则栋，他兴奋地自我介绍说，他叫格伦·科恩，19 岁，是大学二年级学生。他说他想了解中国，他知道中国的万里长城，那是人类在月球上唯一能用肉眼看到的地球上的人工建筑，这是人类的骄傲。他还说他非常佩服中国的乒乓球艺，他为自己能与庄则栋认识和交谈，感到非常高兴。

庄则栋也热情地说："美国人民是伟大的人民，中国运动员愿意同各国运动员广泛交朋友，我们是为了友谊而来的。"说着，他取出了一幅杭州织锦送给了科恩。下车后，科恩一手捧着织锦，一手拽着庄则栋的胳膊，二人同行。分手时科恩还大声说："谢谢你，回去后我要把它挂在最醒目的地方！"中国运动员和美国运动员握手同行，这在1949 年之后还是第一次，它意味着什么？敏感的记者们立时兴奋起来，赶紧拍下这历史性的镜头，不等作出判断，争先恐后地向新闻中心跑去，抢发这条特别的新闻。

第二天，中国队到比赛大厅门口，早已等在那里的科恩跑步迎了上来，递给庄则栋一件短袖运动衫，运动衫的胸前还别着一枚当时美国流行的青年反战纪念章。科恩介绍说，这纪念章象征着美国人民反对战争、希望和平的真诚意愿。庄则栋愉快地收下礼物，大声致谢，一手举着运动衫，一手挽起科恩的手，微笑着面对记者们伸过来的镜头。

从那以后美国运动员接连不断地往中国队的住地跑，并反复试探性地提出："你们能不能邀请我们访问中国？"中国代表团迅速将这些情况报回国内，周恩来总理立即报告了毛主席。毛主席做出了一个果断的决定："邀请美国乒乓球队访华！"4 月 7 日，中国乒乓球代表团秘书长宋中，亲自将正式邀请书送给了美国乒乓球队代表哈里森。

这个消息，如原子弹爆炸一样，震惊了日本，震惊了世界！日本各大报刊都以头版头条新闻刊登了这一消息，并加上了醒目的大字标题：

"没有人能想象中国的乒乓球会打出这么惊人的政治成就！"

"美中正式接近的前奏曲！"

"中国复杂的外交棋盘上巧妙而老练的一着！"

“中国的这一手乒乓外交取得了空前的成功!”

“中国的乒乓球震撼了整个世界!”

4 月 11 日，美国乒乓球队到达北京，受到周恩来总理的接见。

4 月 14 日，美国总统尼克宣布了“缓和美中关系的五项新步骤”。白宫宣布：准备迎接中国乒乓球队的回访和随行的中国记者。

7 月，美国国务卿基辛格秘密访华。

10 月，联合国恢复了中国的合法席位。

1972 年 2 月，尼克松访华。

这真是，小球推动大球。世界上的政治格局，从此发生了巨大的转变。

球中之花——羽毛球

羽毛球在国际上已有 200 多年的“球龄”了。

早在 18 世纪以前，亚洲和欧洲就有了类似羽毛球的游戏。据说现代类型的羽毛球运动，最初是英国人于 1800 年在印度浦那发起的。最早的球有些同中国的毽子相类似，所以当人们用木拍来回拍击像鸟一样的毽子时，曾称其为“毽子板”运动。此后，当地人用羽毛、软木制的球和穿弦的拍子在呈葫芦形的场地上进行游戏，又起名为“浦那”（印度的地名）。最后，英国人将这项运动带回本国，在国内受到上流社会的重视。1873 年，在英国格罗斯特附近一位名叫鲍弗特的公爵，在他的伯明顿庄园举行了一次羽毛球表演赛。这是迄今为止人们所知道的最早的羽毛球表演赛，因而人们将格罗斯特的伯明顿庄园作为羽毛球运动的发源地，并以庄园的名字“伯明顿”正式命名了这项运动。1890 年，羽毛球运动又从室外搬到了室内，场地也改成了长方形，记分办法也有改变，这就同现在开展的羽毛球运动十分相似了。到了 20 世纪初，羽毛球运动便发展到了美国、加拿大、丹麦、墨西哥、瑞典等国。20 世纪中叶，羽毛球运动又推广到了亚洲。由于这项运动能使人在力量、速度、灵敏、耐力诸方面都得到发展，又是一项比较文明、简便易学、运动量可大可小、老少皆宜的体育项目，所以深受人们的欢迎。到了 20 世纪中期，它已在世界上 50 多个国家和地区得到广泛开展。

现在，世界上最有权威、代表最高水准的比赛是个人项目的全英羽毛球冠军赛和团体项目的国际羽毛球锦标赛（男子为“汤姆斯杯”，女子为“尤伯杯”）。第 1 届全英羽毛球冠军赛于 1899 年 4 月 4 日在伦敦举行，是由当时刚成立不久的英国羽毛球协会发起的，每年举办一届。全英羽毛球冠军赛开始仅限于英国运动员参加，后来参加者越来越多，每次举行，门庭若市，到了1939年，除英国外还有北欧一些国家都参加，以后又进一步推向了全世界。现在这个举世公认的全英羽毛球冠军赛已由国际羽毛球联合会主办，每届都有30多个国家和地区的优秀选手参加。迄今为止共举办了101届（第二次世界大战期间曾中断）。国际羽毛球锦标赛（“汤姆斯杯”），是国际羽联于1948年开始举办的。奖杯是由一位名叫佐治·汤姆斯的男爵捐献的，高71厘米，镀金，价值1700英镑，杯上有运动员的刻像，故取名“汤姆斯杯”。它每3年举行一次，从1984年起改为每两年举行一届，迄今已举办了26届。

在世界各国中，称羽毛球为“国球”的印度尼西亚可算是羽毛球开展最为普及的国家之一。早在20世纪30年代，这项运动从英国传入以后，一下子就为身材灵巧的印尼人民所接受。20世纪50年代末，印尼的羽毛球水平已跻身于世界一流行列。1958年，印尼队在新加坡举行的“汤姆斯杯”赛中，一鸣惊人，以5:4击败四次蝉联冠军的马来西亚队，从此开创了一个新时代。印尼队在以后的比赛中，稳坐宝座长达7届，直到第12届才为中国队所替代。同样，在全英羽毛球冠军赛中，自陈有福第一次为印尼夺得男子单打桂冠后，梁海量夺得过8次冠军，林水镜也夺得过3次；在男子双打比赛中，印尼选手风靡一时，真可谓人才济济。

羽毛球在是1920年前后传入我国的。1953年举行的第一次全国羽毛球比赛，只有5个队19名选手参加。今天，全国几乎所有的省、市、自治区都开展了这项运动。随着这项运动的普及，我国羽毛球水平也以跃进的姿态，迅速攀上了世界高峰。20世纪60年代初期，以汤仙虎、侯加昌、陈玉娘、梁小牧为代表的中国羽毛球队在与当时世界冠军印尼队交锋时，四战四胜；在访欧比赛中与劲旅丹麦队、瑞典队对阵，又十战十捷，所向披靡，威震海外。只是当时由于我国还没有参加国际羽毛球联合会，所以国外称中国队为“无冕之王”。到了20世纪70年代后期，我国羽坛又涌现出了一批虎虎有生气的新秀。1981年，中国羽毛球队在国际羽联和世界羽联联合会的第一次大型比赛——第1届世界运动会羽毛球比赛中，五个单项夺得四项冠军；1982年，又在全英羽毛球冠军赛和“汤姆斯杯”赛中，奋力拼搏，捷报频传，为祖国、为人民争得了荣誉。

羽毛球重大国际赛事

（一）全英羽毛球锦标赛

英国羽协在国际羽联成立之前，就举办了全英羽毛球锦标赛，每年一次，于3月份的最后一周在英国首都伦敦举行。这是一次传统的、非正式的世界羽毛球大赛，但颇受国际羽坛瞩目。

（二）“汤姆斯杯”赛

“汤姆斯杯”赛是国际羽联组织的代表世界最高水平的世界男子羽毛球团体赛。1939年，当时的国际羽联主席汤姆斯爵士捐款1700英镑，铸造了一个29英寸高的金杯，作为此项比赛的奖杯。由于第二次世界大战爆发，赛事曾一度停办。1948年国际羽联决定将这个金杯命名为“汤姆斯杯”，并组织了第一届“汤姆斯杯”赛。此项赛事每3年举行一次，到1982年共举办了12届，以后改为两年举办一次。

（三）“尤伯杯”赛

“尤伯杯赛”是国际羽联组织的代表世界最高水平的世界女子羽毛球团体赛。英国的尤伯夫人是20世纪30年代全英羽毛球锦标赛12项冠军获得者，她目睹“汤姆斯杯”盛况，决定捐赠一个女子团体赛的奖杯，得到国际羽联的赞同。第一届“尤伯杯”赛是1956年举行的，开始也是每3年一次，后与“汤姆斯杯”比赛一同改为两年一次。每逢双年，“汤杯”和“尤杯”比赛于同时同地举行。

（四）世界羽毛球锦标赛

世界羽毛球锦标赛于1977年开始举办，每3年一次，只设单项赛，不设团体赛，1983年后改为每两年一次。

（五）世界杯赛

世界杯赛于1981年开始举办，每年的下半年都在亚洲地区举办一次世界杯羽毛球赛，也是只设单项赛，不设团体赛。

（六）奥运会羽毛球赛

自1992年第25届奥运会开始，增设了羽毛球赛，只设男女单打和男女双打4个单项赛。自1996年第26届奥运会起，又增设混双项目。

（七）世界羽联超级系列赛（前羽毛球系列大奖赛）

自1983年开始，每年进行羽毛球系列大奖赛。开始只设男女单打，由国际羽联派出的世界男子前12名、女子前8名参加，1986年开始又增加了男女双打。系列大奖赛设有较高奖金，在世界各地巡回进行，第一年只举办了7站比赛，后来增加至16站比赛。自2007年起，羽毛球系列大奖赛改制为世界羽联超级系列赛，设12站公开赛和1站总决赛。

20世纪60年代以来，亚洲的羽毛球运动一直居世界先进水平。印度尼西亚、马来西亚、中国、日本、南朝鲜等国，在国际羽毛球大赛中，一直是名列前茅，欧洲国家只在双打项目上偶有所得。

无冕之王——中国羽毛球队

世界上羽毛球运动开展得最普遍、水平最高的国家，当属北欧的丹麦和亚洲的印尼。

早期，我国羽毛球运动的水平较低，开展也不够普遍。直到1954年王文教、陈福寿、林丰玉等印尼华侨青年，怀着报效祖国的宏愿，毅然回国组成第一支国家集训队，我国的羽毛球运动水平才有了较大的提高。1959年第一届全运会上，有79名运动员参加了羽毛球比赛，一批新手崭露头角，技术渐趋完善，并向全面多样化发展。从20世纪60年代起，我国的羽毛球运动进入了全盛时期，被人们称为“黄金时代”。

1963年夏，羽坛霸主之一的印尼国家队访华，中国队10战6胜。在当年11月的第一届新兴力量运动会上，中国队取得了女子团体和男子单打冠军。冬天，中国队应邀访问印尼，6战35场比赛，双方尽出高手对阵，中国获得全胜！这一下震惊了世界，震惊了视羽毛球为“国球”的印尼。中国队实际登上了亚洲羽坛的王座。

当时有人说：“你们对付亚洲人行。欧洲人身材高、力量大、技术好，你们靠快攻打他们，尤其是丹麦人，不行。”年轻的中国羽毛球队鼓足了一口气，盼望着能有机会和欧洲的丹麦队进行较量。

1965年，机会来了，中国羽毛球队应邀出访丹麦和瑞典。丹麦电视台的主持人面对观众，发表了如下妙论："据说，中国羽毛球队的水平很高。但是真是假，我们谁也不知道。说句实话，中国人究竟会不会打羽毛球，我们还很怀疑。"来机场迎接的丹麦羽协官员，在彬彬有礼的言谈中，显示出了一股傲慢之情。中国队的赛前训练，丹麦队连看都不看。按照原定赛程，中国队应先到丹麦各地访问比赛，然后再回到哥本哈根，进行中、丹国家队的正式对抗赛，但是丹麦羽协突然要求改变计划，首先进行正式对抗赛，大概是想杀中国队一个下马威，使中国队能知难而退，尽快打道回府吧！

中国队大度地同意了。比赛设5个单项：男单、女单、男双、女双、混双，两队每项各出两名（对）选手进行对抗赛，第二天由各项的两名（队）胜者，进行单项决赛。大大出乎丹麦人意料之外的是，在第一天的比赛中，丹麦人除一队女子双打取胜外，其余的全军覆没！到了第二天的决赛，中、丹对抗赛成了中国队员之间的表演赛！

尽管中国羽毛球运动已达到了世界第一流的水平，但是由于当时的国际羽联某些人的顽固态度，中国的合法地位一直未能恢复，中国队一直被排斥在正式的世界大赛，包括洲际羽毛球赛和汤杯、尤杯比赛之外。所以，20世纪60年代的中国羽毛球队，被人们送上了一个"无冕之王"的美称。

世界水平最高的队不能参加世界性的正式比赛，这在国际体坛上是极为罕见的现象。羽坛人士纷纷指责国际羽联制造的这种滑稽丑闻，他们说："凡是中国没有参加的比赛，任何一个冠军都是不实在的。"

亚洲羽联首先起而抗争了，他们不顾国际羽联的阻挠反对，于1974年5月30日接纳中国羽协为正式成员。在当年9月举行的第7届亚运会上，中国队初登正式赛场，取得男女团体、男女单打、女子双打5项冠军。

这以后，又是亚洲羽联带头，成立了与国际羽联抗衡的世界羽联，并于1979年和1980年组织了第一届世界羽毛球锦标赛（单项）和第一届世界杯赛（团体），中国羽毛球队共获得了7项冠军，再次显示了自己无可置疑的冠军地位。

迫于形势的压力，世界羽坛的明智之士开始寻求可行的途径，消除对抗，走向合作，终于在1981年5月20日，国际羽联和世界羽联宣布联合，成立了新的国际羽毛球联合会，中国羽协成为正式会员。从此，"无冕之王"堂堂正正地走上了世界羽坛的殿堂。

中国羽坛群英

中国羽毛球队正式参加国际大赛之后，立即取得了突出的成绩，无愧于此前人们赠予的“无冕之王”的称号。

1982 年，中国队第一次参加“汤姆斯杯”的角逐，夺得冠军。

1984 年，中国队第一次参加“尤伯杯”角逐，以无可争辩的优势夺杯。

1983 年，中国运动员第一次参加世界羽毛球锦标赛，李玲蔚获女单冠军，林瑛、吴迪西获女双冠军。

1985 年，韩健获男单冠军，韩爱萍获女单冠军，韩爱萍、李玲蔚获女双冠军。

1983 年，首届系列大奖赛，栾劲、李玲蔚包揽男女单打金牌。

中国的羽毛球运动，在 20 世纪 60 年代和 80 年代，经过了两个“全盛时期”，从“无冕之王”到“羽坛霸主”，涌现了不少贡献突出的世界级羽坛明星，在 20 世纪 60 年代，主要是侯加昌、汤仙虎、吴俊盛、陈玉娘、梁小牧等。这一辈的运动员，包括他们的教练王文教、陈福寿等，大都是从印尼回来的归国华侨青年。他们热心报国，潜心钻研，刻苦训练，形成了中国独有的反攻为主、“快狠准活”的全新打法，为世界羽毛球运动的发展作出了突出的贡献。

20 世纪 80 年代，主要是韩健、栾劲、熊国宝、赵剑华、韩爱萍、李玲蔚等。这一批新秀，在王文教、侯加昌等老一辈运动员的精心培养下，迅速成长起来，取得了比他们的老师更辉煌的成就，取得过所有世界大赛上的所有项目的桂冠，多次囊括一次比赛的全部金牌，中国被国际羽坛人士称为“金牌富翁”。中国队明星荟萃，人人有绝招，全面发展了羽毛球运动的技术和战术，显示了强大的实力。

1989 年以后，中国羽毛球运动，从高峰跌落下来，但仍不失为世界一流强队。

最古老的球种——网球

网球是古老的球种之一。它的起源是 12、13 世纪法国传教士在教堂回廊里用手掌击球的游戏，后来逐步演变成用拍子击球，成为宫廷内供贵族们消遣的一种室内活动。14 世纪中叶，这种活动从法国传入英国。16、17 世纪是英法两国宫廷内网球运动的兴盛时期。1873 年，英国人 M·温菲尔德把早期的网球打法加以改进，使之成为一种夏天在草地上进行的活动，并取名为“草地网球”。1875 年，英国板球俱乐部制定了网球比赛规则，并在温尔顿举办了第 1 届草地网球冠军赛，也就是在今天仍享有盛名的全英草地网球赛。此后，该俱乐部又对场地的尺寸、网高和记分方法进行了改革，1884 年，英国伦敦玛丽勒本板球俱乐部又把球网中央的高度改为 0.914 米，并一直沿用至今，1912 年 3 月 1 日，国际网球联合会宣告成立。

1896 年，在雅典举行的第 1 届奥运会上，网球的男子单打和双打被列为正式比赛项目，而且一连 7 届奥运会都设有网球比赛。后来，因为国际奥委会和国际网联在“业余运动员”的定义上有分歧，网球运动从第 8 届奥运会后被取消。

在 50 多年后的 1984 年洛杉矶奥运会上，网球运动又重新回到了奥运大家庭，但当时只属于奥运会表演项目，到了 1988 年的汉城奥运会，网球运动才正式被列为比赛项目。

目前，在一般的网球爱好者的心目中，影响最大、水平最高的国际网球比赛则是温布尔登网球公开赛、美国网球公开赛、法国网球公开赛和澳大利亚网球公开赛，以及戴维斯杯网球赛和联合会杯网球赛。

上述几项著名比赛中，前四项均为单项比赛，各设男子单打、女子单打、男子双打、女子双打和混合双打五个冠军，被称为世界网坛的“四大比赛”；后两项分别为男、女团体赛。这几项比赛都得到了国际网球联合会的正式承认，每年举行一次。不同的是，“四大比赛”以个人名义参加，设高额奖金，而戴维斯杯和联合会杯赛则是以一个国家或地区为单位参加比赛。

温布尔登网球公开赛

温布尔登网球赛以历史悠久而名列“四大比赛”之首。它创始于 1877 年 7 月，每年 6 月底至 7 月初举行一次，除在两次世界大战期间停办了 10 届外，到 2010 年已办过 124 届。

这项比赛创办时只有男子单打一个项目，后陆续增设男子双打、女子单打、女子双打和混合双打。每年有 300 多名选手角逐这五项冠军，其中英国的纳夫拉蒂娃曾是温布尔登网球赛史上耀目的明星，她先后八次获得女子单打冠军。

美国网球公开赛

美国网球公开赛在“四大比赛”中以奖金最多而闻名于国际网坛。它的影响仅次于温布尔登网球公开赛，始于1981年，每年的8月底至9月初在纽约举行比赛。

法国网球公开赛

法国网球公开赛是1891年创办的。从1928年开始向世界公开，逐渐演变成法国网球公开赛。到2010年，已举办了80届。每年5月底至6月初在巴黎西南郊的罗兰—加罗斯体育场举行。英国的埃弗特·劳埃德获得过7届女子单打冠军。

澳大利亚网球公开赛

澳大利网球公开赛是“四大比赛”中的“小弟弟”。它于1905年创办，每年1月底至2月初在墨尔本举行。开始时只设男子单打。直到1922年才增设女子单打，现在还设有男女双打和混合双打。

戴维斯杯网球赛

戴维斯杯网球赛创始于1900年，是由美国密苏里州圣路易斯年轻的网球运动员德怀特·菲利、戴·维斯倡议举办的。为此，他捐赠了一只比赛奖杯。后来，人们便把这座奖杯称为“戴维斯杯”。

戴维斯杯是国际网坛声望最高的男子团体流动奖杯，每届的冠军队和队员名字都刻在杯上。到2010年已举办了99届，有60多个世界网球协会派队参赛。其中，美国队战绩最佳，荣获了30多次团体冠军。

中国运动员在新中国成立前曾参加过6次比赛，新中国成立后从1983年重新加入比赛。

联合会杯网球赛

联合会杯网球赛与戴维斯杯网球赛一样，代表了当今世界网坛女子团体的最高水平。它自1963年创办以来，每年举行一次，其中也以美国队的成绩最为突出，共获17次冠军。

中国队从1981年开始参加这项比赛，曾有过进入前16名的好成绩。

展示人体美的运动——体操

体操运动项目包括基本体操、竞技体操、艺术体操、技巧运动、辅助体操和团体体操等。竞技体操是一项在规定的器械和项目上，完成复杂、协调的动作，并根据动作分值或动作难度、编排与完成情况，给予评分的竞赛活动。

体操是从原始舞蹈中提炼出来的一种身体“按一定规律的操练”的运动，近代体操起源于欧洲，开始作为教育的一种手段在学校里出现，从18世纪直至19世纪的后期，随着文化教育的普及和发展，先后在欧洲形成了四种体操流派。它们是以雅恩为代表的“德国体操”，以林格为代表的“艺术体操”，以布克为代表的“丹麦体操”，以及以笛尔什为代表的“天鹰体操”等世界著名的体操流派，并为构成“现代体操”的完整概念创造了条件。德国体操主要是借助器械的练习来达到发展力量、增强意志的目的，形成了杠子运动的流派，如单杠、双杠、跳马等。瑞典体操，以及与瑞典体操同出一源的丹麦体操，是以军事、教育、医疗为目的的体操流派。“鹰派”体操的诞生，使体育运动发生了较大的变革，竞技体操才成为独立分支发展起来。

由于各流派之间交流活动的频繁，1881年成立了第一个国际性的体操组织，即“欧洲体操联合会”。1896年，世界性的体操组织正式被命名为“国际体操联合会”。同年4月，在希腊召开的第一届奥林匹克运动会上，竞技体操作为正式项目进行了首次比赛。

体操最初只限于男子参加，而女子体操则在1928年第9届奥运会上才开始出现。当时的体操，无论在内容和方法上都和现代体操比赛有很多不同。1952年前，历届奥运会体操比赛的内容经常变化，一度曾把100米跳远、撑竿跳高、举重等也作为体操比赛内容的一个部分。直到 1952 年在赫尔辛基举行的第 15 届奥林匹克运动会上，才正式确定为目前的男子六项（自由体操、鞍马、吊环、跳马、双杠和单杠）、女子四项（自由体操、平衡木、高低杠和横跳马）。以后，女子的艺术体操也成为竞技体操项目。

在规定的场地和时间内完成所有技巧性的不同动作。男子比赛时间为 50～70秒，女子为 60～90 秒。男女动作由跟头、平衡、倒立、滚翻、立足空翻和舞蹈动作组成。在历史上，形成以技巧动作为主的自由体操比赛，是在 1930 年的第 9 届世界体操锦标赛上，当时只限于男子参加。女子自由体操比赛，在第二次世界大战之前是作为团体徒手操形式进行的，直至 1952 年才有女子个人项目。到 1958 年第 14 届世界体操锦标赛时，女子自由体操比赛规定要有音乐伴奏。

鞍马相传源自罗马帝国时代，是男子六项中最困难的项目。从上马到下马完全靠两臂支撑，在马和环上，交叉、摆越、全旋，若重心不稳或手出汗，就会有掉下来的危险，古时这项运动是作为训练罗马骑士的一种活动，开始仅在一木制模型马上做各种支撑移动和跳上、跳下动作，后来逐步发展为具有自己特点的体操练习项目。

吊环是体操比赛中男子项目之一，起源于古代的秋千，相传是罗马帝国的一种杂技表演，曾称为“古罗马的戒指”。后经德国人施比斯的倡导，发展为体操练习项目。

跳马是从古代骑马训练发展演化来的。男子跳纵马，女子跳横马，纵马高 1. 35 米，横马高 1. 20 米。到了 19 世纪中叶，才作为正式体操练习项目，并在法国、意大利盛行。

双杠动作以摆动为主，由支撑、挂臂、悬垂、回环、空翻、转体、倒立等动作组成，是体操比赛中男子项目之一。相传为德国体操之父雅恩于 1811 年首创。双杠原先曾作为鞍马练习的辅助器材，后来逐渐发展为具有自己特点的体操项目。

单杠是体操比赛中男子项目之一，是雅恩于 1812 年创造的。它的前身为水平横圆木，直径为 5. 85～6. 5 厘米。后随着技术的发展，摆幅的增大，木棒改为铁芯木杠，后发展为铁棒，现在横杠多采用高碳弹簧或镍铬等优质钢制成。

高低杠是女子体操比赛项目之一，是由双杠演变而来的。利用两条铁棒的高低错落，成为很有特色的体操项目。

艺术体操又称“韵律体操”，起源于 19 世纪末 20 世纪初的欧洲。艺术体操最初是瑞士日内瓦声乐学教授达尔克罗兹设计的一种以人的身体动作和音乐相结合的体操，原本用来培养学生的乐感，把音乐节奏用人的身体运动表现出来。经过德国生理学家德梅奈和瑞士舞蹈教师冯拉班、德国的体操家博德和梅道的发展，逐渐形成为艺术体操。到了20世纪20年代，艺术体操就成为女子特有的竞技项目。1928～1956年第6届奥运会及1954年的世界体操锦标赛上，都举行过每队6～8人的轻器械团体比赛。1963年举行了第一届世界艺术体操锦标赛。以后，每两年举行一次世界锦标赛。1975年正式确定球、绳、圈、棒、带五种轻器械为国际性比赛项目，1980年国际奥委会宣布艺术体操列为奥运会比赛项目。艺术体操从20世纪50年代传入中国，但由于种种原因，开展比较缓慢，直到70年代后才逐步发展起来。艺术体操是徒手或持轻器械在音乐的伴奏下进行有节奏的连续不断的身体运动，动作的选择着眼于女性的心理和生理特点，主要由各种走、跑、跳跃、转体、平衡、摆动、屈伸等舞蹈的基本动作和吸取了技巧运动的个别动作组成，在音乐的伴奏下进行操练。操练要求节奏明快、自然协调并具有艺术表现力。经常进行艺术体操训练，可以发展柔韧、协调、灵巧等身体素质，锻炼成健美体魄，培养节奏感，提高音乐素养和表现力，也是进行美的教育的一种手段。竞技体操作为年轻的运动项目，近年来发展很快，表现在动作难度的加大，编排的创新，技术的多样化等方面。随着世界性比赛项目的固定，国与国之间、洲与洲之间比赛和技术交流的增多，竞赛制度和评分方法也日趋完善。

中国体操的崛起

竞技体操在我国是开展较晚的运动项目，在1948年中华人民共和国成立前的旧中国的最后一届全运会上，只有单双杠两个体操项目。直到1953年，苏联国家体操队来华表演，才把现代体操的全部项目传入我国。

我们体操起步虽晚，但是发展很快，仅仅5年的时间，新中国的体操运动就发展到了相当高的水平。据当时的统计，1958年我国已有体操等级运动员18万名，其中包括49名运动健将。当年我国首次派队参加了第14届世界体操锦标赛，就取得男子第11名、女子第7名的好成绩，引起了国际体操界的注意。到1962年的第15届世界体操锦标赛上，中国男女体操队同时跃进前6名，男队获团体第4、女队获团体第6，男运动员于烈峰在鞍马上做出单环托马斯全旋的独创动作，获鞍马第3名，为中国夺得首枚世界锦标赛的奖牌。

这之后，中国体操从学习阶段走上了创新阶段，勇敢地攀登世界体操的高峰，一批世界级的优秀运动员脱颖而出。1972 年，湖南的少年女子运动员突破了自由体操直体后空翻转体 720 度这一全新高难动作。1973 年，河北男队的刘万发，首次完成了单杠的“旋下”。1974 年，我国首次参加第 7 届亚运会，以集体的优势战胜老牌劲旅日本队，双获男女团体冠军，并在以后的第 8、9、10 届亚运会上继续称雄，刮起了一阵阵“中国体操旋风”。

1979 年，我国 15 岁的马燕红，在第 20 届世界体操锦标赛上夺得高低杠世界冠军。这是我国运动员在世界体操三大赛事（世锦赛、世界杯、奥运会）上获得的第一枚金牌，从此开始了中国体操的腾飞。1980 年，黄玉斌、李月久夺得第 5 届世界杯赛的吊环、双杠冠军；1981 年，李月久、李小平夺得自由体操、鞍马冠军；1982 年，在第 6 届世界杯赛中，李宁一人独得全能、自由体操、鞍马、吊环、跳马、单杠 6 块金牌，创造了世界体操史上的奇迹，“体操王子”的美誉传遍全世界；1983 年，在第 22 届世界体操锦标赛上，中国男队团结奋战，以 0.1 分的优势战胜了苏联队，荣登冠军宝座，实现了我国体操界多年的夙愿。

年龄最小的世界体操冠军

20 世纪 70 年代以来，体操运动员逐步趋向年轻化。从世界前 6 名的平均年龄来看，男子已从 25 岁下降到 20 岁左右，女子则从 20 岁下降到 15 岁。罗马尼亚女运动员科马内奇 14 岁就取得世界冠军。那是 1976 年的第 21 届奥运会，她在那次比赛中，一口气得了 7 个 10 分，夺得个人全能、平衡木和高低杠三枚金牌。目前，许多国家从幼儿园就开始早期训练了。为了保证青少年的身心健康，在 20 世纪 80 年代初，国际体操联合会规定，女运动员必须年满 15 岁才能参加大型的世界体操比赛。这样，科马内奇就成了空前绝后的年龄最小的世界体操冠军了。

年龄最大的体操运动员

在原联邦德国巴伐利亚洲的埃贝恩布，有一位年过 90 的体操运动员，名叫海因利希·施密特。这位老者是位园艺师，他在 1978 年的原联邦德国体操锦标赛上，获得了器械体操4项全能的第66名。

施密特从小就喜爱体操。他14岁时被接纳为德国体操协会的会员，成为正式体操运动员。他第一次参加德国体操锦标赛时已经43岁了。以后，他又参加过4届全国体操锦标赛，而且每次都取得了可喜的成绩。1980年他虽然已90岁了，但仍可做单杠的大回环、挂膝回环和摆动，双杠的屈体滚翻、挂臂悬垂和侧平举等动作。这是体操运动中的奇迹，也可算是一项“世界冠军”吧！

雏雁凌空——跳水

跳水是在跳水台板上起跳，完成空中动作，以入水为结束的一项水上运动。跳水运动的项目有跳板跳水和跳台跳水两项：

跳板跳水有1米板和3米板两种。自20世纪60年代铝合金板问世以来，已出现了向前翻腾4周半和其他多周翻腾转体动作。随着跳板弹性越来越大，对运动员掌握身体平衡能力的要求越来越高，跳板跳水的关键是合理利用跳板的反弹力，获得最佳起跳角和高度。所以，走板和起跳是跳板跳水的基础。

跳台跳水是在坚硬而没有弹性的5米、10米高台上进行。跳台跳水起跳稳定，与跳板跳水技术截然不同，一般采用快助跑低跨跳，腾空后迅速拢紧体型，缩短纵轴旋转的半径距离。纵轴翻腾力和横轴转体力处理是否协调、连贯、适当，是做好既翻腾又转体的关键。

关于跳水运动的历史，在伦敦大不列颠的博物馆里，陈列着公元前500年的一只陶质酒杯，杯上绘有一个人正勇敢地从船舷上跳入海中，这是至今所见跳水运动最古老的物证之一。中国早在宋代（公元960~1275年）就有了跳水活动，并且有一定的技术水平。斯堪的纳维亚半岛、地中海、红海一带的码头工人、船工、渔民在17世纪就盛行从悬崖陡壁或固定的建筑物上跳水，并逐渐发展到现代的跳台跳水和跳板跳水。

现代的竞技性跳水运动，在19世纪末20世纪初出现于欧洲。1904年第3届奥运会将跳水列为比赛项目，1908年第4届奥运会确定了正式比赛规则，1912年第5届奥运会时又增加了女子跳水项目，从此跳水运动在世界各国都开展起来。目前，世界性的大型比赛，除奥运会外，还有世界锦标赛和世界杯赛。

世界跳水运动的水平，以中国、美国、俄罗斯、德国处于领先地位。

"跳水王子"——美国的曾洛加尼斯雄踞世界之巅，我国也先后涌现出大批跳水"皇后"：陈肖霞、高敏、许艳梅、伏明霞、郭晶晶等。世界跳水运动正向着动作难度大、空中造型优美、翻腾转体迅速、动作准确平稳、入水水花小及运动员破纪录年纪小的方向发展。随着高难动作的创新和科学技术的发展，各国除用心理学、生物学和生物力学提高训练水平外，还运用了现代化运动器材，并应用电子计算机对跳水运动进行专项技术研究，为运动员掌握高难动作创造了良好的训练条件。

体育的起源

关于体育的起源，世界上的体育史学者有各种不同的说法。这是由于各人的观点、认识不一样，对于事物的产生和发展的看法也就有了差异。

体育首先是起源于劳动。恩格斯在《劳动在从猿到人的转变中的作用》一书中说："劳动创造了人的本身。"人类正是通过劳动，不断改善和创造生产工具，并改善了本身的生理机能，完成了从猿到人这一漫长时期的转变。从这一意义上来说，劳动创造了人，创造了社会上的一切，当然也包括体育在内。恩格斯在书中还提到："只有劳动，人的手才能得到高度的完善，在这基础上，人手才能仿佛凭着魔力似地产生了拉斐尔的绘画，托尔瓦尔德森的雕刻，以及柏格尼尼的音乐。"体育也是文化的一个部分，运动也需要灵巧的双手才能完成高难度的技巧动作。从这个广义来说，体育起源于劳动。

鲁迅在《门外文谈》一文中，说到诗歌的起源时说："假使那时候大家抬木头，都觉得吃力了，都想不到发表，其中一个叫道，'杭唷！杭唷！'那么这就是创作，大家也要佩服应用的，这就等于出版。"诗歌是在劳动过程中产生的，体育也是在劳动过程中产生的。原始人类为了获取小动物作食品，就要有快跑的能力；为了抵御和擒获大猛兽，就要有使用器械和投掷的力量；为了捞取水中的鱼虾作食物，就要学会游泳技术；为了采摘高树上的果实充饥，就要掌握攀登的技巧。当人类在劳动中认识到这些能力和技术的重要，并有意识地去学习去锻炼这些技能时，就开始有了体育。最初的体育和劳动技术教育是相一致的，很难划清两者之间的界限。只有随着社会不断发展，劳动方式逐步改变，才能区分开劳动技术学习和身体锻炼的差别。而追本溯源，最早的许多体育项目是从劳动的过程中产生的，跑、跳、掷、游泳和攀登，只是体育项目中的一部分。还有部分体育项目是社会的娱乐活动，如杂技技巧、舞蹈、秋千、拔河和球类游戏等，都是人类在生产有了提高，生活资料逐步丰富，能够得到温饱之后，为寻求休闲时的娱乐活动而创造出来的。世界上各个民族在原始时代都创造了自己的舞蹈。奥林匹克运动会就是在祭神的娱乐活动中产生的。埃及原始人的壁画中有球戏图形。我国古代传说在黄帝时代就发明了足球游戏，在新石器时代的遗址上，发现了大批的石球和陶球。摩尔根在《古代社会》一书中提到，处在原始生活的易洛魁人，在没有任何外来输入的条件下，也有球类游戏。据文献记载，我国古代的唐尧时代，创造了一种击壤游戏，这一切都说明了体育的部分项目起源于娱乐。体育是人类精神娱乐生活中不可缺少的一个部分。

跑、跳、掷、游泳、攀登，虽起源于劳动，但是在战争中才能得到更迅速的发展。人类在进入畜牧稼穑的生活阶段之后，和野兽拼搏的机会少了，而在争夺财物的战争中却需要发展身体能力，如追击对手的奔跑速度，搏斗的身体力量，准确的投掷技术，以及弓箭的使用能力，都较之人与野兽的斗争要求更高。这就使作为渔猎时代劳动技能的许多体育项目，在社会进入畜牧稼穑生活之后，不仅没有废弃，反而得到更大的发展。后来，随着战争的发展扩大，又创造出更多的属于练武手段的体育项目，如举重、摔跤、驭车、武艺、足球、马球等。这些项目经过流传演变，都成为体育竞赛活动。在世界性的体育项目中颇多这类情况，如拳击、击剑、策马等，显然都是由军事训练手段转化而来的。至于射箭、射击和现代五项（游泳、越野、射击、击剑、马术）运动的兴起，则明显地带着军事性质的痕迹，体育的许多项目和军事战争有密切的关系，说明了体育的产生和发展与战争也有关联。

人类在原始社会时代，通过娱乐活动的实践，就认识到舞蹈可以“利关节”，治疗“筋骨瑟缩不达”（《吕氏春秋》）。但这只是感性的认识，还缺乏科学的根据。随着社会生产力的发展、科学文化的进步，人类逐步认识了人体生理的奥秘，懂得“流水不腐，户枢不蠹”的自然哲理，于是就创造了导引、气功、按摩等健身练身的方法。其后通过实践，人们也认识到练武和娱乐的许多项目，也能起到“健身娱神”的作用。这说明了，体育某些项目的形成和发展，又是和社会文化科学紧密相连，是科学发展的成果。

体育是一种内容极为丰富的社会活动。从它的起源和发展中，就表现了它的特殊的社会属性：它不从属于政治、经济、军事、文化等任何一个部分，而又是和政治、经济、军事、文化有着紧密的联系。体育是适应人类生活的需要而产生发展的，它的发展也必然受到社会生活各方面的影响。在阶级社会中，特别受到政治、经济的影响。我们只有如此认识体育，才能正确估价体育的社会作用。

足球的传说和发展

（一）黄帝作蹴鞠的传说

足球，在我国古代的史籍上叫蹴鞠或蹋鞠。唐代的颜师古在《汉书注》中说：鞠是用皮做成，中间塞以毛发，成为圆球，用脚蹴蹋以为戏乐。最早记载了足球活动的书是《战国策》。此书记载：苏秦当了赵相，为了联络齐国共同抗秦，他对齐宣王说：齐国是一个大国，有两千里土地，数十万军队，仅临淄一个城市就有居民七万户，人民富庶殷实，都喜欢以吹竽、弹琴、斗鸡、走犬、六博、蹋鞠为乐。这样的富强国家，怎能俯首听命于秦呢？由此可以看出，齐宣王（公元前 319 年至公元前 301 年）时，距今 2300 多年前，在我国的临淄城（今山东淄博市）就已经较为广泛地开展了足球活动。《战国策》上记载的是足球活动开展的情况，而它的起源当然还要早些。西汉学者刘向在《别录》中写道："蹴鞠，传言黄帝所作，所以练武士知有材也。"黄帝是传说中的部落首领，距今约五千年，当时还没有文字记载，所有的社会文化，都是口口相传遗留下来的。五千年前有没有创造足球游戏的可能呢？考古工作者在山西、陕西和黄河流域的新石器时代遗址中，发掘出很多磨制很光滑的石球。这些地区正是当年黄帝部落游牧的地区。实物和传说正相吻合。

无论是传说，还是有文字记载，都说明我国是世界上足球起源最早的国家。国际足球联合会技术委员会主席布拉特，在亚洲足联举办的教练员训练班上所作的国际足球发展史报告中说："足球发源于中国"。这个说法是有根据的。

（二）汉代的蹴鞠与《蹴鞠二十五篇》

足球的起因可能是为了锻炼腿部力量，是一种属于军事上训练的活动。

通过实践，逐步改进游戏方法，使人们感到踢球也是一种很好的娱乐。齐国临淄城的人们，就是把踢球和吹竽、弹琴、斗鸡、走犬、六博等都当做娱乐活动的。以踢球为娱乐，在战国时期，不仅只是齐国，见于吏籍记载的还有楚国。《西京杂记》上就记载了这样一个故事：汉高祖刘邦的父亲刘太公，原出身于楚国沛县丰邑的庶民。刘邦当了皇帝之后，把父亲刘太公和母亲刘媪接到了长安城的未央宫中养老。二老吃的是山珍海味，穿的是绫罗绸缎，住的是豪华的大厦，看的是歌舞伎乐，但他们对此并不满意，终天闷闷不乐。于是，刘邦派亲信到刘太公处打听，原来刘太公自幼生活在城市下层，接近贩夫走卒、屠狗杀牛之辈，一天工作之后的娱乐活动就是斗鸡、蹴鞠，而现在住在未央宫里，没有过去的老朋友，没有斗鸡、蹴鞠，总感到不是滋味。于是，刘邦就下了一道圣旨，在长安城东百里之处，仿照原来沛县丰邑的规模，造起一座新城，把原来丰邑的居民全部迁住在新城，刘太公和刘媪也迁住到那里。从此，太公又"斗鸡、蹴鞠为欢"，这才心满意足。这座新城，后来就被命名为新丰城，即今陕西省临潼县的新丰镇。

从这个故事中可以知道，在战国时期，足球是城市下层人民喜爱的娱乐活动。到了西汉初年，足球也得到贵族阶级的喜爱。桓宽写的《盐铁论》中说，西汉社会承平日久，"贵人之家，蹋鞠斗鸡"为乐，一般的人们也是在"康庄驰逐，穷巷蹋鞠"。

《汉书》上记载，汉武帝在宫中经常举行斗鸡、蹴鞠比赛的"鸡鞠之会"。汉武帝的宠臣董贤的家中还专门养了会踢球的"鞠客"，在河南南阳和陕西绥德的汉画像石中，都有蹴鞠的图像。可见，在西汉时期，足球活动的社会面更为扩大了。

在汉代，人们认识到足球活动可以增强体力，培养勇敢耐劳精神，是军事训练的一种很好的手段。刘歆在《七略》一书中说："蹋鞠其法律多微意，皆因嬉戏以讲练士，今军士羽林无事，使得蹋鞠。"何晏《景福殿赋》中说："（蹴鞠）将以行令，岂唯娱情。"这些记载都说明，在西汉后期和东汉时期，足球由社会的娱乐活动变成为军事训练活动。

汉代曾有人写了一部《蹴鞠二十五篇》，这是我国最早的一部体育专业书籍，也是世界上的第一部体育专业书籍，班固在写《汉书·艺文志》时，把《蹴鞠二十五篇》列为兵书。汉代的兵书共有四类：一类是讲战略战术的兵权谋家，一类是讲军事指挥的兵形势家，一类是讲含有迷信色彩的兵阴阳家，一类是讲军事训练的兵技巧家。《蹴鞠二十五篇》就是属于军事训练的兵技巧类。

汉代的足球由娱乐活动变成为军事训练的手段，这不光是性质的改变，在方法上也有极大的变革。《蹴鞠二十五篇》早已失传了，但唐朝人还看到过此书。唐人司马贞在《史记索隐》中说："《蹴鞠二十五篇》有《域说篇》"，域说就是讲球门建筑规格的，仅此一篇，就可见全书内容的详尽。如果《蹴鞠二十五篇》能从地下被发掘出来，对汉代足球运动的研究必将提供丰富的资料。现在，我们只能从汉人的诗文中，寻求汉代足球方法的一鳞半爪，从东汉人李尤的《鞠城铭》中颇能窥见汉代足球运动的面貌。鞠城就是球场，汉代的足球场建筑都是很正规的：球场四周围有矮墙，球门像座小房子，正面有看台，有阶梯，就像一座小城。《鞠城铭》就是刻在鞠城墙上的铭文，全文不长，一共十二句。翻译成现代的口语就是：圆的足球方的场墙，这是仿象阴阳的道理天圆地方。两边各有6个球门，一队有12个人上场。比赛时裁判长和副裁判，要坚决执行球赛的法章、不怀偏袒的私心。不因亲疏而异样，完全是公平合理，谁也无埋怨的话可讲。球赛尚且如此，执掌政权更该这样。从这几句铭文中，我们可以知道，汉代的足球已是分队比赛，每边有6个球门，上场队员是12个，比赛时有正副裁判执法，有明确的球规可循。这样的踢球方法，可以说已具备了现代足球运动的比赛规模了。

作为一种军事训练手段，足球当然要受到汉代军事家的重视。汉武帝的大将霍去病远征塞外，在缺粮的情况下，还要进行踢球比赛。在实行征兵制度的汉代，人人都有服兵役的义务，作为军事训练手段的足球，也受到一般人民的重视。《会稽典录》上说："三国鼎峙，年兴金革，上以弓马为务，家以蹴鞠为学。"由此可知，汉末开展足球活动已达到了相当广泛的程度。

（三）唐代足球改革和女子足球

随着社会生产力的发展，足球制作技术也有所改进。唐代的制球工艺，有两大改进：一是把两片皮合成的球壳改为用八片尖皮缝成圆形的球壳。球的形状更圆了。二是把球壳内塞毛发改为放一个动物尿泡，"嘘气闭而吹之"，成为气球。吹气的球，在世界上我国也是第一个发明。据世界体育史记载，英国发明吹气的球是在11世纪，较我国唐代晚了三四百年。

球体的改进，带来了踢球方法和踢球技术的改变。汉代因为球是实心的，不能踢高，所以球门是就地建筑，所谓"穿地为鞠室"就是这个意思。唐代的球体轻了，可以踢高，球门就设在两根三丈高的竹竿上，称为"络网为门以度球"。在踢球方法上，汉代是直接对抗分队比赛，"僻脱承便，盖象兵戎"。双方队员身体接触就像打仗一样。唐代分队比赛，已不是直接对抗，而是中间隔着球门，双方各在一侧，以射门"数多者胜"。高球门的射门，从足球技术来说，是一种发展，而间接对抗，从体力训练来说，却是足球运动的一个退步。

由于球体轻了，又不用激烈的奔跑争夺，唐代开始有了女子足球，女子足球的踢法是不用球门的，以踢高、踢出花样为能事，称为自打。唐代诗人王建有一首《宫词》，是说在寒食节这一天，宜春院的伎女以踢球为乐，寒食节就是清明节，在这一天，我国古代的人们有禁烟火吃冷食的习俗，都要郊游或参加一些体育活动，以消除寒食的积滞。皇帝宫中有这样的习俗活动，民间也有。唐代诗人王维《寒食城东即事》诗中说，“蹴鞠屡过飞鸟上，秋千竞出垂杨里”。可见踢球之高。杜甫《清明》诗中也说，“十年蹴鞠将雏远，万里秋千习俗同”。也说明了踢球活动的习俗。这种习俗一直延续到南宋时期。南宋诗人陆游在《春晚感亭》诗中描写过这个情景：“寒食梁州十万家，秋千蹴鞠尚豪华。”又《感旧末章盖思有以自广》诗中有“路入梁州似掌平，秋千蹴鞠趁清明”的诗句。

唐代不仅有了女子足球，而且有的女子踢球技术还很高超。唐人康骈写的《剧谈录》中记载了一个女子踢球的故事：京兆府的小官吏王超，有一天走过长安城胜业坊北街，“时春雨初霁，有一三鬟女子，年可十六八，衣装褴褛，穿木屐于道侧槐树下。值军中少年蹴鞠，接而送之，直高数丈，于是观看渐众”。这个三鬟女子能够接住军中少年踢漏的球，而且穿着木屐，一脚把球踢了数丈高，是具有一定技术水平的。由此可见当时足球活动的普及。

（四）宋代的圆社与《蹴鞠图谱》

施耐庵的《水浒全传》中，写了一个由踢球发迹当了太尉的高俅。小说虽然在人物事迹和性格上作了夸张，但基本上是宋代的事实。北宋时确有个圆社高俅，也确是因为陪侍宋徽宗踢球而被提拔当了殿前都指挥使的大官，这事记在王明清的《挥麈后录》中。

高俅因踢球而发迹，告诉了我们这样两件事：一是宋代的皇帝和官僚贵族是喜爱踢球的，有些人本身爱踢球，有些人爱看踢球。上海博物馆藏一幅元钱选绘的《宋太祖蹴鞠图》，描绘的就是当时的情景，宋代礼仪中规定，朝廷有大的喜庆宴会，都要有足球表演。在喝了第六杯酒之后，足球艺人便上场表演踢球。二是宋代社会上有了专门靠踢球技艺维持生活的足球艺人。据记载，北宋汴梁城和南宋临安城，在皇宫宴会上表演踢球的名手，就有苏述、孟宣、张俊、李正等；在市井瓦子里的踢球艺人，有黄如意、范老儿、小孙、张明、蔡润等。此外，宋代社会还有一部分人以踢球帮闲混饭吃的。刘邗在《中山诗话》中写了一个类似高俅式的人物柳三复。柳三复是个秀才，踢得一脚好气球。他的官运不亨通，几年选不上官。他知道宰相丁谓喜欢踢球，便想走这条门路获得一宫半职，但又拿不出钱财贿赂丁谓的门房求得接见。于是，他天天守候在丁谓家球场的墙外。一天，丁谓踢的球飞出了墙外，柳三复拾了球，喜滋滋地抱了送还丁谓，管门的人只好让他进去。他见了丁谓之后，把手中的球抛在空中，一面跪拜，一面用肩、背、头顶球，球一直未坠落在地。丁谓看了这种表演，不由得哈哈大笑。柳三复也就在哈哈大笑中获得了一个小小的官职。

高俅和柳三复都是踢球艺人中的幸运儿，靠皇帝和官僚的赏识，得了官职。而广大的踢球艺人却是在社会压榨和饥寒中挣扎。封建社会的士大夫阶级，对踢球艺人是看不起的，称他们为“贱人”、“寒贱之子”。虽然在喜庆宴会上、踢球艺人的表演给官僚贵族们带来欣赏技艺的欢乐，但官僚贵族并不以此为满足，还要对踢球艺人制定苛刻的罚则。罚则规定：凡是输球队的队长，要在脸上抹上白粉，并挨麻鞭子抽打。两队比赛，总是一输一赢，输者在表演了球技之后，还要受一番羞辱，这真是非人的生活。

为了维护自身利益和发扬互助，宋代的踢球艺人组织了自己的团体，叫做“齐云社”，又称“圆社”。这是我国最早的单项运动协会。圆社的人数可能不少，许多历史文献上都有“天下称圆社”的记载。由此看来，圆社是全国性的踢球组织。

宋代由于对足球运动的重视，足球运动相当普及，有关一些著述，如《蹴鞠图谱》、《蹴鞠谱》和《事林广记·戊集》就是宋人撰写的。《蹴鞠图谱》的作者是汪云程，《事林广记》的作者是陈元靓。这三部书中都有许多专业术语，随着时代的变迁，特别是我们古代足球在清朝中叶断绝之后，这些专业术语已有许多难以辨识。但是从中我们仍然可以了解到，在宋代，足球是最受普遍欢迎的娱乐活动。“风流无过圆社”，“青春公子喜，自发土夫怜，万种风流亭，圆社总为先。”《蹴鞠谱》中的这些记载就是证明。踢球之所以成为老少欢迎的娱乐，是因为这种娱乐既使人“精神爽”、“消长日”、“度永年”；又可起到强健身体、预防疾病的作用，即“健体安身可美”、“肥风瘦痨都罢”。“得此消闲永日，运动肢节，善使血脉调和，有轻身健体之功。”此外，还可以“善诱王孙礼义加”，即培养人的道德情操。在700年前，人们对于足球运动的娱乐、健身和培养思想情操的作用，已有如此充分的认识，这对于足球运动的开展当然会起极大的推进作用。

宋代的足球踢法和唐代的一样，有用球门的间接比赛和不用球门的白打，但书上讲的大多都是白打踢法。所谓“脚头十万踢，解数百千般”，就是指踢球花样动作和由几个花样组成的成套动作，共有几百个之多。《水浒全传》上写高俅陪宋徽宗踢球，“使了个鸳鸯拐”。鸳鸯拐就是个花样动作，是用左右外脚踝踢球。描写高俅给宋徽宗表演踢球时，“那气球似鳔胶一样粘在身上”。这就是指用头、肩、背、胸、膝、腿、脚等不同的一套一套的踢技，使“球终日不坠”。由此看来，宋代的足球，已由射门比准向灵巧和控制球技术方面发展。

宋代制球工艺比唐代又有提高，球壳从八片尖皮发展为“十二片香皮砌成”。原料是“熟硝黄革，实料轻裁”。工艺是“密砌缝成，不露线角”。做成的球重量要“正重十二两”。足球规格要“碎凑十分圆”。这样做成的球当然质量是很高了。当时手工业作坊制作的球，已有四十个不同的品种，每个品种各有自己的优缺点。制球工艺的改进，促进了踢球技术的发展；而制球手工业的发展又反映了社会需要量的增加。

关于我国古代的足球，除有许多史籍的文字记载外，在一些文物图像上也有反映。如登封县少室石阙上有踢球图，金代陶枕上有“女子踢球图”，元刻《亭林广记》上有蹴鞠图，元代“足球纹铜镜”，元钱选画《宋太祖蹴鞠图》等。这些文物图像，从不同角度反映了我国古代足球活动开展的面貌，特别是“足球纹铜镜”图像，在研究元代足球发展史上具有重要的价值。

“足球纹铜镜”现藏湖南省博物馆。这是一件以体育活动为花纹的罕见珍品。铜镜背面浮雕的图像，是一对青年男女对面踢球，女子高髻笄发，作踢球状。男子戴幞头，着长服，半蹲膝，身稍前倾，作认真接球姿势，小球介于起落之间，球身隐约可见爪棱状痕迹，其形态十分逼真。

马球的传说和发展

（一）唐代皇帝喜爱打马球

马球，在我国古代的史籍上叫击鞠、击球或打球。《宋史·礼志》上说：打球是一种军中的礼节，每年三月，在大明殿举行赛球典礼。皇帝乘马到球场，臣下迎接，依次上马。皇帝击球，教坊作乐奏鼓。皇帝打进了第一个球后，才叫诸王大臣开始比赛。

唐代是我国马球盛行的时期，上自皇帝，下至诸王大臣、文人武将，大多都“以此为乐”。1971 年，陕西省博物馆在乾县发掘了唐章怀太子李贤墓，墓中陪葬的文物甚多。墓道两侧有五十多幅完好的壁画，《打球图》就是其中的一幅。画面上有正在跑动的二十余匹骏马，体态丰满，细尾扎结；骑马人头戴幞巾，脚穿长靴，手执鞠杖；一位骑枣红马的骑手跑在最前面，高举鞠杖，侧身向后击球；球在场中滚动，后面几个骑手驱马争抢。故宫博物院珍藏着一枚唐代打马球图青铜镜，图像十分逼真，1972 年新疆阿斯塔那唐墓出土的打马球俑，其形象也非常逼真。这些都生动地反映了唐代社会喜爱马球活动的风尚。

马球起源于何时呢？目前有几种不同的看法：一种认为起源于波斯，由波斯传到西域，再由西域传入长安；一种认为起源于吐蕃（我国的西藏地区），向东西方传播；一种认为在东汉后期我国就有了马球，马球是由汉代的足球发展演变而来的。这几种说法，都还不能论定，有待于进一步研究。但唐代马球之所以能迅速发展，盛行300年而不衰，是有其社会原因的。

我国古代的骑兵虽创始于战国时的赵武灵王，但当时只不过是一个附属兵种。到了南北朝，盛行甲马，就是给马匹穿上防护的甲具，俗称为铁骑。唐太宗李世民改变了骑兵装具，成为轻骑兵，发挥了骑兵快速机动与远程奔袭的特长。这种特长符合大唐帝国地域辽阔、疆土广大的战略需要。因此，唐代自建国以来就重视骑兵部队的建设。《新唐书·兵志》记载：“自（太宗）贞观至（高宗）麟德，四十年间，马七十万六千（匹）”；天宝后，“王侯、将相、外戚牛驼羊马之牧布诸道”；“将校亦备私马。议谓秦汉以来，唐马最盛，天子又锐志武事”。马匹是建设骑兵的基础。有了马匹，还要训练骑术和马上砍杀技术，而马球运动就是训练骑术和马上砍杀技术的最好手段。唐代开展马球的目的就是军事训练。唐人阎宽在《温汤御球赋》中说：“击鞠之戏者，盖用兵之技也。武由是存，义不可舍。”

马球是一种军事训练的手段，同时也是一种很好的娱乐活动。“百马撵蹄近相映，欢声四合壮士呼”。无论是参加打球，还是观看比赛，马球运动都能使人精神振奋。唐代是我国封建社会的鼎盛时期。贞观、开元之时，天下富庶，社会上就需要有一些休闲的娱乐。于是，马球运动就成为社会欢迎的活动了。作战的军士要练武，闲暇的富民要娱乐，这就是唐代马球运动能够蓬勃开展的社会原因。

唐代马球之所以得到迅速的发展，除社会原因外，还有唐代上层社会的喜爱和重视。唐代最高统治者皇帝及王室贵族，大都是喜爱马球活动的。“上有好看下必有甚焉”，这是社会现象的一条规律。司马光在《资治通鉴·唐纪》中宗条下，就有这样一句话：“上好击球，由此，通俗相尚。”唐代马球运动的发展，和皇帝的倡导亦有关系。

《唐书·本纪》中，常常有皇帝幸某处击鞠的记载，说明唐代皇帝大都亲自上场打球。唐皇宫中有好几处马球场是专供皇帝打球的。据考古材料，1956年西安市唐长安大明宫含光殿遗址出土的一块石志上有“含光殿及球场等大唐大和辛亥岁乙未月建”铭文。说明含光殿球场的建筑年代在大和辛亥，即唐文宗五年（831年）；同时也说明，唐朝在皇宫建筑球场是专门为皇帝和显贵们用的。由于经常参加打球，有几代皇帝的球技还很高超。如唐宣宗李忱可以骑在飞奔的马上，用击鞠杖连续击球至数百次之多；唐僖宗李儇向他的近侍夸口说，如果朝廷设置打球进士科，他可以考中状元。如果真要在唐代的皇帝中考选马球状元，只有唐玄宗李隆基才够资格。唐人封演所写的《封氏闻见记》中记载了唐玄宗二十四岁时参加的一次与吐蕃的马球赛，表现突出，为唐王朝第一次外交球赛赢得了胜利。

唐中宗景龙三年（709年），吐蕃赞普派遣他的大臣尚赞咄来迎接金城公主，因知道唐中宗李显最爱看球赛，便带来了一支十人马球队。吐蕃是游牧民族，马匹骏壮，骑术精良，马球技术也很精湛。唐中宗派遣皇宫内园的马球队和神策军马球队与之比赛，两战都输了。唐中宗十分恼火。这时，唐玄宗还是临淄王，他和嗣虢王李邕、驸马杨慎交、武延秀组成了一支四人贵族马球队，与吐蕃的十人马球队比赛。开赛之后，唐玄宗往来奔驰如风驰电掣，挥动球杖、连连透门，贵族队大获全胜。球策之后，吐蕃大臣尚赞咄连连称赞说：想不到王爷会有这么好的球技！

唐玄宗一直到老年还是十分喜爱打球，天宝六年，他已六十二岁了，还想参加球赛，经别人劝阻，才坐在场外观看。究竟是因他喜爱马球，坚持了体育活动，还是别的什么原因，使得唐玄宗是唐代皇帝中寿命最长的一个，活了七十七岁。他在整个封建社会的几百个皇帝中，也算是长寿的了。

唐玄宗晚年，意志衰退，耽于宴乐，不问政事，导致了安史之乱。宋人李公麟绘了一幅《明皇击球图卷》，晁无咎在画上题了一首意含讽刺的诗："宫殿千门白昼开，三郎沉醉打球回。九龄已老韩休死，明日无复谏疏来。"把祸乱的原因归罪于打球，这是完全不符合史实的。青年时期的唐玄宗不是更热衷于打球吗？但是他开创了开元盛世。适时的娱乐并不会影响政事，何况是有助于社会尚武、练武的马球运动呢！

（二）月灯阁下打马球

作为军事训练的手段，唐代马球受到军队各级将帅的重视。节度使的驻地，都建有训练用的马球场，并经常修整锄草便于马匹奔驰。左右神策军是皇帝的警卫部队，其驻地也是经常陪皇帝打球的地方。因此，神策军就更重视马球活动。唐代许多打球的名手都出在神策军中，并因球技高超而有好几个人升任了节度使。据《资治通鉴》记载，唐僖宗有一次是用打球输赢来选拔节度使。广明元年（公元880年）西川节度使出缺，神策军中大将陈敬棠、杨恩立、牛勖、罗元果四人都想去当节度使。唐僖宗无法决定，便叫他们四人赛球，谁赢了谁当节度使。结果，陈敬棠夺得了头筹，便得了西川节度使的职位。

唐代文人当然没有武将的马球技艺高。在文人中也不会像军中马球开展得那么普遍。但唐代文人也有不少人是会打马球的。进士科是唐代文人最光荣的出身，有“三十老明经，五十少进士”之说。文人都希望由进士科走入仕途。而进士科及第后有三大盛会，即慈恩塔题名、曲江游乐宴会和月灯阁下打球。这是文人夺得鳌头后最得意的活动。如不会打球，岂不使盛会扫兴。因此，唐代文人由文入武，当了节度使的也不乏其人。如诗人李绅、高适、张建封，都由文入武当上了节度使。当了节度使就要训将练兵，就要会打马球。所以，张建封在他的诗中说：“仆本修文执笔者，今来率领红旗下，不能无事习蛇矛，闲就平场学使马。”文人入武，首先就要会打马球。上述两种情况都促进了文人中的马球运动。

唐代个别文人，马球技术非常精湛，还能战胜神策军中的老手呢！五代人王定保的《唐摭言》中，记述了这样一段月灯阁下打球的故事：晚唐僖宗乾符四年（公元877年），新进士集会在月灯阁下准备赛球，场外已围了几千观众。突然，有几个神策军闯进了球场，手拿球杖，策马奔驰。其用意很明显，是要和新进士较量一下。晚唐时期，朝廷政权完全掌握在宦官之手，而左右神策军就是宦官手中的两把刀子。虽然这次是无理取闹，新进士也不敢公然得罪他们。但这天的盛会，是新进士出头露脸的大喜日子，如果在几千观众面前输了球，是很丢脸的。正在为难之时，有一个叫刘覃的新进士挺身而出说：让我去教训教训他们！说完跨马执杖驰进了球场，向在场的几个神策军拱手道：新进士刘覃，特来奉陪练球！这几个神策军见有人应战，便拿出球与刘覃比赛。谁知只驰驱了几个回合，球便被刘覃夺得。他只有一个人，无法传球，便在马上连击几次之后，一个大打，把球打向空中，球飞出球场，不知落到何地去了。这几个神策军想不到一个文人竟然有这样高超的球技，有这样大的击球力量！一个个目瞪口呆，垂头丧气，在几千名观众的嗤笑声中，面红耳赤地离开了球场。

（三）球场锄奸与唐敬宗被杀

唐代的官僚贵族，也多是以打球为乐的。封建官僚贵族的娱乐，常常和奢侈浪费联系在一起。唐中宗的驸马杨慎交、武延秀，在家中修建私人球场，为了使马跑后不扬起尘土，在一千步长的球场上，用油和泥建筑。五代时的吴王杨渥，喜欢在夜间打球，球场四周点上几十根蜡烛照明。一根蜡烛有十围粗，每天耗费数万钱。唐代宗时的剑南节度使郭英又家中养女伎骑驴打球，驴身上的鞍饰及人身上的服装，也要用去数万钱。这真是豪门一场球，贫民几岁秋。

官僚军阀们，为了争权夺利，常常无事生非，球场中的风波也会变成政治斗争的恩怨。据《新唐书》记载，成德军节度使李宝臣的弟弟李宝正是魏博节度使田承嗣的女婿。有一次，李宝正和他的内弟田维打球，不慎冲撞了田维，使田维坠马身死。田承嗣大怒，囚禁了李宝正。从此两家结下了十几年的冤仇。刘悟本来是淄青节度使李师古的一个部将，在一次球赛中，刘悟的马头撞了李师古的马，李师古很生气，要杀死刘悟，后因别人劝解而罢。但刘悟却从此怀恨在心，李师古死了之后，刘悟杀了李师古的弟弟李师道，自己当了淄青节度使；另据记载，黄巢的部将朱温，背叛了农民起义军，当了唐朝的节度使。他派儿子朱友伦在长安城做监军。在一次球赛中，朱友伦不慎坠马而死。朱温以为是别人有意谋害，便杀死了唐朝许多旧臣来报复。

阴谋暗杀，是封建官僚贵族争权夺利斗争的一种手段。在唐代的马球场上也曾发生过两起谋杀未遂的事件。李忱是唐武宗李炎的叔父，李炎想杀死他但又不便于公开下手，便派人借球赛的机会阴谋暗害。由于李忱骑术精良，球技高超，才逃过了毒手。唐玄宗晚年宠信安禄山，委以三镇节度使的重任。他的儿子唐肃宗李亨早已窥见安禄山的叛逆野心，几次想借打球的机会杀死他，终因唐玄宗百般袒护而未能如愿。

司马光所编《资治通鉴》记载，天宝十四年，安禄山率兵叛乱，黄河以北的大片土地沦入叛军之手，以颜真卿为代表的抗战派，坚持在敌后抗击叛军。但是，兵少粮缺，形势非常险恶。正在艰难困苦之际，常山太守王俌动摇了，和叛军副帅史思明书信往来，勾勾搭搭，准备率部投降。常山太守部下的军官都是有正义感的汉子，不愿向叛军投降。但王俌的投降行为尚未明朗，不便反对。如他的阴谋一旦成为事实，又有叛军作为外援，则又很难对付。于是，十几个小军官就借赛球的机会，撞倒了王俌的马，另十几骑随后一拥而上，风驰电掣般地跑过，把奸贼王俌踏得尸骨如泥，血染黄土，粉碎了这次投降的阴谋。

唐人段成式的《酉阳杂俎》中还记述了这样一个故事：唐德宗时，河北镇有个姓夏的军官，骑术精良，武艺超群，能拉开几百斤力的弓，尤其精通马球技术。他曾在马球场上，作过一次飞马打球的特技表演，在球场的地上摞了十几个铜钱，他飞马奔驰，用手中的球杖击钱，一次只击一枚，而且这一枚铜钱只飞出七丈远，十几枚铜钱，个个如此。击钱的准确程度达到了神奇的地步。如用这种本领在球场上射门，当然是百发百中了。

唐代马球技术的提高，除军队中有一批骨干外，在皇家内园也有一批从全国各地挑选来的马球运动专业人员。在唐代的史籍中，常常可以看到各地节度使向皇帝献“打球供奉”的记载。打球供奉虽然有很高的技术，但在皇帝的眼里，只不过是一种娱乐的玩具而已。他们的生命和生活都是得不到保障的。唐敬宗李湛是一个喜怒无常，以别人的伤残为欢乐的残暴君主。他常常叫打球供奉半夜赛球，以致经常发生“碎首折臂”的惨事。而他却以此为乐，残酷的暴虐行为终于激起了打球供奉们的反抗。据《资治通鉴》记载，宝历二年（公元826年）十二月，李湛在郊外打猎，回到宫殿已是夜半，忽然心血来潮，把打球供奉从睡梦中唤醒召来，要他们打球作乐。这时马已困乏，人无准备，又是夜半昏黑，更容易发生危险事故。而李湛一意孤行，毫不听人劝说，为了满足其残暴的本性，非要人伤马残不可。在忍无可忍的情况下，打球供奉苏佐明、王嘉宪、石从宽、阎惟直等人联合起来，杀死了李湛。在警卫重重的皇宫中，这几个打球供奉杀了皇帝，当然逃脱不了被杀的命运。苏佐明等人虽然并不是有计划的起义，并没有像罗马帝国的角斗士斯巴达克斯那样，率领一部分义军，摧毁帝国的统治，但他们在封建思想禁锢的皇宫中，敢于拿起武器，杀死被尊称为天子的偶像，这种反抗精神也是值得赞扬的。而他们勇敢无畏的品质，不能说和从事马球运动没有关系。

（四）天下承平不忘练武

唐代人的诗文中对社会上的马球活动记载颇为详尽，但是有关马球比赛的方法规则记述甚少。《宋史·礼志》和《金史·礼志》在这方面却有较详尽的记载。从中可以看到，我国唐、宋时期的马球运动已具备了较完整的规则。而比赛的方法则有一个演变发展的过程。唐代采用双球门，南宋、金国和以后的明代则是用单球门。这种改变，可能受当时足球运动方法的影响，也和社会的习俗风气有关。双球门的比赛方法激烈，直接对抗争夺，含有极大的危险性。单球门是在一个门前争夺射门，危险性就小得多了，这就促成了改革。但马球运动的这种改革也与足球运动一样，在训练体力和意志上，都是一个退步。

《宋史·礼志》上有“打球本军中戏”的记载，但在其他史料上却很少看到有关军中打球的详细资料。作为军事训练的马球，在北宋时期是衰落了。这种衰落和北宋的军事战略有关。

北宋的国土比起唐代来是大大的缩小了，对外族的侵略又采取守势。骑兵是一种进攻的兵种，不适用于防守战术。因此，北宋是不重视骑兵部队的建设的，从而也就不重视马球运动的开展。保守的局面是不能长久的，北宋朝廷终于被强大的金国灭亡了。宋徽宗的第九子赵构，匆匆忙忙地跑过了长江，在临安城（今杭州市）建立了南宋小朝廷。他的儿子赵昚在人民要求收复国土的抗战声中，登上了皇位。赵昚表示了主战的决心，在临安城建筑了一个用油布遮盖的室内马球场，亲自率领御前的将帅练习马球。

赵昚主张抗战、建设骑兵的行动，很快就在南宋军中收到了效果。陆游是南宋的爱国志士，他一生渴望民族复兴，祖国统一，临终前还写下了“王师北定中原日，家祭无忘告乃翁”的有名诗句。他四十岁时投笔从戎，参加了四川宣抚使的军队，经常驻军南郑。南郑是南宋向北进攻的前哨阵地，军事训练最能体现南宋朝廷的战略意向。在陆游的诗中，多次提到在南郑的军中开展马球活动的事：“军中罢战壮士闲，梁州球场日打球。”“打球筑场一千步，阅马列厩三万匹。”“射堋命中万人看，球门对植双旗红。”“闲试名弓来射圃，醉盘骄马出球场。”“打球骏马千金买，切玉名刀万里来。”可见，南宋军中为了适应主动进攻的战术需要，建立了拥有三万匹马的强大骑兵部队，因而积极地开展了马球运动。可惜，南宋的这种好景不长，赵昚的抗战决心，随着符离集一役失败而烟消云散，西湖的游艇上又恢复了宴饮歌舞，南宋的马球运动重归于寂寥。

从南北宋马球运动的兴衰来看，它始终是和军事战术的需要相关连的。与此同时，建国于北方的辽国和其后的金国，马球运动却较普遍地开展起来。辽国是契丹族，于公元947年建立，国土包括内外蒙古及东北地区。据《辽史》记载，辽国的马球是由中原地区传播过去的。辽穆宗耶律璟曾要北汉主（刘旻建立的割据政权）进贡打球衣和经过训练的打球用马；而在辽穆宗以前，在《辽史》上是没有关于打马球的记载的。

辽国在穆宗引进马球之后，在皇帝和贵族的倡导之下，马球运动迅速发展起来。辽圣宗耶律隆绪就是一个十分喜爱打马球的皇帝，经常和诸王、大臣一起打马球。据《辽史》记载，为了这事，谏议大夫马得臣还谏议他不宜参加打球，理由有三条：“君臣争胜，君输臣喜，一不宜也。争心竞起，礼容全废，二不宜也。马或惊蹶，圣体亏损，三不宜也。”但辽国的马球运动并未因此停止开展。

1115年，女真族的完颜阿骨打建立了金国。

1125年，金国灭了辽国，占领了辽国的全部土地，也继承了辽国的社会习俗。

《金史》上说："击球之戏，迹辽俗也，金因尚之。"金国接受了辽国打马球的风俗，并且进一步把赛马球作为礼节，规定在端午节这一天，行过拜天礼后，举行球策。

金国和辽国一样，许多皇帝和贵族也是喜欢打球的。据《金史》记载，金世宗完颜雍就很喜欢打球。他的司天监马贵中也上书谏议他不要打球，理由也是"围猎击球皆危事也"。但是，完颜雍不听，他说：我的祖先是以武定天下的。现在天下承平，岂能忘武！马球是一种很好的练武活动，我亲自参加马球活动，就是向天下人表明不能忘了武事。

到了元明，端午节打球的风俗仍然留存在我国北部的土地上。明太祖的第四子朱棣，被封为燕王，一直驻守在金国大都的故址（即今北京市）。1403 年朱棣起兵"靖难"，当上了皇帝，并迁都到北京。永乐十一年下令，规定在端午节这一天进行击球、射柳之礼，并在当年五月亲临球场，观看大臣赛球。明代的马球运动，虽因后来军事战略关系而未积极开展，但端午节打球的礼制，却一直延续到明朝后期。现故宫博物院藏《明宣宗行乐图卷》中有打马球的场景，可为佐证。

辽、金、明的马球发展情况也和宋朝一样，主要是适应军事发展的需要。我国北方有广阔的平原，适用骑兵部队。因此，在北方建立的政权，都重视骑兵部队的建设，因而也重视马球运动的开展。

（五）马球的兴衰

唐代的马球盛行时，不仅有男子参加，也有女子参加。唐诗人王建的《宫词》中说，"新调白马怕鞭声，隔门摧进打球名"，指的就是皇宫内宫女打球。唐代女子打马球完全是为了娱乐。剑南节度使郭英又看女伎打球作乐，每天得花费数万钱。五代的前蜀主王建，也最爱看女子打球。他的妃子花蕊夫人写了好几首有关马球的诗。其中有"自教宫娥学打球，玉鞍初跨柳腰柔"的诗句，就是形容女子打球时的动态美。作为军事训练的马球，在南宋就逐渐衰落了，但作为娱乐活动的女子马球，在皇宫中却一直继续。宋哲宗时的进士王珪，宋徽宗赵佶，南宋宁宗的杨皇后，在他们写的三家《宫词》中，都有关于女子打马球的诗。孟元老在《东京梦华录》中，描写宫女打球的情景是："人人乘骑精熟，驰骤如神，雅态轻盈，妍姿绰约，人间但见其图画矣。"可惜这只不过是马技和服饰的展览，看不出打球的激烈争夺。

到了清代初年，马球就完全绝迹了。这和清王室的禁止人民练武、养马的政策有关。《东华录》记载顺治五年的禁令："今各处土贼，偷制器械，私买马匹，毒害良民，作为叛乱。今特为禁约：任事及文武官员及战士外，若闲散官、富民之家，不许畜养马匹，亦不许收藏铳炮、甲胄、枪刀、弓矢、器械。有不遵禁令，是怀叛逆作贼之心，若经搜获，本人处斩，家产妻入官，邻右十家长杖流。”这样严厉的处罚，人民如何敢养马？没有马又怎能开展马球活动？

康熙十年之后，清王室的统治逐步稳固，原来严厉禁止养马的命令稍稍放松。但作为军事训练的马球没能恢复，只是作为社会娱乐的马球曾一度出现。清剧作家孔尚任和其他几个诗人，于康熙三十二年（1693 年）在北京西郊白云观庙会上，看到了女子马球表演。这事写在他们所作的《燕九竹枝词》里。其中有一首描写女子马球表演的诗是：“谁家儿郎绝纤妙，马上探丸花里笑。翠袖妖娆得得来，星眸偷掷输年少。”

原来少年参加的人吼马嘶的马球活动，现在只剩下“翠袖妖娆”在“马上探丸”。到了清中叶以后，却连这一点遗迹也没有了。

摔跤的传说和发展

（一）春秋战国之际的摔跤运动

我国古代摔跤的异名很多，如角力、摔胡、角柢、相扑、布库、厄鲁特、掼跤等。这是因为，各民族的语言文字不同，摔跤的方式方法也有较大的差异。摔跤在古代属于徒手搏斗的范围，是军事作战的一种技能。据《述异记》所记的传说，在五千年前的氏族部落时代，黄帝部落与蚩尤部落进行了一次大战。蚩尤部落的人都在头上戴了假角，“以角抵人，人莫能御”。这种用头冲撞的作战方式，就是摔跤的最早起源，后代称摔跤为角柢也是沿用这一古老的名称。

到了奴隶制社会，奴隶主规定摔跤是军事训练的重要项目。据《礼记·月令》记载：“孟冬之月，天子乃命将帅讲武、习射、御、角力。”射箭、驭车和角力，都是士兵作战的重要技能。将帅在冬季还要对自已的部队进行一次检阅，以观其训练成绩。据汉朝人解释，角力就是互相扭打的“两两校力”，是徒手搏斗的一种作战方式。在三千年前，青铜兵器并不十分锐利，而且作战时也会经常发生兵器折损的情况，徒手作战技术就是十分重要的了。春秋时吴楚的柏举之战，楚国的军队被打得大败。楚国大夫莫敖大心在兵器折损、无法作战的情况下，只身冲入敌军，徒手打死并摔伤了几个人，最后被杀殉国。在战场上同敌人角力是生死拼搏，手下决不留情；而在平时训练“两两校力”的时候，就必须有一定的方法和规则，以避免无谓的伤亡。据《国语》记载，春秋末年的晋国已经有了摔跤比赛。

赵简子是晋国的中军元帅，他就是后来三家分晋的赵襄子的父亲。他的戎右少室周就是一个善于徒手搏斗摔跤的能手。在古代，一辆战车上有三个甲士，中间的甲士是驾车的驭手，左面的执弓箭，右面的执戈矛。远距离的敌人由弓箭手射击，近距离的敌人由戈矛手刺杀。而在元帅的战车上则只有旗鼓，由元帅号令指挥全军的进退。元帅车上没有弓箭手，戎右就成为保卫将帅安全的武装卫士。因此，元帅车上的戎右都是选拔武艺高强勇力超群的人担任。少室周当了赵简子的戎右，心里当然欢喜，但又有点担忧。为了保卫元帅的安全，每逢休闲时间总是寻师访友切磋武艺，提高自己的摔跤技术。晋阳城有一个叫牛谈的人，是奴隶出身，摔跤本领高强。少室周到了晋阳便找到牛谈，提出与他进行摔跤比赛。第一跤被牛谈摔了个脸朝天，第二跤又被摔了个肩背着地；一连几场比赛，都是少室周输了。少室周十分佩服牛谈的摔跤本领，便向赵简子推荐，把自己戎右的职位让给牛谈。从这个故事中可以知道，在春秋末年，社会上就有了摔跤比赛，而且在比赛场上很注重道德修养，赛输的人甘愿荐贤让能。

（二）汉代几种不同形式的摔跤

秦始皇并吞六国统一天下之后，规定阅军大典的内容是角柢。在奴隶制社会，狩猎为阅军大典。狩猎时要出动战车，要射箭，要击刺，要徒手搏斗，实际上是一次联合军事演习。战国时期军事战术有了改变，南方用水军，北方多骑兵，中原地区是采用大兵团的步兵战斗。因此，各诸侯国的军礼就很不一致。秦朝统一天下之后为什么要以角柢为军队大典之礼呢？据《文献通考》记载：“秦并天下，分为三十六郡。郡县兵器聚之咸阳，销为钟柢；讲武之礼，罢为角柢。”这就是说，兵器都销毁了，讲武之礼才改为角柢。这种理由是不充分的。无论秦始皇如何收缴民间兵器，总不会连军队的兵器都收光了，只能检阅士兵的徒手搏斗技术。真正的原因是，秦国是在中原建国的，统一天下后，军事力量也是以步兵为主，而徒手搏斗是步兵的重要作战技能，因此才定角柢为阅军大典的内容。

从现有文献记载和考古资料来看，汉朝的角柢开始分支，向不同的方向发展，并有了不同形式的摔跤。

《汉武故事》上说，汉武帝在徒手对打的基础上，“并四夷之乐，杂以童幼，有若鬼神”。这种有音乐伴奏、有故事情节的武打称为角柢戏。它已经脱离了体育的范围，成了后代戏剧的滥觞。

《汉书·艺文志》中有《手搏六篇》，属于“兵家伎巧类”。手搏又叫做弁或卞，是一种纯踢打擒拿的军事技术。汉武帝时的大将甘延寿被选为羽林，又因为精于手搏被提升为期门。

据《汉书·金日捙》传记载，金日捙当了汉武帝寝宫中的侍卫。有一天，汉武帝尚未起床，江充与莽何罗谋反。莽何罗携带武器闯入寝宫准备刺杀汉武帝，被日捙发觉了。“日捙捽胡投何罗殿下，得擒缚之”。“捽胡”就是抓住脖子摔倒在地，这是一个纯粹的摔跤动作。又过了三百多年，三国时孟康在《汉书注》中说：“捽胡，若今相辟卧轮之类也。”“捽胡”，南北朝时称“相扑”，是以摔扑为主的技术，它和手搏、角柢戏都有区别。

金日捙原是匈奴族休屠王的太子，被汉军俘虏，后入宫廷当马夫。由于他为人忠诚，做事勤恳，被汉武帝提拔当了侍卫；又因为擒了莽何罗有功，升为车骑将军。后来他和霍光同是汉武帝的托孤之臣。

另外，北方少数民族的摔跤在古代文物上也有类似的图象，如1957年，中国科学院考古研究所在陕西洋西客省庄发掘了一座战国墓，墓中殉葬物有两块透雕铜牌。透雕的花纹图像，在两匹战马之间，为一对长发高鼻的人，上身赤裸，下身穿长裤，互相弯腰搂抱作摔跤状。无论是透雕工艺特点和图中人物形象，还是墓主人的身份，都证明这是我国北方匈奴等古代民族的摔跤动作。这种图象和金日捙的摔跤动作互为验证，可以认为，在西汉时期，我国北方民族式摔跤已传入中原地区，并和中原的传统角力相互交流，极大地丰富了我国古代的摔跤运动。

1979年，湖北省江陵凤凰山的秦墓中，出土了一件木篦。在圆拱形篦背的两面，都有漆绘的人物画。其中一面绘有摔跤图：右边两人对搏，左边一人旁观。三人装束相同，都是赤裸上身，着三角短裤，腰系长带，带在腰后打结，带端飘垂于臀后。对搏的双方正相向扑来，左边一人前伸两臂，似是裁判，图的上部有一帷幕飘带下垂，表示这场摔跤是在台上进行的。在吉林集安县洞沟高句丽墓壁画上，也有摔跤图像。从出土的文物看，从比赛的场地、服饰或动作等来看，上述漆绘摔跤图和透雕铜牌摔跤图有很大的差别，这说明秦汉两代的摔跤形式已有了不同。

汉代的摔跤有了很大的发展，并在广泛发展的基础上开始分支。汉代文物留下了不少摔跤图像，有待于我们进一步去认识和研究。

（三）摔跤比赛与蒙万赢

南北朝时期是我国古代民族大混合时期。西方和北方的少数民族进入中原地区以后，文化科学艺术得到了一次大交流，体育比赛也得到了互相切磋提高。

南北朝时，摔跤是当时比赛最多的一个项目。这时摔跤也称相扑、相辟、相攒，都是互相摔打的意思。据《太平御览》引王隐《晋书》说：在中原地区的襄城郡与颍川郡的联欢会上，就有相扑比赛。襄城人在输了之后反而解嘲地说："相扑下技，不足以明两郡之优劣。"事实上，体育比赛最能代表一个地区、一个国家和一个民族的尊严。为了维护这种尊严常常寸步不让，不争回荣誉，决不善罢甘休。《晋书·庾阐传》记载，在晋朝曾发生过这样的事情："有西城健胡，矫健无敌，晋人莫敢与校"。司马炎为此事大为恼火。于是张贴榜文，"招募勇士"。后来，庾阐的父亲庾东应募，与胡人比赛。结果，"遂扑杀之"。庾东由此"名震殊俗"，并被赏赐做了官。

《续高僧传》上也记载了类似的故事：隋代有一个叫法通的和尚精通相扑。当时"有西番贡一人云大壮，在北门试相扑无敌者"。这件事使隋高祖杨坚很为恼火。他说，难道"大隋国无健者"？有人向隋高祖推荐法通。隋高祖马上派人"召通来，令相扑"。结果，法通赢了大壮，"举朝称庆"。这件事反映了当时民族间相扑技艺的交流，也表现了代表民族的体育比赛是如何激动着民族情绪的。

南北朝和隋唐时期，西方少数民族到中原地区进行相扑比赛的绝不止上述两例。《唐语林》记载：唐代大梁节度使李绅，在检阅过镇海军选送的相扑能手富苍龙、沈万石、冯五千、钱子涛的技艺之后说："真壮士也，可以扑杀西胡丑夷。"说明这次选拔，是特地为了同西域少数民族的相扑手进行比赛。李绅的话用了"丑夷"、"扑杀"等侮辱少数民族的词语，是错误的，但也反映了民族之间的体育比赛十分强烈地激动着人们的思想情绪。

这些相扑比赛的史料，也反映了在南北朝时，我国的相扑比赛已经有了正式的规则和裁判。正因为如此，两郡或两个民族之间的运动员才能在一起比赛。另外，在许多史料上都用了"扑杀"这一词，它反映了当时对比赛的意义还认识不足，不是重在交流技艺，而是以生死为输赢。

唐代的皇帝大都是喜爱体育活动的。他们喜欢马球，喜欢狩猎，也喜欢摔跤。唐代称摔跤为角柢。"角柢者，相扑之异名也，又谓之争交。"

在唐朝的宫廷里有两个专供皇帝娱乐的地方，一个是教坊司，一个是内园。教坊司里大都是歌舞伎，而内园里却多是体育表演的健儿。《新唐书》上说，"内园恒备角柢之徒"。所谓角柢之徒，就是专门供皇帝观赏的摔跤手。现在摘录一些唐朝历代皇帝观看角柢表演的一些史料，从中既能看到唐代皇帝喜爱这项活动，又能看到唐代角柢发展的面貌。唐玄宗李隆基"每赐宴设柢，大陈山车、旱船、走索、飞剑、角柢”，唐宪宗李纯御瞬德殿大宴群匣及公主，“观击鞠、角剑之戏，大合乐，极欢而罢”“唐穆宗李恒”幸左神策军观角柢及杂戏”。唐敬宗李湛于宝历二年六月“甲子，观驴鞠、角柢于三殿”。唐文宗李昂“幸勤政楼观角柢、蹴鞠”。唐懿宗李漼“咸通中选隶小儿园，寻入相扑朋”。唐僖宗李儇“弱冠登位，为宦官所押，内园恒备角柢之徒，以备卒召”。后唐庄宗李存勖“在藩邸，每宴，私与王郁角柢斗胜。郁频不胜，庄宗自矜其能，谓存贤曰：‘与尔一搏，如胜，赏尔一郡。’即时角柢，存贤胜，得蔚州刺史”。《文献通考》上说，作为宫廷的娱乐活动，角柢是各种表演节目的压轴戏。摔跤手临上场前，左右军就擂起大鼓。在急鼓声中，一个个赤裸上身的壮士绕场而入，寻对扭摔：一交上手，场外的观众就呐喊助威。分出了胜负之后，观众欢呼，急鼓三通。这场面确实很热烈，很激动人心。

考古工作者在敦煌莫高窟藏经洞发现了唐代幡画，画面上为两人决斗时的情景，很像现代日本的相扑。在皇帝的喜爱倡导下，唐代社会上摔跤活动的开展是较为普遍的。《吴兴杂录》记载：“唐，中元节，俗好角力相扑，云避瘴气也。”

避瘴气只是一种迷信，实际是农闲时的娱乐。宋代《角力记》上记载，在五陵、鄱阳、荆楚一带，“五月盛集，水嬉则竞渡，街房则相攒为乐”。在陕南、成都一带，则设有擂台比赛，“募桥市壮勇者，于山前平原作场，候人交（比赛），赢者出场赏之，采马拥之而去，观看如堵，巷无居人，从正月上元至五月方罢。”这种比赛的情景是何等热闹，竟至“观看如堵，巷无居人”。《角力记》还记载，唐朝末年，有一个摔跤能手，外号叫蒙万赢。只因他“拳手轻捷，擅场多胜，受赐丰厚，万赢呼名从此始”。“万赢”可能有些夸张，但也反映了唐代摔跤比赛的频繁和蒙万赢的摔跤技艺之高。

（四）塞宴四事摔跤联欢

清王室的满族也是十分重视摔跤的。满语称摔跤为布库。清王室提倡布库的目的：一方面是训练士兵的力量和搏斗技术，“布库诸戏，以习武事”；另一方面是和蒙古族诸王联欢。清太宗皇太极为了进军中原，极力加强和蒙古族诸王的团结，经常和蒙古族诸王宴会。布库是两个民族共同喜爱的活动，于是就成为“肄武绥藩”的重要内容。西藏拉萨布达拉宫壁画，就有一幅摔跤图，反映了藏族人民也喜爱摔跤活动。

八旗军是清王室的基本部队，在八旗军中经常开展布库比赛，军中“分左右翼，令其角胜负，负者罚牛羊”。这就大大地推动了布库运动的开展。在清王室的贵族中也出了一些布库能手。顺治初年，蒙古族的喀尔喀使臣来朝，按照惯例，在宴会时举行布库比赛。御前侍卫的布库能手都败在使臣手下。皇太极二兄代善之子惠顺王知道了，要求他父亲准许他伪装成侍卫与使臣比赛："使臣与斗，应手而仆，世祖大悦，赏赉无算。"惠顺王这一年才满二十岁。

清王室的御前侍卫大都是布库能手。他们一方面可以保卫皇帝的安全，另一方面在宴会中随时可以叫出来比赛。康熙十六年扩大了布库侍卫组织，成立了善扑营。康熙为什么要组织善扑营呢？因为布库侍卫为他夺回政治权柄出了大力。康熙帝爱新觉罗玄烨八岁登基，朝廷的大权完全掌握在大臣鳌拜手中，康熙到了十五岁，决心要铲除这个隐患，收回政权。但鳌拜的势力太大，朝中布满了他的党羽，一旦走漏了风声，诛杀不成功，反而会酿成一次大的叛乱。据《竹叶亭杂记》记载，康熙"选小内监强有力者，令之习布库，鳌拜或入奏事，不之避也。鳌拜更以帝弱，且好弄，心益坦然。一日入，帝令布库擒之，十数小儿执鳌拜，遂伏诛。"康熙利用训练布库的方式，瞒过政敌的监视，实现了夺取政权的目的，表现了他的英明果断。从此在皇帝的侍卫中"有善扑营之制，以近臣领之。"善扑营中的侍卫，都从八旗军中层层选拔出来，个个是身高力强的壮士。《北京竹枝词》中有一首专门写善扑营的诗："布靴宽袖夜方归，善扑营中个个肥，燕颔虎头当自笑，但能相搏不能飞。"

清王室进入中原之后，与蒙古族诸王的联欢，形成一种制度，"列圣巡幸木兰（在今围场县），蒙古诸台吉及四十八部盟长，例于出哨（围猎的一种）之后，恭进筵宴，习武合欢，有所谓塞宴四事者。"在康熙、乾隆盛世，几乎年年都要在木兰举行围猎和塞宴。现藏故宫博物院张文翰绘的《塞宴四事图》，是一幅极为珍贵的历史文物。图画生动地反映了满蒙两族联欢的景象，使我们看到了清代布库的装束确实是"衣才及尻露裲裆，千条线缝十层布"。临赛时，"握拳舞掌相颉颃，周旋趋避不轻尝"；扭合在一起时，"铁臂铜股互拍张，推排将倾仍不僵"；比赛之后，"胜者跪饮酒一卮，不胜者愧不敢怒"。

清代摔跤的形式实际上有两种：一种是布库，即"脱帽短褐两两相角，以搏捽仆地决胜负"，这是满蒙族的民族式摔跤；另一种叫"厄鲁特"，即"袒裼而扑，虽蹶不释必控首屈肩至地乃为胜"。这有点类似现行国际式摔跤，一定要肩背着地才分胜负。

我国古代的摔跤，从角力到布库延续有三千多年，可谓源远流长了。在摔的方法方式上，从拳脚并用、徒手搏斗，发展到以摔绊为主的技巧。从汉代开始摔跤和手搏分支，由军事训练手段走向社会的娱乐活动，遂使摔跤成为各民族文化娱乐中历代不衰的一项活动。

武术的传说和发展

（一）武术源流之一

武术是我国独具特色的一项运动，它是一种可以独练，可以比赛，又可以表演的运动项目。它既具有击技的实用价值，又能起到全面增强体质的健身作用，并在造型和套路中又具有表演的艺术美。

中国武术有三个组成部分，即击技、舞蹈和技巧。击技是主体，舞蹈和技巧揉合在击技之中，一招一式，既具有身体灵活的技巧，又具有艺术的美，这种美的运动和运动的美，是经过长时间的发展而形成的。

考古资料表明，我国许多新石器时期的遗址中，发现有石斧、石刀和石矛头等兵器。有了兵器，就有使用兵器的方法，这就是击技的起源，掌握击技的本领在古代叫做武艺。春秋、战国时期，由于战争的需要，各诸侯国国君都大力提倡武艺。据《荀子》说，“齐人隆技击”。齐桓公的宰相管仲，曾下过命令叫各乡把“有拳勇股肱之力者”，推荐给政府任用。《吴越春秋》记载，越王勾践被吴王夫差打败了，栖于会稽，练兵复仇，遣使聘请越女，“问以剑戟之道”。《庄子·说剑篇》上还记录了当时剑法的要领：“示之以虚，开之以利，后之以发，失之以至”，成为后代剑法的基本要诀。西汉的史学家司马迁在叙述其先业时说，“司马氏在赵者，以传剑论显”。图穷匕见这一典故是很有名的，它说的是战国末年卫国人荆轲游历燕国，燕太子丹尊他为上卿，派他去刺秦王嬴政（即秦始皇）。燕王喜二十八年（公元前227年）他带着秦逃亡将军樊於期的头和夹着匕首的督亢（今河北易县、涿县、固安一带）地图，作为进献秦王的礼物。献图时，“图穷匕见”，刺秦王不中，被杀死。在河南南阳唐河发现的一块汉画像石，内容似为荆轲刺秦王图。画中三人，自右至左为荆轲、秦王、秦舞阳。荆轲左手握秦王之袖，右手持匕首刺之。秦王抽身站起，横剑欲还击。这些史料都说明，击技在春秋战国时期，有一个较大的发展。更为重要的是，当时的军事家不仅认识了练习击技可以直接提高作战能力，而且“可以强士体”，提高军队成员的作战素质。这就为击技的广泛发展奠定了重要的思想基础。

击技中的攻防技术是一对矛盾，是相互制约、相互促进的。每出现新的进攻技术，就会有新的防守动作，每出现新的防守动作，就会有更新的进攻技术。我国古代的攻防练习最早就是采用对练形式，这就可以起到互相促进的作用。传说在夏代禹王时就有了“干戚舞”。干就是盾牌，戚就是斧头。一个是进攻的利刃，一个是防守的坚器。一手执干、一手执戚而舞，象征着攻防技术的同等重要。周武王伐商胜利之后，创作手执兵器，“列成战阵，以象击刺”的大武舞。这是由攻防练习演变成的大型舞蹈。在汉画像石的图像中，有许多兵器对练图，有长兵器的对练，有短兵器的对练，也有短兵器对长兵器的对练。兵器对练是一种很有趣的练习，双方真真假假，不让对方探知虚实，于是就变化出许多新的动作。徐州博物馆藏有一块汉画像石，是四幅连环画式。其中一幅是两人各执长兵器对练，其他三幅各有四人，像是去看比试，又像是看了后边议边走。这一图像反映了汉代的兵器对练已吸引了观众的兴趣。又如在山东微山县发现汉代格斗画像石，图中两人，左边一人执刀、盾，右边一人执刀和勾镶，两人对打。在南阳唐河县发现的汉代搏击画像石，图中两人，左边一人头戴冠，着长衣，双手执钺，钺折人仰，欲倾于地，右边一人冠抛于空中，瞠目张口，手执长剑作搏击状，画像十分形象生动。另外，在江苏徐州和河南京阳还发现了长兵器对短兵器和徒手对长兵器对打的汉画像石。

汉代的角柢戏是饶有兴趣的。汉武帝元封三年举行了一次大会演、长安城附近三百里的人都赶来观看。角柢戏是一种配上音乐的化妆武打戏。但其基本形式却是“两两相当”的对练。《西京杂记》说：“三辅人俗用以持刀为戏，汉朝亦取为角柢之戏焉。”汉代的兵器对练也成为武打的内容。角柢戏的流发展，成为武打戏，但其对练形式却是后来武术的发展基础和重要组成部分。

（二）武术源流之二

击技是中国武术发展的主要源头，但不是唯一的源头。世界上各民族在其发展的过程中，都创造了各种兵器的使用方法，都有击技，但都没有发展成为中国武术这种具有艺术色彩的健身运动。西欧古代的剑术演变而为击剑运动。击剑有重剑、轻剑、佩剑、花式剑等，其基本动作都是击刺。它和中国剑术的艺术色彩相去甚远。中国武术除击技外，还吸收了武舞和技巧，才成为具有美的运动。所以，舞蹈和技巧也是中国武术之源。

干戚舞、大武舞，都是古代集体的武舞。另外还有单人的武舞，如大象、大夏、大犀。据《礼记·内则》规定，奴隶主子弟年满十五岁就要开始学武舞。奴隶社会是十分重视舞蹈的，在各种祭祀和宴礼中都要跳舞。如祭山川时跳兵舞，祭社稷时跳舞，祭四方时跳羽舞，祭旱神时跳皇舞，朝廷礼会时举行“公庭万舞”，宾朋宴会时举行“蹲蹲舞我”、“屡舞欺欺”，甚至在射箭完毕时要随着音乐节拍“兴舞”，在奴隶社会，这种广泛开展舞蹈活动，使舞蹈在社会上有着深厚的基础，并推动了舞蹈向各方面发展。到了战国末年，剑术和舞蹈结合，就创造出了剑舞。《史记·项羽本纪》记载，鸿门宴会，范增要杀死刘邦，唆使项庄离座舞剑。“庄曰：‘军中无以为乐，请以剑舞。’”项伯为了要救刘邦，“亦拔剑起舞，常以身蔽翼沛公”。这表明，这种剑舞既能作单人舞，亦能作双人舞，进退击刺必有一定之规，才能互相配合协调，达到赏心娱目的目的。

唐代的舞蹈吸收了西北边疆少数民族的健舞，使舞姿更为丰富多彩。杜甫在《观公孙大娘弟子舞剑器行》诗中，写舞剑器的情景是，“如羿射九日落，矫如群帝骖龙翔，来如雷电收震怒，罢如江海凝清光”。雄壮的舞蹈给观众的感受是“观者如山色沮丧，天地为之久低昂”。唐太宗统一天下后创作“七德舞”（又名秦王破阵乐），“教乐工百二十八人，披银甲执戟而舞。舞初成，观者皆扼腕踊跃”。舞蹈艺术不仅能给人极深的感染力，还能给人以美的启示。如《明皇杂录》上说：“开元中，有公孙大娘善舞剑器，僧怀素见之，草书遂长。”《历代名画记》上说：“斐旻善舞剑，道玄（吴道子）观旻舞剑毕，挥毫益进。”由此可见，唐代的舞蹈在社会上已有极大的影响。

斐旻是唐代有名的剑舞家。他的剑舞与张旭的草书、吴道子的绘画，被时人称为“开元三绝”。《独异志》记载，斐旻的剑舞，已不仅仅是配合音乐节拍的击刺进退，而是揉合了杂技的技巧表演，“旻左旋右抽，掷剑入云，高数十丈，若电光下射：旻引手执鞘承之，剑透空而下。观者数千人，无不悚惧。”斐旻剑舞使观众悚惧的，是高数十丈的剑投空而下。这种掷接兵器的技巧，在南北朝时属于杂技表演。《洛阳伽蓝记》记载：“有羽林马僧相善角牴戏，掷戟与百尺树齐。虎贲张车渠掷刀出楼一丈。”斐旻把这种杂技技巧揉合于剑舞之中，遂使剑舞更为生色。

宋以后的武术套路，不仅有掷接兵器的技巧，还有翻筋斗、打旋子、劈叉、软翻等技巧动作，更使得表演惊险神奇，热烈感人。

斐旻的剑舞已具有武术的特点，它既有左旋右抽的击技，又有舞蹈动作，还有掷接兵器的技巧，为以后的武术发展奠定了基础。从剑舞的发展演变过程来说，舞蹈和技巧都是最初的源流。

（三）枪棍刀剑流派纷绘

唐代的剑舞虽是武术发展的基础，但它仍被称为舞。从现有的史料来看，具有击技、健身、表演特色的武术，是在宋代形成的。周密的《武林旧亭》记载，南宋的临安城已经有了“使棒”的艺人，较有名的使棒艺人有“朱来儿”、“乔使棒”和“高三官人”等，《西湖老人繁胜录》中也记载了“使棒作场朱来儿”。《都城记胜》上说：“相扑争交谓之角柢之戏，别有使拳自成一家。”宋代社会上有了以使棒、使拳表演的艺人，能够招徕观众，这就形成了具有拳、棒击技特点，而又具有表演特色的一项运动了。关于拳棒表演艺人的情形，《水浒全传》上也有一些记述：病大虫薛永原是军官家世，后来罢了职，便“世代靠使枪棒卖膏药度日”。打虎将李忠在盘缠断绝时，也“仗着十来条棍棒，地上摊着十数个膏药，一盘子盛着，插把纸标儿在上面”，借此维生。梁山泊好汉到江州劫法场时，有几个人扮做了使枪棒卖膏药的，并向守法场的军卒说：“我们走州闯府，东京也去过。”由此可以知道宋代社会上靠表演拳棒维生的人是不在少数的。这些人多是落魄的军人，虽也有些武艺，但都不是具有真正过人本领的战将。他们表演的拳棒看来精巧优美，但上阵是无用的。《水浒全传》上写八十万禁军教头王进，在史家村看了九纹龙史进练枪棒后，对史太公说：“令郎学的都是花棒，只好看，上阵无用。”明代的名将戚继光在《纪效新书》里也说：“凡比较武艺，务要俱照示学习实战本领，真可对搏打者，不许仍学习花枪等法，徒支虚架，以图人前美观。”王进和戚继光都是领兵作战的军官，他们懂得表演的武术虽然惊险，但只是为了好看，打起仗来却是无用的。从戚继光的“仍学习花枪”的说法，表明当时社会上学习花枪的人已很多。从宋代开始形成的具有表演特色的武术，在明代社会上已经广泛地流传了。

戚继光在《纪效新书》中介绍了“古今拳家”几十种之后说：“拳法似无予于大战之技，然活动手足，掼勤肢体，此为初学入艺之门也。”随着战争器械制造的精良，徒手搏斗的拳法已不算是作战的技能。但明代社会上却流行着“宋太祖三十二势长拳，温家七十二行拳，吕红八下，绵张短打，李半天之腿，鹰爪王之拿，千跌张之跌，张伯敬之打”等许多流派的拳法。这正是由于拳法能够“活动手足，掼勤肢体”的缘故。宋、明以后的拳术发展，已经不是单纯为了击技，而是为了强身或表演了。

明代刊刻了许多武术著作，如俞大猷的《剑经》、程冲斗的《耕余剩技》和《少林棍法阐宗》、吴殳的《手臂录》和《峨嵋枪法》等，虽然多是击技，但已有了套路，据《阵纪》和《纪效新书》记载，当时社会上还有其他流派的枪、棍和刀剑法，表明了明代武术有一个较大的发展。至于传说中元末明初人张三丰创武当内家拳，与少林寺的外家拳相颉颃。这事虽不见于明代史料，但明代社会上确已流行内家拳法。据《宁波府志》记载，有一个张松溪，“擅内家拳，功地深厚”，黄宗羲在《王征南墓志铭》中也说：“少林以拳勇名天下，然主于搏人，人亦得而乘之，有所谓内家者，以静制动，犯者应手即仆，故别少林为内家。”在拳法的流派上，确实有内外两家，这是在广泛开展武术运动中形成的各具风格的流派，包括击技和艺术的不同特色。

（四）少林寺

“外家拳法数少林”，谈到中国武术流派的发展，必须要讲讲少林寺。

少林寺在河南省登封市境内嵩山少室的北麓。始建于北魏孝文帝太和十九年（公元495年）。从建寺起，就有武装僧兵保卫寺庙财产的安全。隋朝末年，农民起义，群雄割据，少林寺处在交战的中心。当时割据洛阳的王世充与以关中为根据地的李世民在嵩山一带激烈交战。少林寺审时度势，决定投靠李世民。寺僧“志操、昙宗等，率众以拒伪师，抗表以明大义，执充侄仁则以归本朝”（斐旻《嵩岳少林寺碑》），受到李世民的特令嘉奖。大唐王朝统一天下之后，又赐给少林寺田地，“屡被恩宠，历代相继修营”，并特准自建武装僧兵。从此，少林寺僧在诵经拜佛之余，有了练武的传统。

据《北拳汇编》记载，“少林派亦称外家，赵匡胤其开山祖也。匡胤挟有奇技，秘不示人，醉后曾与群臣具言其奥蕴。寻悔之，又不欲食言，卒置其书少林寺神坛中。其法以硬攻直进为上乘。”这一说法有附会之处，赵匡胤不是少林拳法的始祖，但在宋代形成的拳术套路中，赵匡胤三十二势长拳是最著名的套路。戚继光的《纪效新书》和何良臣的《阵纪》，在介绍明代的拳法流派时，都把“宋太祖三十二势长拳”列为第一位。少林寺从习武练拳的需要出发，吸收了这套长拳精华，作为少林拳法的基础是可能的。

到了明代中叶，少林寺棍法已自成一派。戚继光在《纪效新书》中介绍当时全国器械流派时说，“少林寺之棍法与青田棍法相兼，杨氏枪法与巴子拳棍皆今有名者”。程冲斗在《少林棍法阐宗》中也说，少林棍法是“名闻天下”的。棍属于短兵器（这是相对长枪、大刀等兵器而言的），不过六七尺长，使用时可以扎、砸、劈、盖，是各种兵器的基础。少林棍法在明代就已形成了独具一格的流派，为发展其他兵器武术奠定了基础。

武术是由武艺发展演变而来的。虽说“花枪花棒，上阵无用”，但经常练习可以增强身体素质。各种进退击防的招式，仍旧可以作防身自卫的本领，少林寺僧习练武术，身强技精，在明代中叶参加了江浙沿海的抵抗倭寇战争，取得了胜利，赢得了全国人民的赞颂，使少林武功由此名扬天下。《松江府志》记载，在当时全国招募的各兵种中，“以少林寺僧兵最为骁勇”，在都司韩玺的带领下，“于烟墩斩倭八十余，解上海之围”。这是明代抗倭战役前期中最大的一次胜利。据《江南经略》记载，由天真、天池二人率领的少林僧兵四十余人，屡次作战，都“大破倭寇”。《吴松倭变志》也说，以月空和尚为首的三十多个少林寺僧兵，作战勇敢，“多所战获”，“敌遇者即仆”。在一次猝不及防的作战中，他们被敌人包围，寡不敌众，全部英勇牺牲。由以上史料可以看到，少林寺僧兵参加抗倭战争的人数是不少的，在战争中都英勇善战，奋不顾身，为捍卫祖国领土、保护人民的生命财产作出了贡献。为此，明朝廷曾数次派人祭祀嵩山，修整少林寺庙宇，在《少林寺志》上留下许多明朝士大夫赞扬的诗文，顾炎武在《日知录·少林僧兵条》中，就用赞叹的口吻写道：“嗟乎！能执干戈，以捍疆场，则不得以其髡徒而外之矣。”少林寺僧人的武功在明代得到发展，并名扬海内，和他们的爱国主义行动是分不开的。

清初数十年间是少林寺武术大发展的时期。《少林拳术秘诀》中说：“少林技术之传，以明室鼎革后，至前清顺、康数十年中，为练习最精时代，顾斯时有明代天演贵胄之裔与故老遗民、忠烈侠义之士，愤宗社之丘墟，痛种族之沦丧，恢复无计，偷生草莽，隐待时机之至，又恐此身委靡，习于疏懒，遂殚精奋力于击技之练习，欲以卧薪尝胆之志，而为灭胡兴汉之谋。”明末遗老隐身少林寺以为“灭胡兴汉”之谋，当然和少林寺僧具有浓重的民族主义色彩有关。明末遗民顾炎武在《题少林寺》诗中说：“寄语惠碣流，勉待秦王至。”就是希望少林寺僧能再一次帮助新的秦王，建立不朽的功勋。据传说，明朝宗室朱德畴在明亡之后，隐入少林寺剃度为僧，后来当了少林寺的主持，自号痛禅上人。由他所制定的“少林寺十戒”中，第一戒就说：“肄习少林技击者，必须以恢复中国为志愿，朝朝勤修，无或稍懈”。因此，清初少林寺武术的大发展，带有浓重的民族意识和爱国主义的政治色彩。这一色彩得到了受清统治者民族压迫的广大人民所同情。清朝初年各地组织的反清秘密会社，便利用少林寺的声望传播民族反抗情绪。如《洪门问答》中记载：“武从何处学习？在少林寺学习。何拳为先？洪拳为先。有何为证？有诗为证：猛勇洪拳四海闻，出在少林寺内僧：普为天下归洪姓，相扶明室定乾坤。”《天地会》在叙述其组织发起时也归功于少林寺僧。“康熙时，西鲁番造反，皇上出下榜文，无人敢扯。后来，少林寺憎闻知前来扯榜……征服西鲁番，得胜回朝，不受封赏。众僧一百零八人中，有一马仁福者，因打坏寺庙宝灯，受到众人谴责，心怀不忿，直入京都，诬告少林寺僧蓄意谋反。昏皇不问虚实，不念前功，派遣御林军火焚少林寺，惊动佛祖下凡，救出一十八人。师徒走到下尾岭灭清村，又被清兵追赶，杀死一十三人，只剩了五人。来至白沙湾口，只见海面上浮起麻石一块，正面写‘反清复明’，背面写‘洪英’。五人抬起，当时对天盟誓，插草为香，咬破五人手指合血一堆，写成书五本，各执一本。随至各省召集忠心义士，暗藏三点革命，誓灭清朝，扶回大明江山，共享荣华，同乐天下太平。”不管当时少林寺僧是否参加了反清秘密组织，而秘密组织都借少林寺的名声，传播反清意识，习练少林武功，使少林武术深入于群众之中，广为流传，则为事实。清朝末年，秘密会社又繁衍有白莲教、八卦教等组织，也都是通过习武传教组织群众，并以少林武功为号召。于是少林武术便传遍全国。而少林拳术的流派繁衍丛生，犹如繁星当空，难以数数了。

少林寺武功和秘密会社的反清活动联系在一起，清王室当然不会毫无所闻。据《雍正朱批谕示》记载，雍正五年，谕内阁：“闻向来常有演习拳棒之人，自号教师，召诱徒众，蛊惑愚民，甚至以行教为名，勾结盗匪，扰累地方。饬地方官，将拳棒一事严行禁止，如有仍前自号教师，及投师学习者，即行究拿。”清政府一方面禁止社会上教拳学棒，另一方面也对少林寺施加压力。据《少林寺志》记载，少林寺修整房舍，绘成图样由河南总督王士俊送呈皇帝亲自审阅。雍正朱批：“朕阅图内少林门头二十五房离寺较远，向来直隶省房头僧人类多不守清规，妄行生事，为释门败类，今少林寺既行修建成一丛林，即不应令此等房头散处寺外，难于稽查管束。”重修少林寺，总督要预先呈图给皇帝御览，而皇帝在御批中提到“房头僧人类多不守清规，妄行生事”，可见清朝廷对少林寺的注视了。从修建寺庙的皇帝批示中，也可见清王室对少林寺实施了政治压力。素以练武驰名的少林寺僧，不得不采取隐蔽的办法，躲过清政府的耳目，在黑夜练武，这就是武术界留传下来的“练夜功”的由来。满族人麟庆在嘉庆年间任河南省开、归、许道台，少林寺在他的营辖之内。他曾到过少林寺视察，在所写《鸿雪因缘记》中说：他向少林寺的长者提出要看寺僧们表演武术，长老再三推辞说，“寺僧们不解拳术”。麟庆说明他是慕名而来，是私人身份观阅，并说明寺僧只要“谨守清规，保护名山”，练习拳术并不违禁。经此说明后，长老才让寺僧表演了拳法。“熊经鸟伸，果然矫捷”，这个故事说明：少林寺僧虽然在重压之下，仍然隐蔽练武，保持了少林武功的传统。在清朝最高统治者的心目中，少林寺仍是重要的监视对象。一些武功高手，不愿在寺院受拘束，便借募化之机，云游四方，到处招徒授武。《清稗类抄》中记载了不少少林寺僧与人比武献技的故事，并不是完全虚构的。而传说中的武林高手，如吕四娘、白泰宫、马和尚、甘凤池，也都自诩是少林真传，也并不都是无稽之谈。所以，在清代武林中有两句传言：“天下武功在少林，少林高手在四方。”这就是说，在清政府的政治压力下，少林武术的真传已广为流传，遍及全国了。

由以上史料可以知道少林寺有一千多年的练武传统，而其大发展时期是在明、清之际，这和人们的民族意识和爱国主义有关。秘密会社借少林拳术组织群众，遂使少林拳术流派繁生，衍化万千。也正是这种多流派的传习，才使少林学术扎根群众之中，广为流传，成为我国传统体育中的一颗明珠。

举重的传说和发展

（一）孔子翘关与秦王扛鼎

举重在我国古代经历了三个大的阶段：一是举生活用具，二是举木铁制的举重器，三是举石制的举重器。由于举重器具的不同，其名称也有差异，如翘关、扛鼎、举石等，都是古代举重的名称。

在使用冷兵器作战的古代，体力是十分重要的。冷兵器杀伤力的大小，取决于人体力量的大小。古代在描写一位英勇的武士时，总是说他“力大无穷”、“力举千斤”等，把力量放在重要的位置。在夏、商、周三代的传说中，就有许多大力士，如夏桀“有才力，能伸钩索铁，手搏熊虎”；殷纣“能倒曳九牛，扶梁换柱”；有穷氏国君寒浞的儿子“能陆地行舟”。拉直铁钩，空手擒缚猛虎，拽住九牛，扶住屋梁换下房柱，以及在陆地上拖动木船，这些生活和生产上用力的事，需要几个人或十几个人才能办到的，而力量大的一人就办到了。这种大力究竟是怎样练成的呢？古书上缺乏记载。但到了春秋、战国时代，我国史籍上就有了“翘关”和“扛鼎”的举重练力的记载了。

翘关就是举城门上的大木门栓，扛鼎就是举烧食物的大锅子。

关于古籍中记载翘关的事和儒家学派创始人孔子有关系。儒家的含义原是柔顺、懦弱。封建社会后期的儒生也多半是手不能提、肩不能扛的文弱书生，于是在人们的印象中，以为儒家就是文弱。其实，春秋时期，文武官吏还没有严格的分界，作为士阶层的人都是文武双全的。孔子是士阶层中的一员。他年轻时当过奴隶主的乘田、委吏等小官，所以也是一个能文能武的人。《吕氏春秋》、《淮南子》、《论衡》、《列子》等书都记载了“孔子之劲，能招（通翘）国门之关”。国门之关就是诸侯国都城门的大门栓。诸侯的国都城门一般都有四五丈阔。如果用拱把粗的木头做栓，也有几十斤重。据汉朝人高诱的解释，翘关的方法是“以一手捉城门关显而举之”。就是说，用一只手握住门栓的一端，把四五丈长的木栓挺举起来。这需要很大的力量，说明孔子的确是个举重的大力士。

据《说文》的解释，扛鼎就是“横关对举”，即在两个鼎耳之间穿一根杠子，两个人把它抬起来。而一个人扛鼎，就是手提横杠把鼎举起来。战国时举鼎力士最多的是秦国。秦国用封官的办法招来了许多大力士。有名的乌获、任鄙、孟说等，都是能力举千斤的人。乌获当上了将军，任鄙被封为汉中郡太守，可以说都是高官厚禄了。秦国的国君武王也是一个大力士。他年轻好胜，随秦军东征，到了周朝的宗庙里，看见有许多大鼎，他就和孟说作举鼎比赛。结果因为力量不足，鼎掉下来砸断了膝盖骨，流血过多而死。虽然这事和孟说无关，但根据封建社会的法律，不能谏止国君，导君致死，就是大逆不道的。因此，孟说的一家人都被杀死了。

作为练力方法的翘关、扛鼎的起因是可以想见的。管关门的官吏，每天要上下门栓；管煮食物的小吏，每天要搬移大鼎。这都需要有力量。于是，他们把需要用力的劳动变成了练力的工具，就创造了翘关、扛鼎的举重方法。但翘关、扛鼎运动之所以能在社会上开展，是和当时军事作战的需要有关，兵书《吴子》说：“一军之中，必有力轻扛鼎之士。若此之等，选而别之，爱而贵之，是谓军命。”吴王阖闾伐楚时，“选多力者五百人以为前阵，五战五胜”。正是在这种军事作战的需要下，战国时的举重运动才能得以广泛地开展。

（二）“搏虎、拔树、背兽、扛鼎图”

汉代仍以扛鼎为练力之法。唱过“力拔山兮气盖世”的大力士项羽，是“身长八尺，力能扛鼎”，在作战中“大呼驰下，汉军皆披靡”。汉武帝的儿子广陵王胥，也是“壮大，力扛鼎”。《汉书·邹阳列传》上说，赵王曾召“鼎士袨服于丛台之下”。《盐铁论》中贤良讥刺时事是“戏车鼎跃，咸出补吏”。这些都说明西汉社会十分重视练力活动，其练力的方式仍以扛鼎为主，随着社会发展的需要，汉代的练力方式是更为扩大了。现藏徐州博物馆的一块汉画像石，是西汉墓室中的横梁。图像中共有七人，左二人手持兵器共同搏虎；第三人弓步蹲身作拔树状；第四人手握一只死兽的尾巴，把庞大的兽背在身上；第五人双手执鼎耳，把鼎翻举过头顶；第六人双手抱一幼鹿；第七人手中持一环状物。这幅“搏虎、拔树、背兽、扛鼎图”就是汉代的练力图。

《西京杂记》上说：“广陵王胥有勇力，常于别囿学格熊，后遂空手搏之，莫不绝脰。”空手搏熊搏虎，正是汉代练勇力的一种方法。唐代的武举考试内容有“负米五斛，行二十步”，以检验其力量。山东峄县北六十里，有一座抱犊崮。传说有一农夫王老者日抱牛犊上岗，犊成大牛，王老者仍能抱牛上崮。抱鹿也是一种逐步练力的方法。上述“搏虎、拔树、背兽、扛鼎图”向我们展示的汉代练力方法，仍旧利用生活工具，不过其练习的范围较之战国时代扩大了。

汉代练力的方法虽然仍旧利用生活工具，但汉代练力的社会性质却有所改变，即由军事作战的练力扩大到社会娱乐的表演。张衡在《西京赋》中描写长安城的娱乐表演说，在纷繁的杂技歌舞表演中，也有“乌获扛鼎，千斤若羽”。这说明扛鼎已成为社会娱乐项目。汉代除扛鼎的表演外，还有举各种重量的生活用具的，南阳汉画像石上，有幅绘有壮汉在臂上玩弄大铜壶的图像。内蒙古和林格尔的汉代壁画上，有一个赤裸上身，显露出粗壮肌肉的汉子，抛举一个大车轮子。由汉代开始的举重娱乐项目，演变成为后代“舞轮伎”、“踢弄伎”、“举石”等杂技。东晋左思在《吴都赋》中说，吴都的娱乐活动，是“里燕巷饮，飞觞举白，翘关扛鼎，弁射壶搏”。李善《文选注》说：“翘关扛鼎，皆逞壮士之力也。”壮士逞力的娱乐表演，不仅在长安有，在江左的吴都也有；不仅汉代有，还延续到了两晋。

（三）翘木、扛铁之戏

唐太宗以科举取士，冲破了魏晋以来的门阀政治。武则天时，除科举取士外，还增设了武举科目：“长安二年，始置武举。”考试的内容除步射、马射、马枪外，“又有翘关、负重、身材之选”（《新唐书·选举志》）。这时的翘关已不再举门栓，而是举一种特制的举重器具。“关长丈七尺，径三寸半，凡十举，后手持关距出处无过一尺。”一丈七尺长、三寸半直径的木棍，不算重。举法与春秋时翘关一样，用双手握一端，后手不得离棍端一尺。为什么要用这种举重方式作为考试的内容呢？这与当时兵器的使用有关。唐代骑兵使用的马枪是一丈八尺长，需用两臂力量掌握，而练习翘关正是锻炼两臂的力量。唐代从作战需要出发，制造适合的锻炼器械，利用生活工具举重向自制体育器械举重迈出了重要的一步。

唐代的举重除作为军事训练的武举考试外，还是社会的娱乐活动。《新唐书·兵志》记载，唐玄宗天宝之后，京师军队的纪律废弛，“六军宿卫皆市人，富者贩缯彩，食粱肉，壮者为角柢、拔河、翘木、扛铁之戏，”翘木就是翘关，扛铁则是举各种铁制的器物。宿卫部队练习翘木、扛铁，并非为了训练，而是一种娱乐。在唐末笔记小说中，对社会上举各种重物者多有记载。据《歙州图经》记载，绩溪县太微村有个叫汪节的人，到长安城东渭桥边同别人打赌，把一个重千斤的石狮子“投之丈余”，十几个人抬不回来，只好又请他“提而置之故地”。又据《御史台记》记载，有个叫博通的人，能两手托两张桌子，桌子上摆满了酒菜，上下台阶来往数次，而桌子上的酒菜“略无倾泻”。当时为了看博通的表演，“窬主人垣墙，屋宇尽坏，名动京师”。《北梦琐言》记载，唐僖宗时，四川绵竹县有个王生，他表演了陆地拖船，船上还有十二个人在跳舞，直至舞蹈完毕，王生“略无倦容”。这些记载都反映了唐代由于民间练力活动的开展，产生了具有奇才异能的力士。

（四）拉弓、舞刀和掇石

木制的举重器具太轻，铁制的举重器具又太贵，都不利于广泛开展举重运动。到了宋代，就有了石制的举重器具。据周密的《武林旧事》载，南宋的临安城有举重表演的艺人——“天武张（举石球）、花马儿（掇石墩）、王彦生、陆寿”。举石球、掇石墩，都使用石制的举重器具。石质的举重器可以随地取材，并可随意制成各种形状，既方便又省钱，对广泛开展举重运动有许多好处。从木铁制的举重器到石制的举重器，可以看做是我国古代普遍开展举重运动的一个标志。

《水浒全传》中有一段描写武松在安平寨举石的事，既表明了宋代举石的方法，又反映了宋代举石运动开展的情况。武松把石墩略摇一摇，大笑道：“小人真个娇惯了，那里拔得起?”施恩道：“三五百斤的石头，如何轻视得它!”武松便把上半截衣裳脱了下来拴在腰里，把那个石墩只一抱，轻轻地抱将起来，双手将石墩只一撇，扑地打下地里一尺来深。武松再把右手去地里一提，提将起来望空中一掷，掷起来一丈来高，武松用双手去接，接来轻轻地放在原旧安处。武松这一撇、一掷、一接的举石方法，正是我国民间的举石动作，直到今天，民间的举石活动还保留了这几个动作。

明清两代承续唐代的武举制度，在考试内容上略有变更。即将翘关的举重方法改变为掇石。据《清代科举考试述录》记载，武科考试分三场：头场试马步箭，二场试技勇，三场考兵法。技勇就是拉弓、舞刀、掇石三项。拉弓开弩，可练臂力，早在汉代，人们就注重这种训练，那时的开弩叫蹶张。河南南阳发现了不少蹶张的汉代画像石。如河南南阳唐河县出土的《熊材宫蹶张》画像石，左刻一熊，张牙舞爪；右刻蹶张，高髻，着襦，肩插一矢，两脚踏弓，两手奋力张弦。唐河县还出土了一块蹶张画像石，图左刻蹶张，高髻，着襦，口衔一矢，两脚踏弩，两乎奋力张弦；图右刻一人，一手持斧，一手提壶，两手作上举状。还有一块蹶张画像石，图上蹶张头戴武冠，瞪目衔矢，双足踏住弩背，两手用力张弦，形象凶猛强悍。在明清，考试分得很细："弓有八力（一力是十斤）、十力、十二力，逾十二力头号为出号弓。刀有八十斤，一百斤，一百二十斤。石有二百斤，二百五十斤，三百斤。各以三号、二号、头号，分等试之。弓必三次开满，刀必前后胸舞花，掇石必去地一尺，上膝或上胸。"弓、刀、石三种技勇，实际上都是力量的考试。拉弓、舞刀都需要臂力，掇石更要全身有力量。封建统治者开科武举的目的是选拔其得力的将才，但在客观上却促进了举重运动的开展。民间出现不少技勇者，如道光年间，琼州府文昌县的符成梅，年已八十四岁，还能够拉开三号弓，刀舞胸背花，掇石离地。

由于石制的举重器简便易得，我国各地民间都盛行举石锁、石担等活动。

在少数民族地区也有举石运动。西藏布达拉宫壁画中有一组六人的举石比赛。从画面来看，石器并未加任何雕琢，举的人双手托举过头向远方投掷。这是举重和投掷相结合的运动。

我国古代的举重，经历了举生活工具、特制木、铁举重器和石制举重器等阶段，反映了人民重视举重运动，不断改进运动器具，使举重能更广泛地在民间开展。

田径的传说和发展

（一）和马车赛跑的人

田径在我国古代史籍上就是跑、跳，跑或走、趋、奔。跳的异名很多，踊、逾高、超远、超距，就是跳高和跳远。掷，就是投。跑、跳、掷，是人类生活的基本能力，在人与自然界斗争中是离不开这种能力的。

人类通过各种活动，显示出一些奇才异能，于是就成为人们敬慕和幻想的对象。“夸父逐日”就是古代人民颂扬长跑英雄并富有想象力的神话。《山海经》、《列子》、《淮南子》上都记载了这个神话。夸父族的部落住在北方，他们感到太阳走得太快了，没有给他们留下足够的温暖，便派了一个善于长跑的小伙子，想到天上去逮住太阳，让太阳永远留在空中。这个小伙子跟着太阳跑，从早上跑到傍晚，一天的长跑，他感到口干舌燥，便到渭河里去喝水，把渭河水喝光了，又喝干了黄河里的水。他想走回北方的大泽去喝水，走到半路便疲劳而死。他的毛发变成了草木，鲜血化做了河流，手杖变成了桃林。因为他没有完成族人的委托，死后便把一切都献给了大地，让后人踏着他的骨血去完成人类的宏愿。

“夸父逐日”的神话，虽是人类征服自然的一种幻想，但人类长跑能力在征服自然过程中所表现的作用，却给人类的想象提供了基础。在古代曾有许多超乎寻常的长跑能手，如《令鼎》铭文记载，周成王率领了他的臣下和奴隶，到淇田场去进行春种，农事完毕后又进行了射箭比赛。在返回王宫时，有一个叫令的小官吏和一个叫奋的奴隶，是成王的随从，跟着成王的马车做护卫。周成王一时高兴说：“令和奋，你们两人如果能一直跟上我的马车跑回宫中，我就赏赐你们十家奴隶。”周成王的驭手谦仲就快速驱马，车子飞快地奔驰，两个护车的人紧紧跟上，一直到了王宫。周成王如约赏赐，令用这笔钱铸了一个鼎，并把事情的经过铭铸在鼎上。这个故事，说明令和奋能和马车赛跑，是出色的长跑能手。在汉画像中也有在马车前跑步的士卒图像。

到了春秋、战国，有文字记载的长跑事例就更多了。战国时代，战术已经改革，由车战改成大兵团的步兵作战，“兵之情主速”。步兵的移动主要是靠走跑来完成，因此长跑训练就成为军事训练的重要内容。大军事家孙子被聘为吴王阖闾的军师，他就重视军队长跑能力的训练，命令士卒穿了全副甲胄，拿了作战的武器，跑完三百里路，才准许宿营。通过一段时间训练，选拔了三千名长跑能力最好的人，组成先锋部队，进攻楚国。由于运动速度快，乘其不备，“五战五胜”，很快就占领了楚国的首都郢城。

战国时的军制是征兵制。为了提高军队的作战素质，许多诸侯国在征兵的时候，就用奖励的办法选拔体质好的士卒。吴起是战国时的军事家。他在魏国招募兵士时，就以武装长跑作为选拔标准。被征选的人，穿上胸、腹、腿三块甲，戴上面胄，手里提着戈，背上背着弓矢，腰悬短剑，带上三天的干粮，“日中而趋百里”。合格的人，被录为常备兵，并免除了他本户的徭役和田宅的租税。这样厚重的奖励，当然会吸引农民愿意入选，因而长跑练习得以广泛地开展。所以，我国古代的长跑是与军事训练分不开的。

（二）驰马不及的短跑家

秦汉以后，步兵虽仍是军队作战的主要兵种，但不是大兵团的步兵战斗，而是步骑的混合兵种作战。长途追击由骑兵担任，步兵主要是短距离的突击，所以在跑的训练上就偏重于短跑训练了。唐代的兵书《太白阴经》上说："探报计期，使疾足之士。"侦察敌情，传递情报，要求迅速，就要使用跑得快的人。《宋史·兵志》规定，招募新兵时要"先度人才，次阅走跃"，跑和跳都是招募新兵的必要条件。

明代的抗倭名将戚继光，在他练兵经验的《纪效新书》中说："平时各兵须学趋跑，一气跑得一里，不气喘才好。"这充分说明各个朝代的练兵都注意了短跑的训练。

为了提高短跑能力，我国古代通过训练积累了许多丰富的经验，创造了负重训练的方法。

《宋史·岳飞传》中说，岳飞非常重视军队的跑跳能力训练，"每休舍，课将士注坡跳壕，皆重铠习之。"注坡就是上下坡来回跑，跳壕就是跳远。为了锻炼腿部力量，平时训练时，穿上双重铠甲，增加身上重量，练习跑坡和跳壕，到了上阵打仗时丢掉一层铠甲，就能跑得快，跳得远。戚继光在《纪效新书》中也提到，"古人囊砂，渐渐加之，临敌去砂，自然轻便，是练足之力。"囊砂就是在腿上绑砂袋，这是训练腿部力量的一种好方法，直到现在尚为许多田径教练所采用，由负重训练法可以知道，我国古代人民重视短跑训练，并积累了极为丰富的训练经验。

由于短跑是军中作战的重要技能，所以我国古代史籍中对有能力的战将，常常加上"走及奔马"、"马驰不及"等评语。据《北史·杨大眼传》记载，北魏孝文帝要南攻，命兵部尚书李冲"典选征官"。杨大眼前去应征。测试武艺之后，他没有被录用。杨大眼又请求测试短跑，用三丈长绳系在头上，跑起来之后，"绳直如矢，马驰不及"，这种惊人的短跑能力，使李冲甚为赞叹："千载以来，未有逸材若此者。"杨大眼被录用后当了先锋官。

由此可见，我国古代军事训练中极为重视短跑，确实出现了有不少杰出的短跑能手。

（三）原地纵跳三尺高

战国时期，战争的防御设施已经有了城堡壕沟。在攻城夺寨的战斗中就必须具有超越壕寨的跳跃能力，才能获得胜利。《吴子》和《六韬》等兵书上都特别提到，要把具有“逾高超远”能力的士卒编成一支特种兵部队，作为战术进攻的小分队。

《左传》上记叙了这样一件事：吴王夫差想称霸中原，于公元前487年率兵北上攻打鲁国，军队驻扎在泗水之上。鲁国的大夫微虎认为应当趁吴兵立足未稳，攻其不备，以挫败吴兵的锐气。但是鲁君不听这个建议。于是微虎便在自己的家兵中挑选士兵组成一支突击队，自己带领着去实现这个计谋。因为是进攻营寨的战斗，挑选士兵的办法，就是在庭院中设下障碍，“三踊于幕庭”，即凡三次能跳过者才能入选。结果在七百名家兵中挑选了三百人。入选者中也有当时正在微虎家中当家臣的孔子的弟子有若。

由此说明春秋战国之时，军队中是十分重视跳跃的，同时也说明当时的儒士并不是文弱书生。

跳跃既然是作战中的一种重要的战斗能力，各诸侯国君当然十分重视。

从这件事情中可以看出，春秋、战国时期，军队对跳跃能力是很重视的。秦汉以后，军队仍旧十分重视跳跃能力的训练。

《汉书·甘延寿传》记载，甘延寿因骑射精良，被挑选参加了羽林军。在一次训练中，他跳过了羽林亭楼，其他技能也是优等，遂被提升做了郎官。南北朝时期，有兄弟两人都是作战勇敢的将领，一个叫卜天与，一个叫卜天生。卜天生年轻时只是一个十人伙的小队长。他带领自己的小队在军事训练中跳越二丈多宽的壕沟，十个人都跳过去了，只有卜天生几次都没有跳过。第二天还是训练这个项目，卜天生在壕沟底全部插满了锋利的竹签，稍一失足跌落沟底就会被竹签戳得皮开肉绽。十个人被这种危险吓住了，都不敢跳。卜天生手拍胸脯说道：“我向已不渡，今者必坠此坑中。丈夫跳此不渡，又何须活！”他带头先跳，全队在他的带领下一连跳过了几次。卜天生就是用这种办法训练士卒的勇敢和跳跃能力，使他率领的军队成为一支勇敢善战的军队。

唐代的军队，也重视跳跃能力的训练，《太白阴经》记载：“逾越城堡，出入庐舍而无形迹者，上赏得而聚之，名曰矫捷之士。”宋代募兵也要测试跳跃能力，岳飞练兵就是穿着双重的铠甲跳壕。这说明我国古代的跳高，是作为一种军事技能的训练项目，受到历代军事家的重视。

我国古代的跳高，除作为军事训练而广泛开展外，在民间开展得也较为普遍。

《淮南子》中说：“今有六尺之席，卧而逾之，下材弗难；植而逾之，上材弗易。”这种譬喻当是从社会的实践总结而来。一般人只能跳过三尺高，只有奇才能跳过六尺高。据《晋书》记载，当时的江南有“赌跳者，以高者为胜”。《唐语林》记载，唐代的大书法家颜真卿，“虽老，气力健壮如年三四十人，以席圜固其身，挺立一跃而出。”挺立一跃，就是没有助跑的原地纵跳。席的宽度一般是三尺。原地纵跳能越过三尺，表现了很高的跳跃能力。这些史料都反映了我国古代民间开展过多种多样的跳高活动。

（四）我国古代的田径记录

投掷在古代也是一种作战的技能。

据《范蠡兵法》记载，战国时候发明了一种发石机，可以把“重十二斤”的石头掷出“二百步”（这二百步可能是二十步之误）。石头是作战的武器，投石当然就是一种作战的本领了。《史记》中说，公元前224年，秦始皇统一六国的一次最重要战役，即秦楚之战，秦国大将王翦带了六十万大军，驻扎在天中山，连营十余里，坚壁固守，不与楚军作战；兵士们每天练习“投石、超距”，一连数十日。楚军士气低落，身体疲倦；秦军的作战能力却大大地提高。这一次会战就全歼了楚军。汉代也重视投石技能的训练，并作为军队训练考核的内容，汉武帝的大将甘延寿，就因为“投石拔距，绝于等伦”，而得到提升。

唐代时，高宗曾下令征召“投石、拔距，勇冠三军，具录封进”。《水浒全传》中写了一个原是东昌府都监，后来投顺了梁山泊，成为马军八虎骑的没羽箭张清，“善会飞石打人，百发百中”。投石是作战中一项很重要的技能，在火器没有发明以前，它一直受到军队将领的重视。

从以上史料可以看出，我国古代的田径运动，是作为一种军事技能，是随着战争的需要而广泛开展的。这与西欧在竞技场上发展的田径运动，走的是完全不同的道路。

军队训练虽然重视跑、跳、掷能力的训练，但不重视跑、跳、掷的成绩记录，所以没有一项运动成绩的记录遗留下来，这是很遗憾的。为了弥补这个缺陷，我们根据史料推测出一部分成绩记录，这只能说是史料中的最高成绩，并非是古代正式的田径记录。

元末明初人陶宗仪在他所著的《南村辍耕录》中说：元代有一种长跑比赛叫贵由赤。“贵由赤者，快行是也。每岁一试之，名曰放走。在大都，则自河西务起程。若上都，则自泥河儿起程。越三时，走一百八十里，直抵御前，俯伏呼万岁。”古代一天是以十二个时辰计算，三时即现在的六时。六个小时跑完一百八十里路，一个小时跑一万五千米。

据《北史·杨大眼传》记载，大眼“出长绳三丈许，系髻而走，绳直如矢，马驰不及。”这里虽然没有具体成绩，但可通过实验得知，三丈长的绳子，跑起来使之拉成一条线，没有11秒内跑完100米的速度是不行的。

又据《南史·黄法传》记载，“法巴山新建人也，少劲捷有胆力，日步行二百里，能距跃三丈。”距跃就是跳远。相据《中国历代度量衡变迁表》，梁尺相当于现在的0.2505米，“三丈”就是7.50米。黄法的跳远记录是7.50米。

《南吏·周文官传》载，文育“义兴阳羡人。少孤贫……年十一，能反覆游水中数里，跳高六尺，与群儿聚戏，众莫能及”。周文育是陈朝人。陈朝因年代短，我们还没有发现当时的尺子。按其前朝的梁尺计算，“六尺”等于今天的1.50米。如以后朝隋尺计算，隋尺相当于现在的0.296米，则是1.77米了。又《汉书·甘延寿传》载，延寿“投石拔距，绝子等伦，尝超逾羽林亭楼，由是迁为郎。”张晏在引《范蠡兵法》说：“飞石重十二斤，为机发，行二百步。延寿有力，能以手投之。”甘延寿可以把重“十二斤”的石头，投“二百（十）步”远。汉朝一斤当今258克，十二斤等于今之六斤多一点。一步约等汉尺六尺四寸。汉尺一尺，当今0.231米，一步约合今1.40米；二十步等于今28米。这就是说，甘延寿能把重六斤的石头投出28米远。

徒手体操的传说和发展

（一）熊经鸟伸延年益寿

我国古代的徒手体操叫做导引，包含有今人所说的气功。导引的原意是“导气令和，引体令柔”，就是指呼吸结合身体运动的体操，这是我国古代强身除病的一种养生方法。后来道家扩大了导引的概念，将各种的养生方法都称为导引了。

在叙述导引的产生与发展之前，先谈谈我国古代养生思想的演变。因为导引本是从养生的目的出发，从已知的材料看，我国在西周初年开始有了养生观念。殷末遗民箕子所写的《洪范》一书中，提到了五福：“一曰寿，二曰富，三曰攸好德，四曰康宁，五曰考终命。”其中的寿命长、没有祸害和残病、终老在家里，都是和养生有联系的。在西周的颂歌里，已有了“万寿无疆”、“如南山之寿”等颂词。到了春秋末年，在孔子的《论语》中，已经提到了饮食卫生，即不饮过量的酒，不吃腐败的食物，按时作息和饮食等。这就开始有了养生的具体措施。据《说苑》记载，鲁哀公问孔子，“有智者寿乎?”孔子曰：“然”。理由是：智者懂得，如果不按时作息，不节制饮食，不适度劳逸，都会引起疾病而死亡。从这段话中可以知道，古代人已经明白养生是门学问，要懂得养生之道。

我国最早的医书《黄帝内经》，部分篇章撰写于战国时期，书中说：“故圣人不治已病治未病。夫病已成而后药之，譬犹渴而穿井，不亦晚乎!”作为一部医书，不仅提到预防的重要性，而且还提出许多预防的措施：“法于阴阳，和于术数，食饮有节，起居有常，不妄作劳，故能形与神俱而终其天年。”“久视伤血，久卧伤气，久坐伤肉，久立伤骨，久行伤筋。此五久劳所病也。”这说明当时社会对养生科学已经有了相当正确的认识。

在战国时期，人们通过实践还认识到运动是养最好生的方法。《荀子·天论篇》说：“养备而时动，则天不能病。养略而动罕，则天不能使之全。”这里已有了较全面的养生观点。营养完备而又经常活动，就是老天爷也不能使之生病；营养不足而又不经常活动，就是老天爷也不能使之安全。在“死生由命，富贵在天”的天命论流行的年代，没有朴素的唯物主义思想是说不出这种符合科学的道理的。

《吕氏春秋·尽数篇》说：“流水不腐，户枢不蠹，动也。形气亦然。形不动则精不流，精不流则气郁。”天地万物都在运动，人体也需要运动。人体的外部运动能促进人体内部精、气的流动，从而增进健康。正是在这种生命在于运动的思想推动下，战国时期才有了专门研究养生的“导引之士”。他们通过研究和观察，模仿生物活动，创造了熊攀树、鸟伸翅的象形动作，以操练身体，并且有了“乃自强步，日三四里，少益嗜食，和于身”的散步消食健胃法。天津市历史博物馆馆藏的战国时代的《玉现行气铭》中说：“行气，深则蓄，蓄则伸，伸则下，下则定，定则固，固则萌，萌则长，长则退，退则天。天机舂在上，地机舂在下。顺则生，逆则死。”这是我国现存最早的有关导引行气的记载，时间约在两千五百多年前。

（二）《养生论》与五戏禽

1973年，考古工作者在湖南长沙马王堆汉墓中，发掘出一卷丝织画，其中一幅是《导引图》。图中有四十多个导引动作，图侧并有文字说明。这幅图是迄今我国考古发现的时代最早的健身图谱，也是世界上最早的体操图解。它为研究我国独有的“导引”疗法的源流和发展提供了极有价值的资料。据《庄子》记载，战国时的导引动作只有“熊经鸟伸”。而西汉的《导引图》上已有了四十多个动作，说明秦汉之际导引曾有一个大发展。练习导引有益于健康，能够增寿延年。桓谭《新论》记载，汉文帝时有个盲乐师叫窦公的献《乐书》，他是战国时魏文侯的乐师，活了一百八十岁。他的长寿经验就是“臣导引，无所服饵”。导引可以延年益寿，为汉初上层阶级所重视。据《史记·留侯世家》记载，汉初的功臣张良在辅佐刘邦得了天下之后，不贪图富贵，却要与赤松子游，“学导引，辟谷轻身”，把导引当成为长生不老的手段。

事物的发展总是不平衡的，各人的认识也有很大差异。导引虽显示了其延年益寿的作用，但西汉的封建统治阶级所希求的是比长命百岁更进一步的长生不老、永远不死。导引满足不了他们的要求，便盛行起了求神仙、吃仙药的所谓“养生”方法。在马王堆和《导引图》一起出土的还有《法谷食气篇》。西汉初的张良在练导引的同时也“辟谷轻身”。汉武帝刘彻则更有甚之，派方士觅不死之药。他在花了许多钱都无丝毫效果之后，终于觉悟到，“天下岂有神仙，唯节食服药差可少病耳”。节食服药虽可养生，但并不是养生的好办法。东汉时服药养生之风极为盛行。魏晋时流行的五石散就是东汉时发明的。连王充这样的唯物主义学者，也是采取“闭明塞聪，爱精自保，适辅服药引导，庶冀性命可延”的养生方法。到了三国时期，人们又从实践中认识到，运动才是最好的养生方法。魏武帝曹操广召天下学者以研究养生方法。其中著名的学者甘始能“行气导引”，把气功和体操结合起来。他的理论是：“体欲常劳，劳勿使极。食欲常少，少勿使饥。”名医华佗总结了两汉的导引，真正采撷了导引的精华，编制成“五禽戏”。他认为，“人体欲得劳动，动摇则谷气得消，血脉流通，病不得生，譬犹户枢不朽是也。”

三国时期，在广泛研究养生学并总结两汉养生经验的基础上，我国产生了第一部养生学著作，即嵇康的《养生论》。嵇康是曹操的重孙婿，在司马氏已经掌权的时候，他在政治上受到压抑，故把精力花在研究文学、音乐、养生等方面。嵇康的《养生论》提出了养生要注意三个方面，即“服食养身”，注意食物营养；“慎众险于未兆”，节制生活起居以防疾病；“形神相亲，表里俱济”，即既注意身体锻炼，又要保持内心的精神愉快。嵇康的《养生论》开创了我国的养生学，成为唐宋以后研究养生学的基础。

东晋的葛洪，自号抱朴子，是道家金丹派的始祖。他虽然醉心于炼丹服药，成神成仙，但又是个医学家，相信嵇康的“形神相亲”说，他在《抱朴子》书中提出：“神犹君也，血犹臣也，气犹民也”，“呼吸导引，可以延年”。在他的《抱朴子·杂应篇》中记载，“清晨建齿三百过者，永不摇动。

能龙导虎引，则聪不损也。熨以阳光，是明目之道。”这是我国最早的关于按摩功的记载。我国最早的医书《黄帝内经》中虽提到“其病多痞厥寒热，其治宜导引按脐（摩）”，但缺乏具体动作，葛洪第一次用文字记录了“叩齿”、“熨目”等按摩动作，为唐以后按摩功的发展奠定了基础。

（三）八段锦和按摩功

按摩功到了唐代，便成为正规的医疗保健体操。《新唐书·百官志》载，当时在太医署之下有“按摩博士一人，按摩师四人，并从九品下，掌教导引之法。”唐代大医学家孙思邈在所著医书《备急千金要方》中，也记叙了按摩功的疗疾保健作用。他说，天竺按摩法十八势，老子按摩法五十二势。老人一日依法按摩三遍者，补益延年，能食、眼明、轻捷，不复疲乏。孙思邈所说的按摩功，也是包括了徒手体操动作的。现在留传的《逍遥子导引诀》就基本上包括了我国古代的按摩功：“水潮除后患（以舌抵上颚），火起得长安（以意导气），梦失封金匮（按摩肾俞穴），体衰守玉关（静坐凝神），鼓呵消积聚（由胸臆呵出秽气），兜体治伤寒（两手按揉外肾），叩齿牙无疾（上下牙齿叩击），升冠鬓不班（两手指按搓额际），运睛除眼瞖（眼球转动），掩耳去头旋（两手掌掩耳，手指轻敲枕骨），托踏应轻骨（原地踏步或坐式空踏），搓涂自美颜（两手涂搓面部），闭摩通滞气（以手按摩腹部），凝固抱丹田（睡前不胡思乱想），淡食能多补（不吃过份刺激的食物），天心得大还（保持乐观的情绪）。”

随着社会文化科学的发展，宋代研究养生学的人越来越多了，特别是有些文学家，如欧阳修、苏东坡、沈括等，都很重视运动对健身的作用，也都撰写了一些有关养生的著作。南宋诗人陆游的诗篇中曾多次提到他老年实行按摩功：“不动成果卧，微劳学鸟伸”；“呼童按摩罢，依壁欠伸余”；“未害朵颐临俎肉，但妨叩齿诵仙经”。由于陆游年轻时喜爱击剑、打球、骑马、狩猎等活动。老年时又坚持实行按摩功，使他虽老而不衰。他说，“老夫垂八十，岩电尚烂烂，孤灯对细字，坚坐常夜半。”宋代在总结历代实践经验的基础上，有人编成一套八段锦体操。南宋人晁公武《郡斋读书志》中说：“《八段锦》一卷，吐纳导引术也。不题撰人。”八段锦在宋代就有了刊本，但是没有作者的姓名。而明刊本的《八段锦》却有了序言，说是南宋名将岳飞手下的大将牛皋得自神仙的传授，这当然是附会之说。

《八段锦》有文八段和武八段之分，都有口诀传授，简便易行。武八段是：“两手托天理三焦，左右开弓似射雕，调理脾胃须单举，五劳七伤往后瞧，摇头摆尾去心火，背后七颠百病消，攒拳怒目增气力，两手攀足固肾腰。”这一套动作是从上肢开始，依次为腰、腹、背、下肢的全身运动，基本上符合现代科学编制徒手体操的原则。八段锦是我国九百年前的体操。由此可见，古代人们对于祛病延年方面的研究，是有独到的成就的。

（四）太极拳

在文化科学发展的推动下，明清养生学得到更为广泛的发展。《八段锦》虽在宋代就有了刊本，但作者没有写上自己的名字，也没有序言。明清时代有单行本《八段锦》和《易筋经》，明代还有专门辑录养生之道的书，如周履靖的《夷门广牍》、高濂的《遵生八笺》等，都收录了不少我国古代锻炼身体的方法和养生格言。到了清代，有一本书《内功图说》，辑入了“文八段”和“十二段锦”等多种锻炼身体的方法。王祖源在《内功图说》序言中说：“能日行一二次，无不身轻体健，百病皆除。从此翔洽太和，共登寿域，不甚善乎！”这表明当时社会上对身体锻炼有了更深的认识。

明清两代养生学发展最大的成就是创编了太极拳，并开展了太极拳运动。关于太极拳创编的年代，有几种不同的说法，一般人认为是明末清初河南温县陈家沟人陈王廷创编的。《温县志》载陈王廷的《遗词》，其中有这样一段：“到而今，年老残喘，只落得《黄庭》一卷随身伴。闷来时造拳，忙来时耕田，教下些弟子儿孙，成龙成虎任方便。”太极拳取名来源于宋代周敦颐的《太极图说》：“无极而太极。太极动而生阳，静而生阴。一动一静，互为其根。”明代的内家拳主练气，以静为主；外家拳主练力，以动为主。太极拳吸取内外家拳术的精华，刚柔相济，动静结合，“一动一静，互为其根”，所以称之为太极拳。

太极拳创编的目的是：“欲天下豪杰，延年益寿，不图作技艺之末也。”“详推此意终何在，延年益寿不老春。”但拳式的套路动作，还是以击技为主，“佯输诈走谁云败，引诱回冲致胜归。”“任他巨力来打我，牵动四两拨千斤。”在太极拳家的传说中，也流传不少以静制动、战胜强敌的故事。把太极拳进一步改编，去掉其击技成分，使之成为强身保健的拳术，并加以推广传播的，是道光咸丰年间河北省永年县人杨露禅。杨露禅出身贫苦，自幼卖身于陈家沟人陈德瑚家为僮，得从陈长兴学拳。拳艺学成后，到北京以教拳为生。他所教的对象多是王公贵族。他们学拳的目的是养生健身，并不善于纵跳奔腾。于是杨露禅进一步改编太极拳的套路、动作姿势，使其更适合于养生健身的练习，称为杨氏大架。在此之后，河北省永年县人武禹襄、完县人孙禄堂、满族人吴鉴泉，也都根据自身练习的要求改编了太极拳式，遂使太极拳具有多种流派风格，而更加广为流传。

现在太极拳运动已经受到世界各国人民的欢迎。经过养生科学家的分析鉴定，认为太极拳是世界上一种最好的健身运动。它具有锻炼身体的功能，内功和外功结合，使呼吸、意念与运动三者和谐统一，“以意导气，运动四肢，气遍全身”。它的动作和缓而又连绵不断，“行同乎流水，如长江大河滔滔不绝”。运动量可大可小，适合于各种不同年龄、不同体质的人从事锻炼。它既可单练（有太极拳、太极刀、太极剑），又可对练，“人进我退，随势起落”，富有极浓的趣味。

增强体质，促进健康，是体育的一个本质属性。我国在两千五百年前就认识了生命在于运动这个真理，创造了“熊经鸟伸”的健身体操，随着社会文化科学的发展，相继创造了“五禽戏”、“按摩功”、“八段锦”、“太极拳”等丰富多彩的体操形式，极大地锻炼了人民的身体。

杂技与技巧的传说和发展

（一）汉代的角柢百戏与技巧

杂技是一种表演的技艺，其中有许多项目，都需要具有高度的身体技巧，并有一些项目逐步演变发展成为现代体育的竞赛项目，如技巧、举重、单杠等。而杂技中一些高难度的技巧，也为现代竞技体育训练所借鉴。因此，追本溯源，杂技和体育有密切的关系，是体育发展的源头之一，是体育史研究的一个部分。

杂技表演最早见于史料记载的项目是弄丸，就是用双手抛接七至九个丸铃之物的手技。战国时有一个叫熊宜僚的人，擅长弄丸技术。有一次楚国和宋国交战，熊宜僚在阵前表演弄丸，两军士兵都停战观看，把一场干戈化为一次联欢。如果用奥运会的宗旨相比拟，这也是起了和平、友谊的作用的。汉代，以角柢为基础，出现了配有音乐故事情节的武打戏，称为角柢戏。后来，进一步扩充发展，包括了杂技、幻术、歌舞等，称为角柢百戏。据张衡的《西京赋》中记载，角柢百戏中的杂技项目，大概有下列各种：

爬竿。巴渝地方的都卢人身体轻捷，擅长表演这个项目，所以被称为“都卢寻撞”。汉代的爬竿是和顶竿相结合的。山东沂南出土的汉画像石《宴乐图》中，有一个健壮的男子，头上顶一长竿，竿顶有一横木，有三个小儿分别在横木上做俯卧水平、悬垂水平和挂膝悬垂等动作。内蒙古和林格尔汉代壁画《百戏图》中，则有两人在一根横杠的两端表演动作，有点像单杠表演。

走索。走索就是踩绳。有单人表演，也有双人表演，张衡在《西京赋》中说："走索上而相逢"。这就是双人在绳上表演。山东沂南汉画像石《宴乐图》中有三人在绳上表演，两端各有一人故走舞动作，绳中间一人两手握绳倒立。在一根绳上做手倒立，这已是一个高难度的惊险动作了。更为触目惊心的是，在绳子下面的地上，反插了几把锋刃向上的尖刀，跌落下去就要被刺伤甚至有生命的危险。表演者履险如夷，显示了熟练的技巧。

技巧表演包括手倒立、鱼跃钻过刀圈、翻筋斗跳过水盘等。汉画像石中手倒立的图像较多。徐州、南阳汉画像石和四川成都汉画像砖中都有高案手倒立或翻筋头图像。和林格尔壁画《百戏图》中，有一人在高台上倒立，叠了七八张台子。南阳汉画像石《宴乐百戏图》中，一人在矮台上做单手倒立。山东济南出土汉代乐舞杂技陶涌中有三个男倒立陶俑。河南洛阳出土了倒立涌陶奁所有汉代文物中的手倒立姿态都是抬头塌腰，双膝过头，表现了极美的人体造型。汉代的钻刀圈，是用蔑席卷成圆筒，四周插上矛头。从中鱼跃穿过，称为"胸突铦锋"。跳水盘则是置盘水于前，用各种筋头翻过，像是飞燕掠水，所以称为"冲狭燕濯"。汉代的许多种技巧表演，都已具有相当高的难度。

戏车。在奔跑的马车上做爬竿和走索表演，是汉代高难度的杂技表演。张衡在《西京赋》中描写这一惊险的杂技说："侲僮逞材，上下翩翩，突下倒而跟结譬殒绝而复联。"李尤在《平乐观赋》中也说："戏车高幢，连翩九仞，离台上下。"这些记载并非有图像可证。山东沂南的《宴乐图》中，有四匹马拉一辆马车奔驰，车中竖一高竿，竿下悬一大鼓，两人擂鼓。竿上有一方盘，一人在盘上做手倒立。这是单马车上的戏车。河南新野县出土的《戏车汉画像砖》的图像，则是两辆马车相连的双马车的戏车，两辆马车上都竖一高竿，前一辆马车高竿的横竿上，有一人用脚勾住横竿倒挂；在他横伸的两臂上，各有一个小僮在掌中表演。真是技艺高超，惊险绝伦。该图的后一辆马车的高竿上蹲了一个人，手持长绳的一端，和前一辆马车上一人持绳拉成一条斜线。在这两人手拉的长绳中，却有一人步履从容地向上迈进。这些惊险的动作，又都是在奔驰的两辆马车上进行的，这就更增加了难度和惊险。表演这种高难度动作，不仅需要有过人的力量和技巧，也需要有过人的勇敢和沉着精神。

汉代高超的杂技表演，表现了当时社会富于进取的献身精神。惊险的动作就存在一定的危险性。晋成帝咸康七年（公元341年），散骑侍郎顾臻奏曰："杂技而伤人者，皆宜除之。"汉代角柢百戏中的惊险杂技，以后就部分失传了。

(二)技巧的发展与清代的皮条杠子

唐代的爬竿、走索、技巧等杂技表演，在难度上、方式上，都较汉代有所发展。

酒泉十六国墓壁画中，有两人在梯上倒立；敦煌壁画《宋国夫人出行图》的百戏图像中，一个男子顶的长竿就较汉画像石中的竿子长，三人在竿上的表演动作也较复杂。《明皇杂录》上说："明皇御勤政楼，大张乐，罗列百伎。时教坊有王大娘者，戴百尺竿，竿上施木山，状瀛洲方丈，令小儿持绛节出入于其间，歌舞不辍。"这个竿子就更长了，负载也更重了，而且结合了歌舞表演，更为引人入胜。所以，刘晏在诗中说："楼前百戏竞争新，唯有长竿妙入神。"唐代的顶竿在技巧上和表演方法上都有新发展。

唐代的走索也有新的发展，据《全唐文纪事》说："伎者先引长绳两端属地，埋辘轳以系之，辘轳内数丈立柱以起绳直如弦，然后伎女从绳端蹑足而上，往来倏忽之间，望之如仙，有中路相遇侧身而过，有著屐而行之，从容俯仰者；或以画竿接胫，高五六尺；或踏肩踏顶至三四重；既而翻身掷倒至绳，往还曾无蹉跌。"刘言史的《绳伎》诗中也说，"重肩接立三四层，著屐背行仍应节。""翻身掷倒"，就是在三四层重肩之上翻筋斗立于绳上，把技巧和走索结合在一起，已具有相当高的难度，唐代称手倒立为"掷倒案技"，在各种高台上表演。此外，还有双人的手倒立，如《信西古乐图》中有双人的抓肩倒立，这在唐以前是没有过的。还有三人的倒立，在一人头上戴了一副木叉，叉的两端，各有一人倒立。这都是唐代技巧的新发展。

宋代的杂技是宫廷宴会的节目。据《东京梦华录》记：天宁节百官入官上寿，"第三盏酒，左右军百戏入场。百戏乃上竿、跳索、倒立、折腰、弄碗注、筋斗、擎戴之类。艺人或男或女，皆红巾彩服。"这里说的左右军，"乃京师坊市两厢也，非诸军之军。"这些杂技艺人都是市井的演员。据《武林旧亭》记载，南宋临安城著名的杂技艺人有："吴金脚、耍大头、浑身手、李赛强、一块金"等二十多人，在各种表演艺人中，也算是一支不小的队伍。明清的杂技，除动作技巧有所发展外，在项目上也有变化。《明宪宗元宵行乐图》中有鱼跃穿圈。从明代人所绘《三才图会》可以看到，顶竿已改为蹬梯，梯有十三层，"解妇类仰卧，翘双足以承梯，小儿作反腰，歌唱于梯上，不倾欹焉"。清代由手倒立演变而为反腰，"取幼童教之，能令腰曲如弓，反首帖地，口衔地上物，亦名握软腰"。而由爬竿等演化的皮条、杠子，则已经类似现代竞技体操的单杠和吊环了。道光年间刊刻的杨静亭著《都门杂咏》中说，北京城中有用皮条表演的艺人。其描写皮条表演的诗云："三条杠木叉来支，中系皮条手中持，鹞子翻身鸭浮水，软中求硬力难施。"李静山的《增补都门杂咏》中，则提到北京城已有单杠表演，艺人叫田跛子，"跌（跛）腿何曾是废人，练成杠子更通神，寒鸭浮水头朝下，通体功夫在上身。"表演的单杠动作已使人有通神的感觉。据《世界体育史》载，现代器械体操创始于德国的杨氏，他被人称为"德国国民体操之父"。他在1812年创造了单杠、双杠、木马等器械。现代竞技体操的整体是由外国传入中国的，但其中部分项目却是我国固有的，尤其是杂技艺人所创造的高难度动作，以及丰富的练功经验，都成为现在竞技体操训练的宝贵财富。

骑射狩猎的传说和发展

（一）射穿七札

我国古代发明弓箭的时间是很早的，距今二万八千年前的山西朔县峙峪人遗址，已发现有石箭头，表明那时的原始人类已开始使用弓箭了。到了新石器时代，许多遗址都发现有石箭头，表明那时弓箭已普遍地使用了。摩尔根在《古代社会》一书中，把弓箭的发明使用，作为由中级蒙昧社会向高级蒙昧社会开始过渡的一个重要标志。他说："由于有了弓箭，动物便成了日常食物，而打猎也成了普通的劳动部门之一了。"弓箭的使用对于上古社会的进步，起了极大的促进作用。由于弓箭具有强大的杀伤能力，增加了人类征服自然的威力。善射的英雄受到人们的尊敬，并寄托以富有想象的希望，于是产生了"羿射九日"的神话。

羿是一个射箭的能手，射法高明，百发百中。尧的时候，天上出了十个太阳，造成天下大旱，地上的庄稼都枯死了。一些凶禽猛兽也出来危害人民，什么大鹏鸟、大野猪、长蛇以及长齿、九头的怪兽，到处横行。于是唐尧派人请羿来，叫他用强弓利箭射下了天上九个太阳，解除了人间的旱情，又射死了各种危害人民的野兽，使人民得以安居乐业。大家都称赞尧的功德，举尧为天子。羿当了一个部落的首领。这个神话反映了古代人们的心理，弓箭的威力可以战胜一切自然灾害。

古代除"羿射九日"的神话外，还有"逢蒙学射"、"纪昌学射"的传说。

羿的射法出了名，就有许多人来跟他学射，逢蒙是羿门徒中学得最好的一个。逢蒙是个心术不正的小人，他以为除去羿，射箭英雄就数他了，于是一心想把羿除掉。一天，他乘羿打猎回来，躲在树林子里，一连向羿放了十支暗箭。羿躲过了九只，等第十支箭射到喉前时，羿一低头咬住了箭镞，使逢蒙知道羿的本领确实比他高明。据《列子》书上记载：飞卫是个著名的射箭教师，纪昌投到他的门下学射。他先教纪昌练注意力，锥尖刺到眼前也不眨眼。又教他练眼力，能视小如大，视微如著。纪昌很快就掌握了射箭技术。“逢蒙学射”和“纪昌学射”的故事，反映了我国古代很早就有了射箭教师，懂得提高身体素质和掌握技术的关系。这些故事虽说是神话和传说，却有其社会现实基础。西周时有一件铜器“静”，上面的铭文就是记载一个叫静的人，教王和官吏射箭。因为教得认真，王使人铸了一个铜器作为纪念。

到了春秋、战国，射箭运动普遍开展，射箭能手也比较多了，以楚国的养由基“百步穿杨”、“射穿七札”最为出名。据《左传》记载，养由基是楚国的一员小将，在晋楚鄢陵的战役中，他一箭射死晋国的大将，阻止了晋军的进攻，受到楚共王的赏赐。楚军中另一员小将叫潘党，也是一个神射手。他不服养由基的本领，便找养由基比赛射箭。在射圃中立了靶子，站在百步之外，两人各射了十支箭，都是箭箭中的，分不出输赢。有人想出了个主意，在靶场边的杨树上，染红了一片叶子，两人都射这片叶子。结果，潘党没射中，养由基却一箭射中杨叶，潘党又提出第二项比赛，射胸甲。潘党叠了五层甲，一箭洞穿。养由基又增加了两层，射穿了七层胸甲。百步穿杨需要射箭的准确性，既要有足够的力量，又要有精良的器械。养由基射穿七札的箭法，不但显示了春秋时代射箭技术的进步，同时也反映了当时社会生产力的提高。

射箭是军事作战的重要技能，为历代军事家所重视。《汉书·艺文志》记载了各种射法二十三篇，唐以后记载射法的书更多。历代以射法闻名的高手，更是层出不穷。如汉朝的李广“射石没羽”，北齐的斛律光“射落大雕”，北周的长孙晟“一箭双雕”，唐朝的薛仁贵“三箭定天山”，宋代的岳飞可以“左右手射”等等。这些英雄射手，是在广大人民群众中广泛开展射箭运动中产生的。北宋有“弓箭社”的组织，“忙则农耕，闲则射猎”。都说明射箭在我国有广泛的群众基础。

（二）造父学御

在奴隶制社会中，射和御是联系在一起的，因为那时的打仗是用战车，在四马拉的战车上有三个甲士，中间的是驭手，左面的是弓箭手，右面的是戈矛手。甲士多是由奴隶主担任，所以在奴隶主的教育中就规定，有礼、乐、射、御、书、数六艺。御和射都是奴隶主必修的教育课程。

驭车是一项很复杂的技术，既要灵敏和机智，又要有相当大的臂腕力量，才能使六辔在手，指挥如意。据《穆天子传》记载，西周时驭车技术最高的是造父，他是周穆王的车夫。周穆王是一个喜欢游历的君王，他坐着一辆八匹骏马拉的车子，由造父驾驭，周游了天下的名山大川。

造父能成为一个有名的驭手，是经过名师泰豆氏的指点，并经过勤学苦练得来的。《列子》书上说，泰豆氏是一位有名的驾驭教师，造父不远千里来投泰豆氏门下学御，但泰豆氏并未教他如何驯马，如何赶车，却教他在梅花桩之间穿来穿去。梅花桩之间仅可容身，稍一不慎就碰得皮破脸肿。造父坚持按照师父的指点去做，经过勤学苦练，终于可以在木桩之间自由来往了。泰豆氏看了造父的进步，很为他高兴，他告诉造父说，赶车子就是要心手合一，眼睛不看马却能知道马奔驰的情形；手里握着六根辔头，心里想到哪里，手中的辔头就按心里想的指挥，这叫得心应手，只有这样，才能成为一个好驭手。

据《韩非子》记载，王子期是战国初年著名的驭手教师。赵襄子请他教驭车，学了一年，赵襄子自以为把王子期的驭车本领都学会了，便选了上好的马和车与王子期比赛，结果却是王子期赢了。赵襄子以为车夫套错了马，便和王子期换了车马再次比赛，结果还是王子期赢了。于是赵襄子勃然大怒，责备王子期不该把驭车技术留一手。王子期答道："驭车技术，臣已经毫无保留地教给君主了，只是在运用上君不如臣罢了。"还说，车的速度是靠马来驾驶的，驭手要善于使马尽其力，君王不照顾马力，一心按照自己的意志争先奔驰，所以失败了。

赵襄子和王子期赛车的故事，说明了战国时期社会上已有了赛车活动。战国初年，车战战术废弃了，驭车便由战斗的技能演变为社会的娱乐活动。这种活动不仅在赵国贵族中极为盛行，在齐国也是这样，而且还伴随着赌博，一次下千金的赌注。

齐国的大将田忌经常输给齐王。后来他用了孙膑的计谋，即"以君之下驷与彼上驷，取君上驷与彼中驷，取君中驷与彼下驷"的优选法。田忌用下等马同齐王的上等马赛，输了；用上等马与齐王的中等马赛，赢了；用中等马与齐王下等马赛，又赢了。结果以二比一赢了齐王千金。

随着战车的军事价值的降低和骑马的方便，驭车逐步在社会上消失了。

（三）帝王的狩猎

在战国之前，狩猎是军事大典，是练兵的综合演习，《史记·魏公子列传》记载了这样一个故事，赵国在边境上集结了大批的军队。魏王以为是赵军要进攻魏国，便要调兵遣将以为防备。魏公子无忌的情报灵通，得知是赵王狩猎，这才免去了一场惊慌。一个诸侯王的狩猎就和打仗一样，说明了其规模之大，随着军事战术的变化，狩猎不再作为阅军的大典，而变成为帝王的娱乐。汉武帝刘彻是最喜欢狩猎的，“以驰逐野兽为乐”。他的文臣枚乘在《七发》中描述狩猎娱乐的情景说：在风和日暖的春天，乘着轻快的马车，带着华丽的弓箭，白刃闪光，旌旗蔽日。奔驰在山林草原之间，战马嘶鸣，飞箭如雨，武士拿着刀剑奔走呐喊。连最凶猛的禽兽见了，也为之心惊肉颤，经过一番追逐鏖战，猎获物把后车装满。日暮天黑，山林深处举行盛大的庆宴，篝火烧烤的野味喷香，大碗的美酒斟满，歌舞欢乐之后是沉醉的酣眠。

以狩猎为乐，在唐代皇族之中最为盛行，唐高祖李渊统一天下之后，每年都要举行一二次大的狩猎。唐太宗李世民在狩猎中亲手刺死“犯驾”的野猪，称为“天策上将击贼”。李世民的弟弟齐王元吉宣称：“我宁三日不食，不可一日不猎。”唐玄宗要在禾苗盛长的夏季出猎，府司马卧在他的马前进谏：“今农在田，陛下何得非时以损下人！”唐敬宗夜猎回来肆虐下人，为打球将所杀。1971 年陕西省发掘唐章怀太子李贤墓，发现墓道壁画中有一幅《狩猎出行图》。整个画面有四五十骑，旗帜招展，骏马奔腾，显示了唐代贵族狩猎场面的壮观。

清王室起于我国北方的长白山麓，世以狩猎作为练武和谋生的手段，“无辐耕猎，有亭征调”。后来，为了防止八旗军贪图安逸，荒废骑射，清王室恢复了古代狩猎阅军制度。不过这时不是用的射驭，而是骑射。特别是康熙、乾隆两朝，更为重视狩猎，每年都要进行一至二次大的狩猎活动。据《东华录》记载，康熙二十二年开辟了热河木兰围场，把木兰秋狝定作一项大典，集蒙古各部在木兰围猎并进行塞宴，康熙曾告诉他的臣下说：“有人谓朕塞外行围，劳苦军士，不知承平日久，岂可遂忘武备！军旅数兴，师武臣力，克底有功，此皆勤于训练之故也。”康熙把几次平定叛乱的功绩，归功于围猎训练之勤，这说明他本人确是从练武出发进行狩猎的。康熙晚年曾对他的近臣说：“朕自幼至老，凡用鸟枪、弓矢获虎一百三十五只，熊二十、豹二十五、猞猁狲十、麋鹿十四、狼九十六、野猪一百三十二，哨获之鹿凡数百，其余射获诸兽，不胜计矣。”乾隆时还能保持“皆因田猎以讲武事”，其后的几个帝王便把木兰围场作为避暑娱乐之地了。咸丰竟借木兰秋狝之名，逃离京城，放弃对英法联军的抵抗，这与木兰秋狝的本意更背道而驰。

（四）文人的骑射

我国古代，自战国时赵武灵王胡服骑射开始建立骑兵以后，骑射代替了车射，成为作战的重要技能。在秦始皇陵的大规模兵马俑中，骑士俑占了很大的部分。汉画像石的图像中有马术表演，说明了当时骑马技术已十分熟练。李广因能在两马之间腾越乘骑，被誉为“飞将军”。嘉峪关北魏画像砖，敦煌石窟壁画，西安出土的唐狩猎纹铜镜，唐李贤墓壁画《狩猎出行图》，新疆出土的唐骑射纹印花绢，都有骑射的图像。自唐代开设武举之科，把骑射作为考试内容之后，历代的武举科目都重视骑射，辽、金、元朝贵族起于游牧为生的民族，“世以骑射相传”，清王室的八旗兵是“以弓马定天下”。故宫博物院藏辽陈及之绘《便桥会盟图》，广东省博物馆藏明张穆绘《郊猎图卷》，清代宫廷画家郎世宁绘《射猎图》和《马术图》，都反映了明、清王朝对骑射的重视。骑射在我国各民族中都有悠久的传统，甚至在我国汉、唐、宋各代文人中也不乏骑射的能手。

三曹是建安文学的领袖，曹操和曹丕都精于骑射。据《魏略》记载：曹操“才力过人，手射飞鸟，躬擒猛兽，尝于南皮一日射雉获六十三头。”曹丕在《典论·自叙》中说：“余六岁知射，八岁而能骑射矣。建安十年，与族兄子丹猎于邺西，终日手获獐鹿九，雉兔三十……此实难能。”曹植在《名都篇》中说：“揽弓捷鸣镝，长驱上南山，左挽因右发，一纵两禽连。”这虽不一定是写他自己，但他一定会骑射，不然也不会有如此细致的描述。

李白是唐代的浪漫大诗人。他在《赠宣城宇文太守兼呈崔侍御》一诗中，自诩是“一射两虎穿，转背落双鸢。”虽不无夸张，但善于骑射应是事实。郭沫若在《李白与杜甫》一书中说：“他（李白）喜欢骑马射箭、击剑、蹴球，喜欢打猎。”

杜甫是唐代的诗圣，虽然醉心于“语不惊人死不休”，但并不是书呆子。他青年时期也是一个骑射的能手，曾和他的好朋友苏源明“春歌丛台上，冬猎青丘旁。呼鹰皂枥林，逐兽云雪冈。”杜甫在打猎中“射飞曾纵革空，引臂落鹙鸧”。一箭射下了飞鸟，不经过长期练习是没有这样好的箭法的。

苏东坡是北宋的大文学家，他的文、词、书法都自成一家，也善于骑射。他在《密州出猎》一词中说：“老夫聊发少年狂，左牵黄，右擎苍，锦帽貂裘，千骑卷平冈。会挽雕弓如满月，西北望，射天狼。”

南宋爱国词人辛弃疾，二十三岁时，“率精骑五十，突袭金营，勇擒叛将张安国！疾驰南渡，献俘行在。”晚年他在回忆自己这段经历时，写下了《鹧鸪天》一词。词曰：“壮岁族旗拥万夫，锦檐突骑渡江初。燕兵夜女足银胡鞘，汉箭朝飞金仆姑。”

陆游也是南宋的爱国诗人。他一生写了上万首诗词，也喜爱打球、击剑，还精于骑射。他有不少描述骑射狩猎的诗，如“壮年一箭落双雕”；“去年射虎南山秋，夜归急雪满貂裘”；“霜无饮酒骑马出，驰猎蹴踢川原秋”；“南山射虎浸豪雄，投老还乡一秃翁”。这些诗句，说明他是善于骑射的。明清以后，文人喜爱体育活动的人少了，能精于骑射的人更寥寥无几了。

游泳和滑冰的传说和发展

（一）弄潮儿和水秋千

游泳是人类向大自然作斗争并获取生活资料的一种技能。在原始社会的渔猎时代，人类就已经掌握了游泳技能。我国古代最早的诗歌集《诗经》上就有描述游泳的诗句：“就其深矣，方之舟之。就其浅矣，泳之游之。”春秋战国时期，留下的许多史料，都提到了游泳。如《庄子》：“夫水行不避蛟龙者，渔夫之勇也。”《列子》载：“孔子观于吕梁，悬水三十仞，流沫三十里，鼋鼍鱼鳖之所不能游也，见一丈夫游之。”“白公问曰：‘若以石投水何如?’孔子曰：‘吴之善泅者能取之’”。《晏子春秋》还记载，齐国的勇士古冶子，“潜行，逆流百步，顺流九里，得鼋而杀之”。这些史料都说明，在春秋战国时期，民间劳动人民已有很高超的游泳技术，可以渡过鱼鳖不能游的急流，可以潜入水底取石，可以杀死水中的鼋鼍。

现藏故宫博物院战国时期的一只铜壶，壶上纹饰《宴乐渔猎攻战图》中有人鱼共游。人的游泳姿势协调自然，类似现在的自由泳姿势。西汉人刘安所辑《淮南子》一书中说，游泳是“以足蹶，以手柢”。蹶就是用脚打水，柢就是用手划水。说明当时的游泳已经注意了手脚配合。《晋书·周处传》记载：“(周) 处入水中，经三日夜，杀蛟而还。”这说明晋朝时候已经有人可以在水中长时间地游泳了。

宋代文学家苏轼，写了一篇《日喻》，提出了人类的许多知识本领都来源于实践。他说：“南方多没人，日与水居之，七岁而能涉，十岁而能浮，十五岁而能没矣。日与水居，则十五而得其道，生不识水，则强壮见舟而畏之。”苏轼用浅显的道理说明了，宋代的没人是居住在近水环境中，逐步适应水性而掌握了游泳技术的。

唐代的诗人李益，写了一首著名的五言诗：“嫁与瞿塘贾，朝朝误妾期。早知潮有汛，嫁与弄潮儿。”一个寂寞的商人弃妇，愿意嫁给在江海大潮中游泳的好手，这说明，在唐代社会上已经有了弄潮活动，而且人们对弄潮的游泳好手怀有敬佩的心情。隋唐时弄潮活动的情况，史料上记载较少，在敦煌莫高窟壁画中，有隋代和北魏所绘游泳的图像。这些图像，虽说是描述佛教内容的传说故事，而不是写实画，但就图像中有关游泳的形象，却是这时的画家们在现实生活中所见所闻的创作，有一定的现实意义。而宋代写钱塘江弄潮的诗文就较多了，而且描述颇详。吴自牧《武林旧事》：“浙江之潮，天下之伟观也。自既望以至十八日为最盛。方其远出侮门。仅如银线；既而渐近，则玉城雪岭，际天而来，大声如雷霆，震撼激射，吞天沃日，势极雄豪。”在这“际天而来”，“吞天沃日”的潮水中，“吴儿善泅者数百，皆披发文身，手持十幅大彩旗，争先鼓勇，溯迎而上，出没于鲸波万仞之中，腾身百变，而旗尾略不沾湿。”这种高超的游泳技术，勇敢无畏的精神，确实值得钦佩。宋代的一些文人在看了弄潮表演之后，也为之触目惊心，许多年之后回忆起来还有余悸。“吴儿不怕蛟龙怒，风波平步，看红旗惊飞，跳鱼直上，蹴踏浪花舞。”这是南宋词人辛弃疾的观潮感受。“长忆观潮，满廓人争江上望，来疑沧海尽成空，万面鼓声中。弄潮儿向涛头立，手把红旗旗不湿，别来几回梦中看，梦觉心尚寒。”这是北宋词人潘阆观潮后留下的深刻印象。

钱塘江弄潮活动在宋代是高潮，明清时期，关于弄潮的记载不多，但在西藏地区扎什伦布寺壁画中却有游泳图像。在南宋人写的《武林旧事》、《梦粱录》中还记载了弄潮好手的名字和他们的表演情况：“市井弄水人有如僧儿、留住等百余人，皆手持十幅彩旗，踏浪争雄，直至海门迎潮。”在游泳史的英雄榜上，应该写上僧儿、留住的姓名。

在北宋，皇家每年还举行游泳比赛。据《宋史·礼志》记载，皇帝在金明池检阅水军的时候，“掷银瓯于波间，令人泅波取之。”去取银瓯的当然不会是一个人，而是若干人争取，这自然就是游泳比赛了。

踏混木、水傀儡、水百戏等，也是宋代的水上运动。北宋汴京城和南宋临安城，都有专门从事这种表演的艺人。踏混木究竟是怎样的活动，还需进一步研究。有人说是类似现在的冲板运动，在水中“踏木而行”。孟元老写的《东京梦华录》中说：水傀儡是在船上表演的杂技，“近殿水中，横列四彩舟，上有诸军百戏，继有木偶、筑球、舞旋之类，亦各念致语唱和作乐而已，谓之水傀儡。”水百戏就是“水秋千”。关于水秋千，该书中也有记载：“又有两画船，上立秋千，船尾百戏人上竿，左右军院虞侯监教鼓笛相和，又一人上蹴秋千，将架（荡）平，筋斗掷身入水，谓之水秋千。”这种水秋千类似现在的跳水，但不是用跳板，而是用秋千板。在船头设秋千架，将秋千荡高到与架平，翻筋斗入水。这种水秋千跳水比跳板跳水的难度更大，因为秋千荡平只是一瞬间的事情，如果没有适时跳离，它就会往回荡，再脱手跳离就很危险了。这种高超的跳水表演，每年只有一次。它和龙舟竞赛在同一天进行。每逢这天，连皇宫中的宫女都登楼上阁，撩开门窗上的珠帘，尽情观赏。宋人王珪有一首《宫词》，就是专门描写这一情景的：“内人稀见水秋千，争擘珠帘帐殿前，第一锦标谁夺得，右军输却小龙船。”

（二）往来冰上走如风

我国北方的少数民族，生活在寒冷地区，很早就开展了滑雪、滑冰活动。《隋书》载：“北室韦，气候寒冷，地多积雪，惧陷坑井，骑木而行。”《新唐书》载：“拔野古，产良马，俗嗜猎射，乘木逐鹿冰上。”又载：“黠戛斯，地当北白山之旁，俗乘木马驰冰上，以板藉足，屈木支腋，蹴辄百步。”这里说的骑木、乘木、乘木马，都是指的滑雪。

清王室祖先世居长白山，狩猎是他们生活来源的一部分，所以他们不仅长于骑射，而且也长于滑雪滑冰，并用之于战斗。清太祖努尔哈赤的大将费古烈，曾靠滑冰“日夜行七百里”，战胜敌军。清王室入主中原以后，还保持了以滑冰作为训练部队内容的习惯，每年在太液池进行一次滑冰检阅。据《日下旧闻考》记载：“太液池冬月表演冰嬉，习劳行赏，以阅武事，而修国俗。”乾隆帝爱新觉罗弘历的《冰嬉诗》也说，“冰嬉仍寓诘戎行”。这都是说清王室曾经以滑冰作为军事训练项目之一，太液池的冰嬉就是保持了这种训练制度。但是山海关以内的天气，并不太寒冷，作战也用不着滑冰，所以清王室一年一度的太液池冰嬉，实际上已经成为一种娱乐活动了。现藏故宫博物院的乾隆时画苑画师张为邦、姚文瀚、福隆安等合绘的《冰嬉图》，是一幅极为珍贵的文物，其主要画面所显示的是花样滑冰和冰上杂技。花样滑冰的动作有大蝎子、金鸡独立、哪吒探海、双飞燕等，杂技滑冰有射箭、爬竿、翻杠子、飞叉、耍刀、使棒、弄幡等，并在竿上、杠上、肩上、臂上表演倒立或扯旗等动作。

清代的冰嬉仅限于王室的嫡系部队八旗兵。清《文献通考》载："冰嬉，每年十月，咨八旗及前锋统领、护军统领等处，每旗照定数各挑选善走冰者二百名，内务府预备冰鞋、行头等项。至冬至后，皇帝到瀛台等处，看表演冰戏，按八旗各色依次走冰。"每旗选二百名代表，加上前锋及护军统领，共是二千名人员，这场面是相当热烈的。清代的滑冰已开始用冰鞋，并有单刀、双刀之分。富察敦崇《燕京岁时记》中说："国俗有冰嬉者，牢鞋用韦，底合双齿使啮凌而不踣焉，或践铁如刀使践冰而步逾疾焉。"双齿的冰刀取其稳固，单齿的冰刀取其速度快。花样滑冰及杂技滑冰，是按动作难度、技术熟练程度来评等奖励的。表演毕，头等三名赏银十两，二等三名赏银八两，三等三名赏银六两，其余兵丁各赏银四两。

除花样滑冰外，还举行速度滑冰，据潘荣陛《帝京岁时纪胜》载："太液池之五龙亭前，中海之水云榆前，寒冬冰冻。冰上滑擦者所著之履皆有铁齿，流行冰上如星驶电掣，争先夺标取胜，名曰溜冰。"速度滑冰争标的办法是："二三里外树大纛，众兵成列。驾即御冰床鸣一炮，树大纛，处亦鸣一炮应之，于是众兵驰而至，御前侍卫立冰上，抢等者驰近御座，至有先后，分头等、二等，赏各有差。"

清代还创造了冰上足球，是滑冰和蹋球相结合的一种运动。据潘荣陛《帝京岁时纪胜》记载："冰上作蹴鞠之戏，每队数十人，分位而立之，以革为球，掷于空中，俟其将坠，群起而争之，以得者为胜。或此队之人将得，则彼队之人蹴之令远，欢腾驰逐，以便捷勇敢为能。"这种冰上足球，没有什么规则方法，只是以"得者为胜"，所以不能引起人的兴趣，没有得到广泛的开展。

清代还有一种"打滑挞"活动，它是由高向下滑冰的活动。"禁中冬月打滑挞，先汲水冰山，高三四丈，莹滑无比，使勇健者著带猪皮履，其滑更甚，从顶上一直挺立而下，以到地不仆者为胜。"这种活动亦只见于宫廷的记载，没有得到广泛的开展。

滑冰运动简单易行，在民间得到了发展。宝竹坡的《偶斋诗草》载："朔风卷地河水冻，新冰一片如砥平，何人冒寒作冰戏……年结队嬉郊滩!"这说明城郊滑冰的人很喜欢这项活动，年年结队而来。在《北京竹枝词》中，有一首描写初学滑冰摔倒的诗："往来冰上走如风，鞋底钢条制造工，跌倒人前成一笑，头南脚北手西东。"语虽嘲谑，但反映了人们学习滑冰的热情。

民间体育的传说和发展

（一）拔河兆丰年

拔河，古代也叫牵钩或拖钩。据《隋书·地理志》记载，这种活动起源于春秋时期。楚国和吴国对抗，两国都是在水网地区用战船作战。楚将模仿水运拖船的背纤动作：用一条大篾缆，上系数百个小索，相向对挽，以练气力，所以叫做牵钩。这种游戏流传下来，在南郡（今湖南省境内）、襄阳（今湖北省境内）两郡最为盛行。到了隋唐时期，便由大篾缆改用大麻绳。封演所著《封氏闻见记》中说："拔河古用篾缆，今则以大麻绳，长四五十丈，两头分系小索数百挂于胸前，分二朋两相齐挽。当大绳之中，立大旗为界，震鼓叫噪，使相牵引，以却者为赢。"湖南湖北盛行这种活动，是因为"俗传以此厌胜，用致丰穰。"（《隋书·地理志》）用以祈求丰年，实际上这也是农闲时的一种娱乐活动。拔河比赛的规模比较大，每次都有几百人参加，加上几千名观众，擂鼓呐喊助威，"群噪歌谣，震惊远近"。统治阶级对人民的这种活动深以为虑，恐由此酿成祸乱。南朝梁简文帝萧纲就曾下令禁止过。但由于人民喜欢这种活动，朝廷命令是禁止不了的，拔河活动在民间依旧十分盛行。

到了唐代，拔河活动由民间传入长安城，也传入宫廷之中。据《封氏闻见记》记载，唐玄宗李隆基在长安城曾组织了一次有一千多人参加的拔河比赛，"喧呼动地"，不仅使长安城的市民看了为之震惊，就是当时在长安城的"外国客"见了，也"莫不震骇"。唐玄宗自己写诗叙述这次拔河比赛的盛况是："壮徒恒贾勇，拔拒抵长河。欲练英雄志，须明胜负多。噪齐山岌嶪，气作水腾波。预期年岁稔，先此乐时和。"唐玄宗的大臣张说也作诗奉和："今岁好拖钩，横街敞御楼。长绳系日住，贯索挽河流。斗力频催鼓，争都更上筹。看来百种戏，天意在宜秋。"这两首诗对当时拔河比赛的气势作了很好的描写，并指明举行这种大规模的拔河比赛是为了祈求丰岁。但实际上在唐代首都举行有一千多人参加的气壮山河的比赛，是具有极大的政治意义的。唐玄宗的文臣薛胜在《拔河赋》中透露了唐玄宗的真实意图："皇帝大夸胡人，以八方平泰，百戏繁会，令壮士千人分为两队，名日拔河于内，实耀武于外。"体育比赛的气势自古以来就是显示国力盛衰的一种方式。

唐代的民间拔河，多是男子参加，而唐中宗李显在皇宫中组织的拔河比赛，却让宫女参加。《资治通鉴》载：景龙三年（709），李显让几百名宫女在玄武门外拔河。赛完之后，又让她们去游宫市，结果几百名宫女都乘机逃跑了。

唐中宗李显是一个喜欢看体育表演的皇帝，他组织过吐蕃马球队与唐贵族马球队的比赛，又组织过宫女拔河比赛，还组织了贵族的拔河比赛。《封氏闻见记》上说：在景龙二年的清明节，唐中宗正在宫内梨园亭子球场看宫女们拔河，朝中的大臣进宫来贺节。唐中宗看拔河正在兴头上，便说："你们来得正好，也来比赛一场，预祝今岁丰收。"大臣们当然不好推辞。韦皇后当场指定：中书、门下省的三位大臣和五位将军是一队，尚书省七位大臣和两位驸马为一队。中书令萧元忠见自己这一队不但是少了一人，而且老头子也多，便跪下启奏道："小臣这一队，力量差得很呢！"安乐公主是唐中宗的爱女，她的驸马武延秀也参加了比赛。她当然是护着丈夫这一边，便插嘴说："你们这边有五个将军，都是练过武的，力气大着哩！"唐中宗连忙点头说："人虽少一个，力量并不弱。"萧元忠无奈，只好遵旨比赛。大臣们都脱去了长衣，系紧腰带，来到场子中间。太监们早已摆好了绳子、旗鼓，宫女和太监分成两队呐喊助威。一声鼓响，两边齐力拉绳。开始时双方还坚持了一会，怎奈武延秀这一队多了一个人，又都年轻，一声吆喝，一下子把绳子拉过去三四尺，几个将军随着绳子向前踉跄了几步。唐休、韦巨源都是六十开外的人了，手脚很不灵活，随着绳子向前一下子仆倒在地，好一会儿爬不起来。唐中宗、韦皇后和宫女们看了都哈哈大笑，安乐公主笑得眼泪都流出来了。

唐以后，拔河活动在民间广泛开展，但像唐朝这样大规模的并有朝臣参加的比赛，却很少见于史料记载了。

（二）绿杨深处系秋千

关于秋千的起源，古代有两种不同的传说。高承《事物纪原》载：秋千本是北方少数民族"山戎之戏"。因为他们"爱习轻之态，每至寒食为之。自齐桓公北伐山戎，此戏始传入中国"。高无际《秋千赋》载："秋千者，千秋也。汉武帝祈千秋之寿，故后宫多秋千之戏。"从上述两种传说可知，秋千起源于少数民族，春秋时期传入中原地区，到了汉代进入宫廷之中。直到现在，秋千仍盛行于北方少数民族地区，是少数民族运动会中的竞技项目之一。

秋千的活动形式有好几种：一种是荡秋千，即"植木为架，上系两绳，下拴横板，人立于板上"，作钟摆式的摆动。一种是纺车秋千，即"植两柱于地，柱端各开一孔以客横木，横木左右端各凿交错之孔，贯四木于孔，令呈辐射状，垂绳于下，以架坐板。”游戏时坐四人，先由他人助之转动，然后利用惯性反复起落，如纺车之转动。还有一种磨秋千，即“中立一往，其顶有轴，上系四绳，绳末各有一环”。四人各抓一个环子，绕住旋转以为戏。另有一种是磨担秋千，有点类似跷跷板的旋转游戏，即“竖长柱，设横木，左右各坐一人，以互落互起为戏”。

我国古代的中原地区大都是荡秋千。南北朝时宗懔著《荆楚岁时记》中说：“春时，悬长绳于高木，士女衣彩服坐于其上而推引之，名曰打秋千。”到了唐代，荡秋千是寒食节的活动内容之一，在民间和宫廷都开展得较为广泛。王维有《寒食城东即事》诗：“蹴鞠屡过飞鸟上，秋千竟出垂杨里。”杜甫《清明》诗：“十年蹴鞠将雏远，万里秋千习俗同?”王建《秋千词》：“长长丝绳紫复碧，袅袅横枝高百尺，少年儿女重秋千，双手向空如鸟翼。”这些诗句说明了唐代的荡秋千活动流传地区很广，并受到少年儿女的喜爱。唐朝宫中也盛行荡秋千游戏，并有了一个美妙的雅号“半仙之戏”。《开元天宝遗事》中说：“天宝，宫中至寒食节，竞竖秋千，令宫嫔荡之，呼为半仙之戏，都下士民因而呼之。”

宋代的荡秋千活动仍是妇女在寒食节的游戏。宋人诗词中对此描写甚多。欧阳修有一首《越溪春》：“三月十三日寒食，春色遍天涯。越溪阆苑繁华地，傍禁垣珠翠烟霞，红粉墙头，秋千影里，临水人家。”陆游的诗中也说：“路入梁州似掌平，秋千蹴鞠趁清明”；“蹴鞠墙东一市哗，秋千楼外两旗斜”。《东京梦华录》载：汴京城的清明节，“举目则秋千巧笑”。这些说明荡秋千活动在宋代民间开展得很广泛。

明代的妇女也很喜爱荡秋千活动。王圻编的《三才图会》中就有妇女荡秋千图。被称为明代社会百科全书的小说《金瓶梅》中有一段描写妇女荡秋千的情景：“话说灯节已过，又早清阴将至。吴月娘在花园中扎了一架秋千，率众姊妹游戏以消春困。先由月娘与孟玉楼打了一回，下来教李瓶儿与潘金莲打，然后玉萧和蕙莲两个打立秋千。这蕙莲手挽丝绳，身子站的直屡屡的，脚踩定下边画板，也不用人推送，那秋千飞起在半天云里，然后忽地飞将下来，端的好像飞仙一般，甚可人爱。月娘看见，对玉楼、李瓶儿说：‘你看媳妇子，她倒会打。’”《金瓶梅》的作者描写的人物个性十分准确。当仆妇的蕙莲，由于经常参加劳动，荡秋千的动作就比那些“太太”、“小姐”们高明。

清代李声振所写的《百戏竹枝词》中，有一首《秋千架》：“半仙之戏，无处无之。仕女春图，此为第一。近有二女对舞者。日影垂杨舞半仙，御凤图画两婵娟；飘红曳绿浑闲亭，蹴损湘钩剧可怜。”潘荣陛《帝京岁时纪胜》中载：“每于新正元旦至十六日，宝马香车游士女，白塔寺打秋千者，不一而足。”从古到今，荡秋千一直是妇女喜爱的活动。

（三）杨柳儿死，踢毽子

毽子在古籍中也写做键子、箭子。踢毽子源出于足球。

宋代高承著《事物纪原》中说：“今时小儿以铅锡为钱，装以鸡羽，呼为箭子。三五成群走踢，有里外廉、耸膝、突肚、佛顶珠、剪刀、拐子名称，亦蹴鞠之遗意也。”踢毬子的许多花样动作，正是由自打场户的足球踢法演变而来。所谓里外廉、拖枪、耸膝、突肚等动作，在我国古代的自打场户足球踢法中都有，并由这些动作交错组成“套数家门，凡百十种”。

我国最早记载有踢毽子活动的书是唐代释道宣所写的《高僧传》。该书载：“沙门慧光年方十二，在天街井栏上反踢蹀，一连五百，众人喧竞，异而观之。佛陀因见怪曰：‘此小儿世戏有工。’”站在井栏之上能连续踢五百个键子，足见其技术的熟练。而佛陀称踢毽子为“世戏”，可见在隋唐时期，踢毽子已是社会上较为普遍的一项体育活动了。

宋代的踢毽子活动得到更进一步的发展。《事物纪原》说：“今时小儿，三五成群走踢。”《武林旧亭》载：临安城小经纪的手工业中，有“毽子、象棋、弹弓”等作坊；“每一事率数十人，各专籍以为衣食之地。”由此可见当时买毽子的人不少，也可以想到踢毽子活动的普遍。

踢毽子，运动量由自已掌握，可大可小，所以男女老少均可以参加。高承说宋代的小儿喜欢踢毽子。清代李声振在《百戏竹校词》中更描写妇女踢毽子的乐趣：“缚雉毛钱眼上，数人更翻踢之，名日‘撵花’，幼女之戏也。踢时则脱裙裳以为便。青泉万选雉朝飞，闲蹴鸾趁短衣：忘却玉弓相笑倦，撵花日夕未曾归”清初词人陈维菘咏妇女踢毽子：“盈盈态，讶妙逾蹴鞠，巧甚弹棋。”作为妇女闺中消闲的体育活动，踢毽子确实比踢球、下弹棋更为合适。皇宫中的宫女们也极好踢毽子，光绪帝的瑾妃就是一个踢毽子的能手。

我国许多民间体育活动，都具有季节性的特点，踢毽子一般是在冬季进行的。明代刘侗《帝京景物略》记北京儿童季节性活动的民谣有：“杨柳儿活，抽陀螺；杨柳儿青，放空钟；杨柳儿死，踢毽子。”说明在杨柳树落尽叶子的时候，气温最适宜于踢毽子活动。这在我国南北地区都是相同的。清屈大均《广东新语》载，广州每逢元宵节，“昼则踢毽五仙观。毽有大小，其踢大毽者市井人，踢小毽者豪贵子。”

屈大均说的“市井人”，就是靠表演踢毽子为生的艺人。这种踢毽子的艺人在清代的北京城中也有。潘荣陛《帝京岁时纪胜》载：“都门有专艺踢毽子者，手舞足蹈，不少停息，若首若面，若背若胸，团转相击，随其高下，动合机宜，不致坠落，亦博戏中之绝技矣。”用全身各处触击毽子，“动台机宜，不致坠落”，表现了很高的控制毽子能力。踢毽子表演不仅有单人的，还有双人的合作表演。清代无名氏《燕台口号一百首》记：“琉璃厂有踢毽子者，两人互接不坠。”其表演的动作是，“内外拖枪佛顶珠，一身环绕两人俱”。普及和提高是体育开展的两条腿，从表演艺人的高超技艺，也可推知踢毽子活动在我国民间开展得也是很广泛的。

（四）龙舟竞渡夺锦标

我国古代关于龙舟的起源，有一个美好的传说，即是为了拯救爱国诗人屈原。南朝宗懔《荆楚岁时记》载：“五月五日竞渡，俗谓是屈原死汨罗日，伤其死所，故命舟楫以拯之。”《隋书·地理志》也说：“屈原以五月望日赴汨罗。土人追至洞庭，不见。湖大船小，莫得济者，乃歌曰：‘何由得渡？’因而鼓棹争归，竞会亭上，习以传统，为竞渡之戏。”无论是“拯溺看”的船，还是“争归”的船，都用不着像龙舟竞渡时那样击鼓，也用不着改装船头和船身。按“拯屈”之说起于楚地。而据《曹娥碑》记载，东吴一带的竞渡是纪念含冤而死的伍子胥。贵州人民传说五月竞渡则是纪念一个杀死青龙的老人。云南傣族人民传说竞渡龙舟，又是纪念前代英雄岩红窝。凡此种种传说，都给龙舟竞渡增添了浪漫的色彩。

实际上龙舟竞渡的起源，应是一种宗教性的娱乐活动。《淮南子》：“龙舟益鸟首，浮吹以娱。”即是“龙舟益鸟首悦河伯，浮吹枞鼓娱雷神”。把船装扮成龙的模样，敲打着锣鼓在湖上划行，是祭祀河伯和雷神，取悦他们，祈求他们保祐丰收和平安。人民在这种娱神活动中，自身也得到娱乐。考古工作者在云南石寨山发现的汉代铜鼓，上面就有划船竞渡的图像，说明最晚在汉代已有了龙舟竞渡。

龙舟竞渡选择在五月五日，是因为这个时间正是我国南方插秧之后的农闲季节。贵州省苗族的龙舟竞渡歌中有这样的歌词：“龙舟佳节啊，过得好欢畅，禾苗点头笑，翠柳把手招。尤舟赛过后，该放下心了。种田都丰收，年年都欢笑。”这说明龙舟竞渡是一种农闲时的娱乐活动。

隋唐时期，江南地区举行的龙舟竞渡，是十分热闹的。《隋书》描述：“迅楫齐驰，棹歌乱响，喧振水陆，观者如云。”唐人张建封的《竞渡歌》

说："鼓声三下红旗开，两龙跃出浮水来。鼓声渐急标渐近，两龙望标目如瞬。坡上人呼霹雳惊，竿头彩挂虹霓晕。"《杭州府志》描述观竞渡说："五月端午，各至河岸湖上以观竞渡，龙舟多至数十艘，岸上人如蚁。"可见，龙舟竞渡不仅是竞赛者的一种娱乐，观看的群众也同样享受到乐趣。"坡上人呼"，"喧振水陆"，"观者如蚁"，此情此景，确实热烈动人。

《竞渡歌》的"鼓声渐急标渐近"、"竿头彩挂虹霓晕"之句。说明了唐代的龙舟竞渡以夺标为胜。《东京梦华录》中对于宋代竞渡夺标和标竿的设置都有详细的描写："诸船皆列五殿之东面，对水殿排成行列，则有小舟一军校执一竿，上挂以锦彩银碗之类，谓之'标竿'，插在近殿水中。又见旗招之，则两行舟鸣鼓并进，捷者得标，则山呼拜舞。并虎头船之类，各三次争标而上。"锦彩银碗等奖品挂在标竿之上，龙舟竞渡以夺得锦标为胜利，这就是现在锦标一词的来源。

唐以前的龙舟竞渡普遍开展于江南水网地区。唐以后便逐渐北移，随着帝都迁徙而流传于黄河流域。《新唐书·本纪》载：穆宗、敬宗都多次"观竞渡于鱼藻宫"。鱼藻宫在长安城，可见唐代的长安城已经开展了龙舟竞渡。宋代建都汴京城（今河南开封市），凿金明池以练水军，在金明池中也开展龙舟竞渡活动。宋画家张择端绘有《金明池夺标图》，元人王振鹏也绘有《龙舟夺标图》，反映了宋元的首都都有龙舟竞渡活动。明成祖迁都北京，五月端午龙舟竞渡活动的习俗也传到了北京。明孝宗的礼部尚书吴宽在《端午节皇上宴致语》一诗中写道："欣逢佳节睹宸游，万岁山前御气浮。赤骠追风过上苑，黄龙戏水在中流。"明代人沈德符在《万历野获编》中也说："端阳节，内廷自龙舟之外，则修射柳故事。"清王室是东北的少数民族，进入北京之后，也沿袭龙舟竞渡习俗。《清稗类抄》记载："乾隆初，高宗于端午日命内侍习竞渡于福海，画船箫鼓，飞龙益鸟首，络绎于波浪间，颇有江乡竞渡之意。"清人李声振在《百戏竹枝词》中说："龙舟，舟作龙形，上设彩幡，置萧鼓为乐，近津门亦有，五月演者。彩幡画鼓趁春风，鳞甲初分碧浪重；莫认蜿蜒浑似假，世人只好叶家龙。"

龙舟竞渡作为一种社会娱乐的体育项目，有极其丰富的内涵，受到历代统治者的重视和人民的喜爱，历久而不衰，直到今天，仍盛行于江南。

（五）百丈游丝放纸鸢

纸鸢又名风筝，亦名纸鹞。传说春秋时的巧匠公输般"削竹木以为鹊，成而飞之，三日不下"，这是我国放飞纸鸢的最早记载。

纸鸢在其早期发展中曾作过军事战争的工具。据《诚斋杂记》说，汉朝初年韩王信与陈稀勾结进行叛乱，“信谋从中起，乃作纸鸢放之，以量未央宫远近，欲穿地隧入宫中也。”这是利用纸鸢作军事测量工具。《独异志》记载，南朝的梁武帝萧衍被侯景兵困在台城之中，萧纲“缚纸鸢飞空，告急于外”。《新唐书·田悦传》载，田悦叛唐，派遣兵将围攻临洺城。城内守将张伾，“急以纸为凤鸢，高百余丈，过悦营上（送信于援军），悦使善射者射之，不能及。”萧纲和张洺都是利用纸鸢作为军事通信工具。由于军事战争需要，纸鸢发展得很快，唐时的纸鸢已能高飞百余丈，在制作和放飞技术上已是相当的精湛了。

放纸鸢作为一种娱乐活动，唐代已有史料记载。路德延《小儿诗五十韵》，叙述了唐代各种儿童游戏，有竹马、藏钩、秋千、斗草、踢球、放纸鸢等，“折竹装泥燕，添丝放纸鸢”。唐采的《纸鸢赋》中也说：“代有游童，乐事未工，饰素纸以成鸟，象飞鸢之戾空；野鹊来迁而伴飞，都人相视而指看。”到了宋代，放纸鸢已不只是儿童的游戏，也成为成年人的娱乐。王明清《捍麈后录》上记载：宋徽宗赵佶初即位，爱好玩乐，在“禁中放纸鸢，落人间”。宋真宗的宰相寇准的《纸鸢》诗说：“碧落秋方静，腾空力尚微。清风如可托，终共白云飞。”《武林旧事》记载，宋孝宗奉宋高宗在西湖上游幸，“时承平日久，乐与民同，凡游观买卖，皆无所禁。至于吹弹、舞拍、投壶、蹴鞠、杂艺、水爆、风筝，不可胜数。”在广泛开展放风筝活动中，社会上便有了赌赛放风筝的人。《西湖老人繁胜录》记载：南宋临安“城外有二十座瓦子，街市举放风筝轮车数椽，有极大者，多用朱红，或用黑漆，亦有用小轮车者，多是药线，前后赌赛输赢。输者顷折三二两线，每日如此。”在社会广泛开展放风筝游戏的基础上，也有了专门扎制风筝和制作放风筝线的小手工业者。《武林旧事》记载：临安城就有卖“弹弓、鹁鸽铃、风筝、药线”的几十户人家，专业放风筝的艺人，有“周三、吕偏头”等。由此可以窥见宋代放风筝活动开展的盛况。

宋代已认识到了放风筝游戏的健身作用。《续博物志》载：“今之纸鸢，引丝而上，令小儿张口望视，以泄内热。”放风筝要长时间昂首仰望，还要奔跑疾走，举臂牵引；而放风筝又多是在空气新鲜的郊外。这确是一种寓健身于游戏之中的极好活动。明、清时期的放风筝活动有了更大的发展，不仅一般人家，就像《红楼梦》中所描写的宝玉、黛玉那样的文弱公子、小姐，也在大观园中放风筝。放风筝游戏毕竟是儿童参加的多，明清时有许多诗都是借儿童放风筝以寄意。如宋伯仁《纸鸢》诗：“弄假如真舞碧空，吹嘘全在一丝风。惟惭尺五天将近，犹在儿童掌握中。”徐文长《纸鸢图》诗：“柳条搓线絮搓棉，搓够千寻放纸鸢。消得春风多少力，带将儿辈上青天。”孔尚任《燕九竹枝词》：“结伴儿童裤褶红，手提线索骂天公；人人夸尔春来早，欠我风筝五丈风。”

纸鸢为什么又叫风筝呢？因为“于鸢首以竹为笛，使风入竹，声如筝鸣，故名风筝”。后来由于纸鸢不常安笛，故徒有风筝之名了。李声振《百戏竹枝词》：“百丈游丝放纸鸢，芳郊三五禁烟前。风筝可惜名空好，不及雷琴张七弦。”这些诗都别有寓意，写得十分有趣。

（六）击壤以为戏乐

击壤，是我国古代的一种投掷游戏。《太平御览》卷七百五十五《击壤》条引《释名》曰：“击壤，野老之戏也。”击壤之戏，在邯郸淳的《艺经》上记载得比较清楚。它说，“壤，以木为之，前广后锐，长尺四，阔三寸，其形如履。将戏，失侧一壤于地，遥于三四十步，以手中壤敲之，中者为止。”

击壤之戏，起源甚早。传说中的唐尧时有老人击壤于道，而唱击壤歌。歌词云：“吾日出而作，日没而息，凿井而饮，耕田而食，帝有何力于我哉？”（见《群书治要》卷十一引《帝王世纪》）此歌早见于王充《论衡·艺增》，文字略有不同，载云：帝尧之时，“有年五十击壤于路者，观者曰：‘大哉，尧德乎！’击壤者曰：‘吾日出而作，日入而息，凿井而饮，耕田而食，尧何等力！’”

三国时，吴盛彦曾在《击壤赋》中说：“论众戏之为乐，独击壤之可娱。因风托势，罪一杀两。”“罪一杀两”，是说击壤的方法或规则，其详细内容不得知。晋人周处《风土记》说：“击壤者以本作之，前广后锐，长可尺三四寸，其形如履。腊节，童少以为戏，分部如搏也。”这条记载与前面所引《艺经》的意思相同，都是说击壤的方法和规则及用具。击壤之戏，在晋代还有人玩。据文献记载，皇甫谧就与人击壤于道。如《太平御览》卷七百五十五《击壤》条下说：“玄晏（皇甫谧号玄晏先生）曰：‘十七年与姑子果柳等击壤于路。’”

在古代，还有一种掷砖之戏，与击壤之戏相似。掷砖，也分胜负。《太平御览》卷七百五十五《掷砖》条引《艺经》说：“以砖二枚，长七寸，相去三十步立为标，各以一枚方圆一尺掷之。主人持筹随多少，甲先掷破则得乙筹，后破则夺先破者。”掷砖，主要动作是投掷，这与击壤相象，或是击壤的一种，或由击壤演变而来，有待进一步考证。

宋代有抛之戏。抛即明代的打瓦之戏，也是一种投掷形式的戏乐，当也源于古之击壤。明杨慎在《俗言·抛》中说："宋世寒食有抛之戏：儿童飞瓦石之戏，今之打瓦也。"关于抛，杨慎在《丹铅余录》卷九，也有相类似的记载，并接着说，梅尧臣《依韵和禁烟近事之什》诗有"'窈窕踏歌相把袂，轻浮赌胜各飞。'或云起于尧民主击壤。"这里很明确地指出，宋代的抛，今（指明代）之打瓦，均起源于传说中的唐尧时的击壤之戏。

到了明代，击壤之戏，演变成打尜或曰打拔。尜，是一种小玩具。其形两头尖，中间大。据清代潘荣陛《帝京岁时纪胜》中说："京师小儿语：'杨柳青，放空钟；杨柳活，抽陀螺；杨柳发，打尜尜。'"说明明代北京地区的儿童在每年杨柳发芽之时，常以打尜尜戏乐。又据刘侗《帝京景物略》记载："二月二日龙抬头，小儿以木二寸制如枣核，置地而棒之，一击令起，随一击令远，以近者为负，日打，古所称击壤者耶!"的形制如枣核，即两头尖，中间大。它与尜是同一形状。说明打尜可能也源于击壤之戏。

这种游戏，直到现在仍为儿童所喜爱。击者将长约三四尺的一根木棒持于手中，将另一根长约二寸、形如枣核的木棒置于地上，用手中的长木棒敲击地上的短木棒的一端，使之飞起，再用力击之，使之飞远，以近者为负。负者需大声呼"……"，边呼边跑，一口气把胜者击出的短木棒拾回来。这种游戏，不仅可锻炼敏感的击敲技能，而且也能锻炼奔跑的能力。它较投掷木块或砖瓦要复杂些，而且更有兴趣。这种打，也是由古之击壤演变而来，或直接称之为击壤，当也无大不妥。综上所述，击壤起源甚古，经历代演变，名称不一。它是一种老人和儿童都喜爱的娱乐活动。

投壶弈棋的传说和发展

（一）雅歌投壶

奴隶社会是非常重视射箭的。如果奴隶主生了个男孩子，要在门上挂一张弓，并用六支箭向天地四方各射一支，表示这个男孩子长大了，要使用弓箭去征服四方。在各种大的宴会上都要进行射礼。自天子、诸侯及至大夫、士，各有不同的射礼仪式。不能参加的人必须"辞以疾"，到了春秋末年，奴隶主阶级已经腐化堕落，许多人拉不开弓，射礼不能进行，于是就把射箭改成为投壶。投壶，就是把没有箭头的箭杆投到酒壶中去。这样一改就省力多了，用不着费劲拉弓，也不需要平时练习，到时拿起箭杆就投。各国诸侯很欢迎它，于是投壶就代替了射箭礼仪。春秋末年，晋平公去世，晋昭公即位。晋国是当时诸侯的盟主，齐、郑、卫诸国的国君，都到晋国来祝贺并进行会盟。晋侯第一个拿起箭杆来投壶。晋国大夫中行穆子替晋侯说祝词："寡君中此，为诸侯师"。齐侯本来就不服气晋国做盟主，听了这样的祝词更不高兴，拿起箭杆，也说了祝词："寡人中此与君代兴。"会后，伯瑕责备穆子说："你为什么要说这样的祝词呢？须知壶是很容易投中的啊！"

秦汉以后废除了射礼，投壶便成为一种宴宾的娱乐。南阳汉画像石中有《投壶图》，图中间是主宾两人对坐投壶，旁有侍者三人。投壶虽然已不是正规的礼仪，但仍是一种高雅的活动。据《东观汉记》记载，东汉的大将祭遵，"取士皆用儒术，对酒娱乐，必雅歌投壶。"投壶和雅歌连在一起，成为儒士生活的特征。

汉代的投壶方法较之春秋战国时期有极大改进。原来的投壶是在壶中装满红小豆，使投入的箭杆不会跃出。汉代不在壶中装红小豆，可使箭杆跃出，抓住重投；可以一连投百余次，"谓之为骁"。《西京杂记》说，汉武帝时有一个郭舍人善投壶，可以"一矢百余反"，"每为武帝投壶，辄赐金帛"。魏晋时也流行投壶，投壶的技巧又有所发展。有一个叫王胡的人，可以闭上眼睛投壶，百发百中。石崇家里有个伎女，可以隔着一架屏风投壶，也是百发百中。晋代在广泛开展投壶活动中，对投壶的壶也有所改进，即在壶口两旁增添两耳。因此在投壶的花式上就多了许多名目，如"依耳"、"贯耳"、"倒耳"、"连中"、"全壶"等。

投壶和我国古代的足球、围棋，都东传到朝鲜。据《新唐书·高丽传》记载，"高丽其君居平壤城，俗喜弈、投壶、蹴鞠"。

由于投壶是由射礼演变而来的，汉代投壶成为儒士的高雅活动。魏晋以后，投壶翻出了不少花样，一些正宗儒派于是大为不满。宋朝司马光在反对新法失败之后，居住在洛阳，"每对客赋诗、谈文或投壶以娱宾，公以旧格不合礼意，更定新格。虽嬉戏之间，亦不忘于正也，此足以见公之志。"司马光重订的"投壶新格"，主张"倾斜险波不足为善"，把一些含有技巧的花样动作删掉，使投壶成为"纳民心于中正"的活动。经过司马光这一番改革，投壶脱离了人民，也脱离了娱乐活动的范畴，而成为一种复礼活动了。民国初年，军阀横行，尊孔复礼之风甚盛，四省联军司令孙传芳在南京组织婚丧祭礼制会，并提倡投壶，拉拢了一些知名的学者参加。鲁迅在《关于太炎先生二三事》一文中，对章太炎参加了投壶表示不满，"既离民众，渐入颓唐，后来参与投壶"。这里的投壶，已是尊孔复礼的象征。

（二）奕秋诲奕

围棋和象棋，都是我国古代人民所喜爱的娱乐活动。由于棋类活动具有竞赛的特点，国际上把它也列入体育竞赛之中。

《世本》载："尧造围棋"。《博物志》载："或曰舜以子商均愚，故作围棋以教之。"尧、舜是传说人物，造围棋之说更不可信，但反映了围棋起源甚早。到了春秋战国时期，围棋已在社会上较广泛地流传了。据《左传》记载：公元前559年，卫国的国君献公被卫国大夫宁殖等人驱逐出国。后来，宁殖的儿子又答应把卫献公迎回来。文子批评道：宁氏要有灾祸了，"奕者举棋不定，不胜其耦，而况置君而弗定乎？"《尹文子》上也说，"譬如弈棋，进退取与，攻劫收放在我者也。""举棋不定"、"攻劫收放"都是围棋中的术语，而用来譬喻处世的哲理，说明围棋活动在当时社会上已经广泛地开展。

《孟子·告子》载："奕秋，通国之善奕者也。"怎么确定奕秋是通国的选手呢？这一定是通过无数次的比赛才能得出来的。可见，在战国时，社会上的围棋比赛是很多的。《孟子》上又说："使奕秋诲二人奕，其一人专心致志，惟奕秋之为听；一人虽听之，一心以为有鸿鹄将至，思援弓缴而射之。虽与之俱学，弗若之矣。"反映了在战国时期围棋技术已有一定的水平，所以才有了专门教棋的教师。

河北等地出土了汉代的石制棋盘。汉代的围棋手已开始分级。桓谭在《新论》上说，围棋手分上、中、下三等。南北朝时棋手按技分为九品，和现在围棋有九段是一样的。邯郸淳的《艺经》上也说，"围棋之品有九"。《南史·柳恽传》记载："梁武帝好奕，使恽品定棋谱，登格者二百七十八人，第其优劣。"棋品的等级是经专人评定的，仅南朝梁武帝一个朝代就有近三百人入品。东晋葛洪在《抱朴子》中称"善围棋之无比者"为"棋圣"。以上这些史实，都说明当时人们对围棋活动的重视。

唐初设置文学馆，馆内有专门的围棋博士。唐玄宗时改置翰林待诏，"为文学侍从之职"。围棋待诏是属于翰林院的。这种看重围棋的制度为两宋所继承，直到南宋灭亡才废除了翰林院的围棋待诏。唐代围棋待诏中最出名的是王积薪。他在年轻时与国手冯汪在太原金谷园中比赛了九局，结果大胜。人们把这九局棋谱记下来，称为《金谷园九局谱》。唐代已有围棋国际比赛，据《杜阳杂编》记载："大中二年，日本国王子来唐。王子善围棋，上敕顾师言待诏为对手，至三十三下，王子瞪目缩臂，已伏不胜。"

关于棋盘，历代都有发现。河南安阳曾出土有隋代白瓷围棋盘，其制作已是相当考究，这从侧面也反映了当时的棋艺。敦煌石窟中藏有唐代《棋经》写本残卷。新疆阿斯塔那出土有唐代《仕女围棋》绢片。五代周文矩绘有《重屏会棋图卷》。元代建筑的山西洪洞水神庙壁画中有弈棋图像。这些文物更加生动地反映了我国古代围棋普遍开展的情况。

明代民间围棋竞赛之风甚为盛行，棋艺水平得到迅速的提高。正德、嘉靖年间，形成了三个著名的围棋流派，即永嘉派、新安派和京师派。清代围棋好手辈出，围棋名著刊刻流行。康熙时的范西屏，十二岁就成为国手。他战无不胜，威震全国，著有《桃花泉棋谱》。能和范西屏相抗衡的是施定庵，袁子才撰《范西屏墓志铭》上说："海内惟施定庵一人差相亚也。"施定庵著有《弈理指归》。他们两人都是海昌人（今浙江海宁县），后人遂称之为"海昌二妙"。

关于象棋起源时间说法不一。南北朝的文学家庾信写了《象棋经赋》，可知其流行时间之早，但当时还未定型。据《续艺经》载："昔神农以日月星辰为象，唐相牛僧孺用车、马、将、士、卒加炮，代之为棋矣。"从牛僧孺在原来的棋子之中加上炮这一点看，大约隋唐之际才形成了现在象棋的格局。经过发展补充，到了宋代才正式定规下来，有传世的铜棋子可证。

宋人刘克庄有《象棋》诗："屹然两国立，限以大河界。三十二子者，一一俱变态。运炮无虚发，冗卒要精汰。昆阳以象奔，陈涛以车败。匹马郭令来，一士汲黯在。献虏将策勋，得隽众称快。"南宋末年陈元靓编的家庭百科全书《事林广记》中，已刊载了两局棋谱。

明清两代象棋得到广泛的发展，产生了不少名手，也出版了许多棋谱著作。如徐艺的《适情雅趣》、朱晋桢的《桔中秘》、王再越的《梅花谱》、张乔栋的《竹香斋象戏谱》等，都是较为著名的。这些著述为我国象棋的普遍开展奠定了基础。

体育美的产生

体育美是体育领域里丰富多彩的美的总称。也就是说，体育美是体育活动中形形色色的审美对象的综合概括。正如艺术美是各类艺术作品之美的总称一样，体育美自身并非某个具体的审美对象。体育的萌芽，教育的萌芽，均植根于此。随着生活资料的逐渐丰富，余暇时间日益增多，一部分身体活动具有了游戏的性质，成为娱乐的手段，美亦随之产生。竞技游戏便显示出较高的审美趋向，表现出强烈的审美意识。古希腊奥林匹克竞技是人类审美历史中光辉的一页。当体育成形并具有了自己的知识体系时，体育活动中零散存在的美也逐渐聚合起来，成为不同于其他任何领域的独特的审美对象。美学界根据美的不同性质，将其分为现实美和艺术美，其中现实美又可分为自然美和社会美。

体育美是一种现实美。在体育活动中，虽然有一些艺术因素，让一些艺术形式渗透进来，并且不少运动项目可以像艺术表演一样供人们欣赏，但是从整体看，体育不是艺术作品，体育活动并非艺术创造过程，而是人类现实生活中的一种特殊的实践过程。

体育是人类社会需要的产物，是人类按照自己的目的改造身体为社会服务的、一种有意识、有目的的自觉活动。

体育美属于人类现实社会生活中的美。它虽然与自然美和艺术美有一定联系，但却不能因为人体的自然属性或某些运动项目含有较多的艺术因素而称为自然美或艺术美。

在我们的生活中，仔细观察一下，你会发现许多的体育美。

如高高的跳台上，跳水健儿飞跃而起，腾空翱翔，然后是令人眼花缭乱的转体，最后似疾箭般地刺入碧波之中，溅起一朵小小的水花。

再如宏伟的体育馆内，武术表演者将古色古香的攻防格斗动作融入动态的形象，动静疾徐，节奏鲜明，显示了神形兼备的民族风格，令人赞美不已。再有体操选手在鲜艳的地毯上腾跃，时而凌空飞旋，时而平衡凝定，那曲线流畅的身材，做出协调而轻柔的动作，可谓美极。

悦耳的乐曲和花样滑冰，以及轻快的节奏，美丽的服装衬托出梦幻般的身影，构成有声、色、光、形的运动图案，使人沉浸在美好的遐想之中。一场精彩的球赛，往往从观众狂热的呐喊声中开始，在欢呼的浪潮里结束。球员们精湛的技艺与巧妙的配合给观众留下深深的印象，人们在兴奋之余获得了美的享受。

那些肌肉饱满的举重运动员，虎背熊腰的摔跤家，还有田径场上膀大腰圆的投掷手，当看到他们以勇猛雄劲的动作，以突破一切阻碍的粗犷状态和难以想象的负荷，达到常人所不能企及的程度，从而摘取桂冠的时候，你不能不为他们的强健而惊叹！那是力量之美。

体育能从形态和机能上使人的身体日益健美，使人的体力与智力和谐发展，促进人的才能志趣和审美能力充分发展。体育活动时能产生机体舒适感，带来活泼欢畅的良好情绪，有助于美感的产生。

体育涉及的美学问题很多，比如身体形态的健美模式，各项运动对优美体型的影响，运动场地器材及服装的设计与大众审美趣味的关系，教学与训练中的审美教育，运动竞赛的发展与审美理想的冲突，以体育运动为题材的艺术作品的创作与欣赏等等。体育活动中丰富多彩的美，已成为人们现实生活中的一种特殊的审美对象。

人类在漫长的社会实践中创造出体育，并使体育这种社会现象的审美价值与日俱增。体育活动为人们所提供的审美需要，是不能为其他审美对象所代替的。所以，社会需要我们去寻求体育中的美，充分认识体育的审美价值。

生活中的体育美

体育活动中有着丰富多彩的美，许多运动项目与艺术发生着千丝万缕的联系，竞技场已成为人们进行审美活动的重要场所，并为艺术创造活动提供了一块独特而富有魅力的沃土。因此，体育成为了美学研究的新领域。

现代社会飞速发展，人类的知识在迅猛增长，而作为审美对象的范围也随之扩大，审美观念不断变化。人们不但在体育里发现美，还将审美的视野拓宽到时装表演、花卉展览、烹饪食物、日用商品……直至我们人类的整个生存环境。

体育美学是美学的一个分支，也是体育学的一个分支。它是探讨人在体育领域内如何进行审美活动的一门新兴学科。体育美学既是现代体育科学的组成部分，也是美学应用于社会实际的又一崭新领域。

体育美学帮助我们认识体育中的美，积极指导与体育有关的审美活动，促进身体运动技术趋向优美化和规范化，使人的身心日臻完善，培养和造就全面发展的一代新人。体育美学的建立，既是体育发展的需要，也是美学发展的需要。对体育实践来说，体育美学是崭新的理论；对美学理论而言，体育美学是一门应用学科，它借助美学来促进体育的发展。

20 世纪中叶以来，世界上一些社会经济文化发达、体育事业发展较快及竞技水平较高的国家，对从理论上研究体育活动中的美表现了极大的兴趣，并获得不少成果。

自 1980 年，全国体育科学讨论会上发表了一篇关于体育美的论文后，我国在这方面的研究从无到有，突飞猛进。

现在，体育美学研究者们不但已有专著出版、举办了全国性的学术讨论会、发表了上百篇论文，还编写了几种教材和讲义，在全国条件较好的体育学院里正式开设了课程，并开始招收研究体育美学思想的研究生。

体育美学的建立，是现代体育发展的需要，是人类文明发展到一个新阶段的象征，它将使体育在理论上得到丰富和充实，促进人类身体发展水平的提高，并为各项运动寻求最完美的形式而作出贡献。

人类最初的审美

早在远古时期，人们就对自己的身体具有了朦胧的审美观念，并产生了十分强烈的表现欲。

在赤日炎炎的西双版纳，人们挥汗如雨地爬到一堵巨大的岩石前，会立刻被精美的岩画所震慑。石壁内凹，在阳光和雨水所不能侵蚀之处，描绘着上百个人形。这些用赤铁矿粉绘制的人形，没有五官，躯干呈三角形，有象征男女性别的器官，四肢变化多端，手舞足蹈，不少人手中还拿着各种器械，活脱脱是一张几千年前的人类生活风情画。

不难想象，在那食不果腹的年代，先人们肯花费如此精力来表现和赞美人体，这难道不是身体美的魅力吗？

原始人是怎样利用自己的身体来表现美的呢？首先是涂抹。为了保护身体免受烈日和蚊虫的侵害，原始人用泥土、油脂和植物汁液涂抹身体。战士们在身上涂抹血污以威慑敌人和取悦妇女。迄今为止，在澳大利亚土著和南美印第安人等部落中，还保持着这种绘身习俗。其次，是刺割。世界各地都有这种纹身习俗。一般肤色较浅的民族，是在身上刺下鸟兽草木或其他图形，然后涂色使之永存。在肤色深黑的民族，主要是用利器切割皮肤，伤愈后，显示其瘢痕或割痕。再有就是穿挂。猎手们以兽皮掩身，把兽角戴在头上，把兽爪和兽牙挂在脖子上，甚至把羽毛插入自己的嘴唇、耳朵或鼻中。而未从事狩猎的妇女们也在自己嘴唇、鼻孔和耳朵等处穿插上草秆、木棍或骨片，并在身上套满藤圈或金属环。

至今在非洲，一些土著还在鼻子上横插羽毛，在穿了窟窿的皮肤上挂着各种饰物。在人类的蒙昧时期，人们对自身生物性方面的规律缺乏认识，先民们为了身体美甚至不惜损坏肌肤，说明他们对于身体本身存在的天然之美是很忽视的。

现代人虽然主要用服装来美化自己的身体，但是仍可以从涂脂抹粉、割双眼皮、戴耳环等各种美容手段中窥见其历史渊源。

考古发掘表明，原始艺术中已存在裸体形象，可见，那个时代的人们对形体的美已经有了初步的认识。法国洛赛尔出土的“持角杯的维纳斯”是一件雕刻在石灰石上的浅浮雕。她体态丰满，乳大臀宽，手持一个野牛角，距今已有两万多年历史，据说是目前发现的最早最完整的人像浮雕。在我国辽宁西部的喀左东山嘴，也出土了距今5000余年的红山新石器时代的女性裸像，体态轮廓壮健而肥硕，腹部和臀部尤为突出。

中国的宋代皇帝招募士兵时，是用一个标准兵来衡量候选者，最初是用身高180~190厘米的真人，后来改用木头人来代替。

然而，对女性身体的审美观念，却随着封建社会的形成和发展产生了较明显的变化。

统治者病态的审美观对妇女的身体造成了广泛的危害。楚王喜欢细腰女人，修了一座行宫，专门挑选细腰美女入内。许多姑娘为达到细腰而节食，甚至不惜饿死。南唐李后主偏爱一位小脚的嫔妃，引得万人仿效而产生缠足恶习，继而在民间遗毒千年，残害了数不清的女子。

可以想象，在畸形的身体审美观念的指导下，受好逸恶劳风气的影响，谁会愿意从事健身锻炼，参加体育活动呢？这也是中国古代未能产生古希腊奥林匹克竞技那种激烈的竞赛，未能产生较为规范化的各种运动项目，未能使体育发展为一种相对独立的社会文化形态的一个重要的原因。

身体的美感

身体美，是人类健康的身体所呈现出的美。它是一种由机体良好的生理状态和心理状态综合显示出的健康之美，是充盈着旺盛生命力的美。

身体美主要反映为健康美。体育，是与体魄强健、发育正常相联系的。

身体美的实现过程，正是人体适应自然、改造自然的完美发展过程。从某种意义上讲，体育是健康的审美教育。体育的美，主要是通过身体运动所产生的健康美。体育的特殊魅力，从人体的健康美上表现出来。

健康美，是体育活动中大量显现出的一种审美特征。它是体育有别于其他领域的美的主要标志，是体育美区别于其他审美对象的特质。体育最充分地展示了生命中的身体美，使它在运动的过程中表现来，通过锻炼而凝集为健康美。

身体美的研究，不仅限于人体表面形态的美，还包括骨骼、肌肉、皮肤、毛发等层次。身体美是一种能进行生命活动的有机体在现实生活中表现出来的美，要求严格符合解剖学特点和新陈代谢的生理规律。

可以说，身体美有层次地贯通着生命的整体，人体美主要指人体表面的轮廓；身体美是动态的人体美，人体美是静态的身体美；身体美是人体美的源流，而人体美则是身体美的升华。

注意体型的美感也就是注意身体的类型。体型的美丑主要由受遗传和环境因素影响的人体骨骼比例、脂肪蓄积和肌肉发育程度所决定。

体型的分类有很多种，有的根据躯干和四肢长度来划分，有的根据脂肪蓄积度来划分，有的根据肌肉的强壮度来划分，有的还将男女两性分别划出不同的体型。

骨骼的构成与肌肉的状态和机能决定着体型的优劣，体育锻炼可以改变体型。健美的体型不仅反映出民族体质的增强，还表现出一个民族的气概。经常进行体育运动，能逐渐美化人的体型。持久地普及群众性体育活动，能使人一代比一代体型更美。

为什么说骨骼直接关系到体型的美丑呢？因为身体的比例是由骨骼的形成状况决定的。人体的骨骼以脊柱为轴，左右基本对称，呈现出平衡的形式美。骨骼在肢体内部起支撑作用，它的长度及相互的组合连接状态，影响到人体的外部形态。

肌肉约占人体重量的40%，那些发达而富有弹性的浅层肌肉，是构成身体曲线美的基础。人的身体比例因骨骼受先天遗传影响而相对固定，但身体的形态却可以因肌肉体积的大小而发生变化。体育活动能有效地使肌肉均衡发展，所以体育锻炼对于身体美的形成是举足轻重的，尤其对通过发达肌肉来改善形体更是如此。近年来我国兴起了健美运动，许多参加者仅仅经过几个月的锻炼就变得异常健壮，这就是通过发达肌肉来显示身体美的良好方法之一。

覆盖在身体表面的皮肤也能显示美。皮肤的新陈代谢好，血脉通畅，水分和皮脂适中，会呈现红润的颜色。无论白里透红或黑里透红，均能给人以健美的感觉。

有的人盲目追求皮肤白，尽量不晒太阳并在脸上涂上厚厚的粉，以此为美。无论你的肤色如何，要是缺乏红润，只会显示出病态。那种柔软、细腻、紧绷绷富有弹性和光洁感的皮肤才是美的。

经常参加体育活动，可以增加血液中的红细胞，使肤色红润；通过日光、空气和水浴的锻炼，适度的保健按摩，能使皮肤保持洁净和滋润感，这比任何化妆品都好。

毛发在身体美的表现中占重要地位。毛发疏落的女子很难言美，没有眉毛、睫毛的人绝不能称为美人。

毛发集中在头部，这是视觉最易感受到的地方。头发不但因位置显著而引人注目，而且可塑性最强，能在短时间内做成各种各样的发型。我们也应该知道，人虽然有大约10万根头发，但每天要脱掉许多根，如果在青春期对头发进行频繁地高温或化学处理，那么头发脱落的速度将会大大加快。而且，头发的自然状态一般因人种的不同而有差异，如白人多为波浪形，黑人多为卷曲型，我们黄种人则多为直线型，选择发型还应与自己和整个身体型象和谐一致，考虑自己的身材、体态、肤色、头型、脸型、发质等因素。在体育活动中，运动员为了运动的便利，一般都不留很长的头发，但在一些表现身体美的项目中，运动员的发型特别考究。如艺术体操选手多留长发，与整个身体线条融为一体，构成了身体和动作的曲线美，符合这个运动项目尤为注重韵律美的特点。

形体美主要是指身体表面令人悦目的形状和优美的姿态。形体美在身体美的表现中作用最突出，因此人们常常狭义地将形体美用来代表身体美。经常进行体育锻炼，有助于形体的美。当你通过运动而增大了胸背部肌肉的体积，消除了腰腹间堆积的多余脂肪，使四肢结实而有力，整个身体就富有活力并呈现健美的线条。各种运动项目，对于完善人的形体有不同。

身体美的内容是丰富而有层次的，除上述各点外，还包括洁白整齐的牙齿、红润的指甲等细节，还包括关节、韧带、肌腱的柔韧以及速度、力量等身体素质。我们应该看到，身体美是身体各部分综合的整体，不能把其中一部分割裂开来孤立看待。我们在日常生活中，通过体育锻炼和保健卫生，使身体的每一个细部和层次都变得很美，这样，从整体上你就会有一个非常美的身体。

身材、尺度的比例美

平伸两臂，其长度约相当于我们的身高；我们两只手腕的周长相加等于颈部的周长；而颈部的两个周长基本上又等于我们的腰围。在商店里，有人买袜子时用拳头的周长来测量是否合脚，电影里经常可以看到，侦探们测量脚印的长短以此判断作案者的身高。

人们把身体作为衡量一些事物的量具，同时也孜孜不倦地追求自己理想的身体美模式，产生了不同时代、不同民族的形形色色的标准。

美是一种具体的有感染力的形象，身体之美主要表现在可以直接诉诸视觉的外部形状和体态上。那就让我们从这个角度，来给身体制定健美的标准吧。

骨骼发育正常，脊柱正视垂直，侧看曲度正常——骨骼的异常，将直接影响到身体的外观。

四肢长而直，关节不显得粗大凸出——长期惯用的姿势，会缓慢地改变体态。如日本人保持了几千年的跪坐姿势，以及马来西亚等国蹲坐的传统姿势，都使他们下肢相对短粗。又如骑马的牧民和船上的水手，大多是罗圈腿。此外，关节也与身体运动有关，细小的关节一般较灵活，也容易衬托出发达的肌肉。

头顶隆起，五官端正——这一般由先天遗传决定。在体育运动中，一些需要突出表现身体美的项目中，教练员们宁愿挑选头部稍小的苗子来进行训练。如果两个身材差不多的运动员经过一段时间的训练，肌肉同样发达，但给我们的印象却是头部较小的运动员肌肉强壮些。

男子的肩膀宽阔，可以显示雄壮威武的气概；女子则不宜有明显的棱角，以突出其优美的曲线。

一个男子如果把胸大肌和背阔肌锻炼得很发达，他的上身就会呈现V形而显得挺拔有力。而女性则要有匀称的胸部才能充分地显示身体的曲线，表现自己特有的魅力。

束腰风气曾在欧洲盛行，有的妇女为了束腰甚至做手术取掉两根肋骨。健康的细腰，应当通过坚持体育锻炼来获得，消除了沉积在腰部的多余脂肪，自然就会出现一个呈圆柱形的挺拔的细腰。

健美的身材要求肚腹扁平。鼓出而下垂的腹部是不美观的。一些运动员具有发达的腹肌和很少的脂肪，腹部用力时可以清楚地看到有8块对称的肌肉凸起，显得强劲而健美。

如果两个骨骼比例一样的人站在一起，那么臀部圆翘者将显得躯短腿长，重心高，身材漂亮得多。人类学家认为亚洲人难看的身材症结在于臀部扁宽，腰身松而肥。所以，我们应该通过经常的体育锻炼收紧臀部肌肉，这样有助于展示身体之美。

大腿修长而线条柔和，小腿腓部稍突出——腿部的健美以适当的肌肉为基础。而有肌肉的腿线条略有起伏，小腿肚子稍鼓起，显得结实而健美。

清代的满族妇女不仅用旗袍来展现与身材曲线联为一体的腿部，而且喜欢穿高底鞋来延长下肢。不过，这种鞋只是青年妇女穿，而小姑娘和老太婆是不穿的。联想到在现代妇女中很时髦的高跟鞋，其实也只是成年妇女在一定的场合穿上以增添其修长腿部的魅力，未成年的和老年的女性穿上弊多利少，无益于健康。

踝细，足弓高——人体最下端的足虽不起眼，但却有26块骨头、24条肌肉及114条韧带默默支撑着全身的重量。踝关节相对细小，一般显得更为灵活；足弓高，弹跳有力，奔跑迅速。这些对于身体美的构成及表现有重要意义。

早在古希腊时期，毕达哥拉斯学派就认为身体美是各部分之间的对称和适当的比例。毕达哥拉斯为奥林匹克竞技会测量运动场时，按照脚掌的尺寸确定了大力士赫拉克勒斯的身材。

头身比例是头部与身长的比例。公元前5世纪，当时强调勇猛战斗的进取精神，重视男子裸体塑像的力量之美，因此雕塑家认为全身长应为头部的7倍。后来，时代风尚渐渐注重优雅与享乐，人们的审美情趣日益浓厚，大型女性裸体像流行，欣赏颀长而曲线优美的身材，头身比例由7头身变为8头身。古希腊雕像中大量表现的8头身比例，即身长和头长的比例为8:1，是公认的最美的身体比例。

古希腊雕像的特点是人物的面部表情相当平静安详，力求不引人注目，力求突出身体之美。而现代艺术为了表现英雄人物常常把身材比例夸张到8.5头身，甚至有时塑造伟岸身躯时采用9头身的巨人型比例。美国洛杉矶体育场外塑造了两尊裸体的男女运动员像，为了突出表现身体之美，竟然不惜去掉头部，将人体强健的躯干展示得淋漓尽致。

而黄金率、黄金节、黄金段、黄金分割比例等，据说最早见之于古希腊数学家欧几里得的《几何原本》第2卷："以点H按中末比截直线AB，使成黄金分割，即AB:AH=AH:HB。"换句话说，就是整体与较大部分之比，等于较大部分与较小部分之比。在这个等式中，若设AB为1，则AH为0.618，而HB为0.382，即1:0.618=0.618:0.382。古希腊的许多建筑和雕塑，都符合这个比例。

自从19世纪试验心理学家费希纳运用科学手段证实了人们都欣赏这种最美的比例后，现代科学家也用不同手段确定了这种比例带来的美感可以从人的生理上寻求根源。

从人体的外形比例上，比如从头顶到咽喉，从咽喉到肚脐，再从肚脐到膝盖，膝盖到脚掌，都可以进行黄金分割。在体育界，有些对身材有较高审美要求的运动项目，教练员在挑选运动员时，也用黄金分割率来衡量好苗子。从理论上讲，从人的肚脐将身体分割为上下两部分，下部应该是全身长的0.618倍。如果运动员身高是160厘米，则以160×0.618=98.88厘米应为其肚脐至地面的理想高度。

关于身体的比例方面，还有躯体左右对称、四肢长短均衡、身长与坐高的比例等，这些虽然对衡量身体美及运动员的检查等有重要意义，但因骨骼、身高、四肢比例等多由先天遗传所决定，而身体的围度可以通过后天的锻炼来改变，所以从体育的角度而言，更加重视通过运动手段来改善和美化体型，注意经常地测量身体的围度，以此检验体育的效果，并作为衡量身体美的定量标准。

身体的围度，指躯体及四肢的粗细。它通过衡量肌肉的发达程度，成为衡量形体美的客观指标。由于性别的原因，体围标准对于男女各有其不同的要求。

理想的男性形体，无论古今中外，都认为应该表现出雄劲、健壮、刚强、有力、高大、伟岸之美。美学史上壮美和优美的观念大致相当，西方美学家把人体区分为男性美和女性美时，认为刚性美与柔性美是有区别的。

在体育活动中，我们一般把男性的、刚毅的、雄壮的、豪放的、剧烈运动的美，视为阳刚之美；而把女性的、柔缓的、优雅的、纤巧的、秀丽的、精巧性运动的美，视为阴柔之美。那么，作为一名男性运动员，他的形体、动作、气质，应以阳刚为主，并以从事力量型、速度型的运动项目为宜；而女性运动员的形体和动作应以阴柔为主，去参加柔韧型、灵敏型的运动。

在各项体育运动中，最能表现男性肌肉发达程度的项目是健美运动。国际健美比赛以此作为评分的基本依据，身体各部分的围度达不到一定标准的运动员甚至连报名资格都没有。

对于女性，衡量其形体美的定量标准可以简称为“三围”，即胸围、腰围、臀围。“三围”最能表明女性身体的曲线变化，在测量方式上又非常简便，所以现代的女性都用“三围”作为评价其身体美的基本尺度。

这说明，古代与现代的审美观是有变化的，艺术作品与现实中的女性美是有差异的，艺术美与现实美也确实不是一回事。

现代女性多以身体的瘦健为美，期望给人以精明干练的印象，却又不愿失去女性的魅力。理想的身体是胸围大、腰围小、臀围接近胸围。胸围是构建身体曲线的基本保证，而腰围越小则越显得苗条而不臃肿，过大的臀围可能障碍线条的流畅，卓绝的身材有时臀围甚至略小于胸围。

研究身体美的标准，应该遵循人体生长发育的规律，不能违反重量学、解剖学、生物力学的原则。各地区、各国、各民族都可能在身体外表上存在程度不同的差异。由于自然环境不同，各民族在身体方面的审类观念上有差异，这是不足为奇的。

身体美的观念历来有时代性，但可以这样说，高大健壮是身体美的历史标准，而增加身长、体重、胸围，则是现时代的要求。

运动美要从外观到内核

人类的审美领域极为广阔，审美对象日益广泛，运动美作为一个具有鲜明时代性的新概念的提出，是应人们对文化娱乐的更高需求而产生的。在运动美的概念中，可以包括竞技美、技术美、动作美、服装美、器材美、环境美、行为美等丰富多彩的子系统，为体育美的展现抹上了浓浓的绚丽色彩。运动美以身体美为基础，受体育美的制约，是体育美学的重要研究对象。

换言之，运动美建筑在身体美的基础上，反过来又在运动过程中表现身体美。运动美与身体美作为构建体育美的两大要素，使体育美成为人类以身体运动为特有手段所进行的文化活动中表现出的美的总称。

运动是一切生命的源泉。体育性质的运动，能充分展示富有朝气和生命活力的身体美。

我们在进行体育实践时，运动的方式、方法、技术、战术、动作组合……是没有阶级性的，许多项目的规则在世界范围内被人们共同遵守着。形式美是评价运动美的重要依据，运动美很大程度上要依据运动中的形式美而成为审美对象。

我们在漫长的体育实践活动中创造了大量的美，由于人在审美活动中直接感受到的往往是对象的美的形式，经过若干次重复，只要看到它的形式，不用去考虑它的内容，便能引起美感了。这种由美的事物的形式所显示的美，就称为形式美。形式美是美的形式的共同特征，从许多美的事物中抽象出来，因而具有相对独立的审美意义。虽然现在形式美的法则已被广泛用于各门类艺术及现实生活中，但是我们不应当忘记，许多形式美实际上是来源于我们的身体构造，并且在体育运动中大量显示出来。下面我们举出几种形式美来加以说明：

人的身体构造、生理节律和活动规律，含有整齐的因素。人的呼吸、心跳、行走的步履是整齐时，才会感到舒适；要是发生诸如呼吸紊乱、心律不齐等现象时就会很不舒服。

上下、左右或辐射的相同形状，方向相反而形象相同可以表现出匀称和相适应。人体如果从鼻梁垂直画一条线，从上到下，体表手两侧的各个部位就是对称的。欣赏对称的能力是自然赋予我们的。平静的湖水上山峰垂直投影的对称、自行车轮上钢丝呈辐射状的对称，均不如水平的对称使我们感受强烈。

身材对比可反映出尖锐的差别，有助于更鲜明地刻画对方的特点。当一起出现的两种东西有明显差异时，就会在我们的感官上产生对比的印象，二者也会达到相互强调的效果。身材的高低、胖瘦，肤色的黑白等，均显示出对比。男刚女柔，亦是很好的对比。坚实挺拔、粗犷刚健的动作，与轻柔灵巧、温雅流畅的动作相互辉映，可起到强调和突出对方的作用。一场球赛，双方运动员的服装颜色必须有明显区别，对比后更加醒目。

在形象中各成分、各因素之间的协调关系与对比恰好相反，两个东西并列时差别微小，就呈和谐状。和谐源于人本身。人体各部分是和谐结合在一起的完善的整体，身体动作和谐时便最省力，最有效率。

经过长期的进化，人形成了完善的可以发出悦耳声音的发音器官……在体育活动中，运动员个人动作的和谐以及与队友的配合默契的和谐显得非常重要，合理的、省力的、高效率的、准确的动作，可以反映出动作技术之美。使不整齐、不规则的动作或声音，在单位时间里达到相对的规则的秩序，是节奏的敏感，也是人类的生理和心理的基本特质之一。

人体运动是在神经系统指挥下有节奏地进行，心脏跳动、呼吸、一切新陈代谢的节律，导致了身体活动的外在节奏。如果在练习时过多追求分解动作的训练，尽管单位动作尽善尽美，但一连贯起来仍然会遇到缺乏节奏的难题。这是因为，节奏本身就是运动，任何节奏只要一停止运动便告终结，运动使节奏成为贯穿始终的完美整体。此外，在欣赏节奏之美时，我们只能使其保持在人类生理所能接受的范围内。极快或极慢的节奏，人体无法感受。比如，一个小时敲响一次的钟，交流电每秒钟50周的频率，因为找不到生理依据，只能通过理性的计算方法才能认识。

其他还有线条、层次、均衡、比例等形式美，都能从我们的身体上找到根源，并在运动中表现出来。

体育性质的运动应该以大肌肉活动的形式进行，这是生物学意义上的运动。体育以健身为主要目的，体育过程如果不要身体活动，就像教育不要学习过程一样，因此身体活动是体育运动的基本特征。

这样，体育性质的身体活动就在很大程度上失去了直接的功利价值，而逐渐具备了审美的意义。

体育性质的动作经过反复提炼，早已避开了生活和劳动中常见的单调动作，使每一关节、每一肌肉都充分运动。体育的动作，最大限度地发挥人体潜能，在速度、方向、力度等各方面都迸放出人的主动色彩，表现出特殊的文化价值，成为展示运动美的基本单元。

动作美的特点在于准确、干净、敏捷、协调、连贯、舒展而富有节奏。

身体活动从开始到结束的位置移动需要动作的变化，有运动方向、路线、节奏、韵味、力量、幅度、速度等特殊要求。由于表现动作美涉及运动员身体的灵巧性、稳定性、协调性，操纵的准确性、定向能力、反应时间、柔韧性、弹跳力、爆发力、耐力等，所以国外对动作美的研究常常借用自然科学手段。在体操等单靠印象评分的项目中，已经在考虑用摄像装置从不同角度将动作信息输入电脑进行辅助评分的方法。

身体活动，主要目的是锻炼身体，主要效果是体质增强。它有很强的科学性，也需要从美学方面不断改进其方法和手段。体育是为了塑造身心健全而完美的人，在身体活动过程中应该充分表现运动美。

最大限度地发掘身体潜能并充分发挥操纵身体的技巧的活动，主要通过比赛的形式进行。从运动学的意义而言，竞技是展示人的身体运动能力，提高技术水平的最重要的检阅方式。没有形形色色的竞技纪录，体育便在人类文化财富的宝库中黯然失色。所以我们说，竞技是体育的特征。

近代运动形式大为丰富，使得单纯表现体力的狂热让位于提高运动技术的需要。竞技选手不但要善于操纵自己的身体，还要注意对手的情况，与同伴的默契，以及适应场地器材等许多复杂情况。这样，竞技者必须经过训练，观众也懂得了更多的方法和规则，对于运动员和观赏者都增添了不少审美趣味。

现代竞技除要求运动员有良好的体力和技术外，战略战术的分量也增加了。教练员和裁判体制相继出现，含有许多学科的知识体系笼罩了运动场，使各种比赛日益复杂化和立体化。一些文化现象的渗透和不断增多的艺术性，使运动美成为现代社会文化生活中不可或缺的成分，也使竞技成为体育审美活动的焦点。

竞技中大量表现出运动技术之美。在古代，技术与艺术是不分家的。在体育活动中，要创造出更鲜明、更集中的审美对象，离不开完美的运动技术。技术美是人们对体育活动真实性的审美要求。运动的科学性主要表现于技术是否能得到正确、熟练的运用，而对其艺术性的要求则是表现美。虽然运动的目的不仅在于创造美或提供美的体验，但是过分强调已有的技术规定和限制势必造成运动者在审美意义上显得拘谨，会压抑对技术的创造性发展。一旦失去自由的创造力，技术美便失去了生命力。身体运动的技术在不停地变化、更新、发展中，这些发展和变化也包含着审美意识的作用，并且人们在发展新技术的自由创造的同时，也在进行审美享受。

竞技运动需要用熟练的技术把各种动作合理组合起来，表现运动美。技术熟练者，显得轻松自如，运动轨迹完美无瑕。遵从运动训练的科学规律，尽可能少消耗而多做功，才能充分表现训练有素的技术美，才能创造出优异成绩。

技术的完美反映出运动的科学性，科学的技术动作为表现运动美提供了光辉的前景。现代竞技运动训练，已由原来的体力投入型转为智力投入型。在许多艺术性较强的项目中，加强运动员审美能力的训练已成为综合训练的组成部分，使运动技术水平上升到崭新的高度。

体育运动中游戏因素的体现，表明其不可或缺的娱乐性。游戏反映出运动的文化学意义。缺乏游戏因素的运动形式，是没有生命力的。它又有什么可能来达到体育的目的？

游戏在体育与美学的关系方面，起着桥梁的作用。在美学史上，游戏的问题是引人注目的。从古希腊学者柏拉图以来的许多学者都探讨过游戏与艺术的联系。16 世纪意大利哲学家马佐尼提出了文艺是一种游戏的说法。这种观点在康德的著作中得到了发挥，他认为艺术是一种自由的游戏，体现了人对自己精神的驾驭自由。至今国外还把篮球、足球等视为游戏，甚至连 4 年一度的规模宏大的奥林匹克运动会，也具有浓烈的游戏意味。正是这种游戏意味，使体育运动具有一定的审美价值。

游戏是人们在劳累后恢复体力与精力的良好方式，为大众普遍接受。尤其是在机械化生产和家务体力劳动减轻的现代生活中，游戏又有占领闲暇以弥补身体活动欠缺的体育意义，成为生活中重要的组成部分。

在古代，若干体育形式及舞蹈、戏剧等艺术雏形孕育于游戏之中。

游戏可以促进身体各部分组织和机能的发展，还以极强的娱乐性、以身体动作的优美协调及表现力来满足人的审美需求。特定的游戏形式和严格的技术训练，保证了人们的创造性被承认，并通过想象力的锻炼而达到成功地运用技巧。

远古时代体育竞技与音乐、舞蹈、戏剧、诗歌、杂技等艺术样式萌生于同一胚胎，而现代民族传统体育活动仍然汇集各类游艺表演，反映出原始艺术活动的淳朴古拙之遗风，是研究体育、艺术起源及人类审美发展史的活化石。

种类繁多的体育活动

在体育活动中，花样滑冰是冬季奥运会项目之一，包括男、女单人滑，双人滑和冰上舞蹈。花样滑冰把音乐、舞蹈、体操、滑冰技巧有机结合，具有健、力、美、新、难、快等特点，尤其是在光洁的冰面上快速行进间完成各种优美人体造型的冰上舞蹈，具有甚至连各种舞蹈也无法表现的艺术魅力，因此被誉为最美的运动。

而经调查，认为花样滑冰美的人们都没有亲身从事过这项运动，绝大多数人仅仅是通过电视才接触到它，却对它赞不绝口。同样，认为最不美的运动项目是拳击和相扑，大家也多数并未亲身实践过。

倒是有些项目由于性别的不同而反映出倾向性。

体操是人类最古老的运动项目之一。16 世纪，意大利学者麦利库里阿利斯发表了名为《论体操的艺术》；18 世纪，捷克体操学派创始人笛尔什以及瑞典、丹麦体操学派的倡导者们都强调了体操运动的审美因素。

武术是中国古代流传至今的一份宝贵的文化遗产，是中华民族的传统体育活动。其动作内外合一，形神兼备，威武勇健，节律鲜明，尤其讲究身体点、线、面的对比均衡和运动中形式美的多样统一。

武术流派很多，但共同的动作特点是要求手到眼到，上下照应，意领身随，一气呵成。武术运动员多腰细腿粗，体态稳重而灵活，穿着不露肢体的宽松服装，显示出含蓄的力量美。

武术在各种技击格斗项目中表现了最为浓郁的文化色彩，其中如轻灵圆滑，舒缓柔绵，连延不绝似行云流水的太极拳以及身灵步活，韵味十足，充满着美妙的曲线之美的八卦掌，与中国古代道家美学思想一脉相承。可以说，武术不仅是一项体育运动，而且可以作为代表中国传统文化的东方健身体系。也许正因为如此，武术在最美的项目中，作为唯一的非奥运会比赛项目而排在第 6 位。

游泳是富有锻炼价值的一项运动。全身浸泡在碧波之中，各器官的感受与平时是大不一样的。人在水里，无论是蝶泳、蛙泳，还是仰泳、自由泳，动作姿势与在陆地上的任何身体动作均存在着程度不同的差异。随着文化的进步，人们不再满足于自身在水中可以享受到的快感，进而要从观赏优秀运动员的多样表演中获得美感。花样游泳选手借助水的浮力显示人体各部分的艺术表现力，尤其是倒立在水中用腿来倾诉美妙的情感，连技艺最高超的芭蕾舞演员都要自叹弗如，故又称之为水中芭蕾。

这种以善为美的传统审美观念，在中国流行了几千年，要改变它是很不容易的。中国人欣赏以轻柔、灵巧、雅丽为主的阴柔之美，与西方崇尚力量、雄健、强壮为主的壮美形成鲜明对照，以至拳击、举重、摔跤等项目在中国得不到青睐，这种倾向也许会随着时间的推移而逐渐有所改变。

令人惊讶的是，风靡世界的健美运动竟然也被不少人置于最不美的运动之中。

这种运动最初是由欧洲舞台上的肌肉控制表演发展而来的，鼻祖当首推19世纪末的德国人先道。其后，由于训练方法的科学化以及服用药物等因素，使人体的各部位肌肉得到前所未有的发达，几乎到了登峰造极的地步，健美运动在世界范围内迅速普及开来，成立了国际性的组织，并在各大洲定期举办高水平的比赛和表演。正式的比赛，要求运动员先测体围，再依次进行规定动作和自选动作的表演，裁判员从运动员正面、侧面、背面的动作姿态中观察其肌肉发达程度及表现能力，通过评分来决定名次。俄罗斯及东欧国家开始举办的小型健美赛，说明相反的意见渐渐占了上风。一种意见认为女子应该与男子一样，追求肌肉的发达程度，看肌肉到底能练多大；一种意见认为女子主要应该表现形体的曲线美，以发挥自身特有的魅力。

由于身体美是体育美的基石，美的身体带来美的运动，而美的运动塑造出更美的身体，所以人们普遍对会导致身体丑陋的运动项目表示了程度不同的反感。20世纪60年代以来，世界范围内妇女解放运动的兴起，使某些人不顾女性的生理特点而鼓励她们参加一切竞技运动项目。这似乎并无必要，正如男子没有必要去参加花样游泳等女性特有的运动项目一样。

我们可以就运动的不同目的、不同场合、不同形态、不同对象进行分类，可以按运动项目的主导身体素质分类，按运动项目的动作结构分类，按运动成绩的评定方法分类，按运动技术的确定性分类，按比赛选手的相互作用分类，按比赛场地的不同特点分类，按比赛时各队人数的多少分类……总之，分类的方法是很多的。

国外的体育美学家也采用了各种方法分类。有的认为应该重视平稳、匀称、比例、律动等形式美要素，有的认为应分为构造、目标、准确、弹性、流畅等种类，还有的以时间性（灵敏、速度、节律）、空间性（幅度、高度、重量）、坚强性（强度、激烈、耐力）、精致性（巧妙、准确、均衡）、愉悦性（华丽、热爱、惊喜）、优雅性（柔和、流畅、高尚）作为特征进行分类。

体育运动是以体力和技术为基础的“真”来获得良好成绩的“善”，它对于人类有益的审美价值应该从分类中反映出来，这样才能最大限度地发挥各项运动对人体健美的效益，提高各自的观赏效果，为人类的文化宝库增添财富。

测速类和测距类，是用时间和长度或高度来评定运动员的身体运动能力，包括了最古老的和奥运会金牌最多的田径以及游泳、滑雪等运动中的许多项目。

计量类项目中，最有代表性的是举重。射击和射箭，也有身体在空间相对静止的运动特点。这类项目不是与对手直接对抗竞技，运动范围小，审美价值相对受到影响。但它们所获得的成绩与前两类一样有绝对纪录，而打破纪录便意味着量上的增加，每增加一千克或一环，都是人类的骄傲。

评分类项目没有客观的世界纪录，也不靠进球、击中次数多少来评定成绩，而是结合裁判员根据动作的完成情况来评定。显然，评分类项目的发展受审美意识的影响最大，艺术因素最丰富。

还有冒险类和自娱类的运动系非奥运会项目，但它们都是体育活动的重要组成部分，在表现体育美方面发挥着不可缺少的作用。至于那些娱乐性的身体活动，其数量时刻以惊人的速度增长，其参加的人数接近世界总人口，以自娱和娱人的方式最有效地达到体育的目标，增进整个人类的健康。

怎样观赏运动美

竞技以及对其进行观赏的审美活动，从萌芽起就一直是两个不可分割的部分。

早在史前时期，原始的体力劳动技能（如投掷、射箭、奔跑、游泳、划船、负重等）训练中的某些部分已经演变成作为娱乐手段的竞技。

5000 年前的古代东方，各种竞技活动已经广泛开展。

古希腊竞技的规模最为宏大。荷马时期，军事首领们常常举行投掷标枪、驾驶战车、拳击、赛跑等竞技活动。

到了公元前776 年，原始的祭礼竞技发展为古奥运会，项目逐渐增多，有各种赛跑、摔跤、拳击、赛车和赛马，还有火炬赛跑、传令比赛、吹笛赛、吹号赛等等。

在古希腊人的竞技盛会中，观赏健美的人体和运动的美好形象，是头等重要的大事。希腊人裸体从事运动而坦荡无邪，表示对神的尊崇和对自身健美肌肉的炫耀。

竞技促进了艺术的繁荣，讴歌人体的健美成为时尚，连运动会的裁判法也是从平等的精神出发，规定每位奥林匹克竞技的优胜者都享有塑一座雕像的荣誉。

现代的国际比赛，能充分反映一个地区、一个国家的文化、教育水平和民族的精神面貌，所以各国都很重视这种关系到国家和民族荣誉的体育活动。

竞赛活动之美，有很大一部分表现在它的各种仪式中。伴随着竞赛的礼仪，可以唤醒一种难以用语言或理性表达的情感。在一次运动会的开幕式和闭幕式上，运动员入场、重要人物讲话、民间歌舞的表演等都是仪式的组成部分，其中最具有审美价值的是团体操。

团体操是不以竞争为目的的大型体育表演项目。参加者成千上万，有的在场地中央穿插跑动，有的在看台上变换背景，还有的从天而降……在编排精美、规模宏大方面是无可比拟的。中国的团体操以气势磅礴、动作整齐协调、队形变化巧妙著称。第 1 届到第 11 届全运会上都表演了团体操，其壮丽的造型图案、宏伟严谨的内容和背景画面别具一格，誉满世界。团体操表演的内容每次都是崭新的，而且几乎不能重复表演第 2 次。

在竞赛中运动员可以充分发挥技术水平，变化多端，显示出不同的风格。欧洲足球表现出大刀阔斧的力量型风格，南美足球表现出灵活细腻的技巧型风格，令球迷们如醉如痴。遥遥领先的运动员以一丝不苟的认真态度贯彻始终，而落后的运动员毫不气馁地努力不懈，顽强地坚持到最后，表现出胜不骄、败不馁的运动家风度，给人以极大的精神鼓舞力量。

运动员的行为，代表着主动而热情、干脆利落的风格，应该做的事立即付诸实施，处理问题果断而敏捷，在复杂的变化中迅速做出反应，而在解决人际矛盾时公平合理。

体育活动中的审美对象主要是人的身体运动。不过，运动者的身体表面多为服装鞋帽等覆盖，可塑性极大的运动服装常常成为人们的审美趣味中心；还有运动场地、器械、灯光、记录装置等许多竞赛的辅助设施，也对运动美的表现发挥着重要作用。

爱好运动者身材健美，而身材健美者穿着得当则如锦上添花。运动服装的美是以不妨碍身体运动为前提的，所以要宽大；摔跤要受到猛力撕扯，所以要坚韧；长跑裤要防止摩擦损伤皮肤，所以要柔软；评分类的运动项目在服装设计上更是较多地考虑了审美因素。

运动美以身体运动为主，但漂亮的场地设备，精心投射的灯光，先进的运动器械等也能衬托出运动美。

在现代化的体育场里，悬挂着巨型电视转播显示牌，人们可以在上面看到运动员的面部特写、慢放动作，还能同时看到他的比赛成绩及其他情况介绍。一只漂亮的球拍、一副轻便的滑雪板、一艘华丽的赛艇，都能给人以美好的印象。科学技术的进步，使运动场地器材日新月异。

体育运动之美建立在真实的基础上。激烈地对抗，最强者取胜。运动场上不开后门，没有真功夫的南郭先生休想蒙混过关。第一流的运动员，从亿万人中挑选出，他们是人类漫长的进化中已被赋予了极高专项发展能力的尖子，他们通过非凡的训练去不断改写人类身体运动能力的最高纪录。

受地理环境、生活条件、历史与文化传统的影响，人们在观赏体育运动时存在着一些偏爱。

南人善舟，北人善马；南方盛行游泳嬉水，北方盛行溜冰滑雪；中国人尊崇武术，日本人酷爱相扑，印尼人特喜羽球，美国人好尚棒球……不同的地域、不同的经济生活以及不同的心理素质产生不同的运动项目，形成审美评价上的差异。

由于每个人的体质条件和教育程度不可能完全一模一样，所以在运动美的观赏中也不可避免地存在着个体差异。

我们在观赏体育运动时，应该先了解一些该项运动的基本知识，否则看不出什么名堂，更谈不上获得美感了。

坐在观众席上，还应该保持适宜的审美心境。当你心情愉快的时候，往往倾向于用肯定的眼光看待周围的一切，产生较愉快的情绪体验。面对着盛况空前的运动会，由于心情舒畅，你会觉得彩旗在向你招手，人们在向你微笑。

如果你只是为了在工作和学习之余休息消遣，在观赏中获得乐趣，充分领略运动之美，那么你最好是不要过分看重输赢，尽量淡化情感中的功利色彩。

内模仿是我们在欣赏运动美时，内心所产生的与生理有关的筋肉运动感觉。我们在观看精彩的足球赛时，盼望运动员临门一脚按照自己所预想的那样射出去；观看跳高时，设想运动员矫健的身躯按自己的推测腾空而起；观看体操选手在空中翻腾，想着他落地时一定要站稳……我们没有真正进行模仿，而只是内心里的阵阵冲动，所以叫内模仿。

这种冲动常常要下意识地表现于生理上的变化，如强烈的手舞足蹈，口中喃喃自语，紧张得面孔煞白或兴奋得满脸通红……这是常有的现象。

观众对竞赛的有益促进，总的看来是远远大于不利影响的。众多的观赏者，可以使运动员迅速兴奋起来；获得观众的鼓掌加油，运动员可以不顾疲劳而奋发冲刺；观众的喝彩和赞扬，能提高运动员的自信心，做出更加漂亮的动作。

我们应该根据不同的情况，在不妨碍比赛的前提下，通过语言、欢呼、掌声，有时还借助旗帜、歌声、标语、花束等来表达自己的美好情感。

艺术感染力

翻开体育史和艺术史，我们会不约而同地回到古希腊。

古希腊奥运会从公元前776年开始，延续了千余年，在中断若干世纪之后，从1896年又恢复举行。人类还没有哪种制度，像奥运会这样历史悠久。4年一届的奥林匹克盛会，同时也是艺术的聚会。树荫下，文艺评论家以雄辩的口才阐发自己的观点；草坪上，人们簇拥着冠军获得者载歌载舞；抒情诗人在肌肉丰满的人群中穿行，推敲自己的新作；广场上正在演出震撼人心的悲剧；一群雕塑家趴在沙地上，仔细研究青年角斗士在那上面留下的躯体轮廓的印记。

古希腊的艺术家们在运动场上汲取灵感，创作了不少讴歌体育的文艺作品。

但是，自从优胜者们的物质奖赏日渐丰富，竞技走向职业化，艺术家与大众一样被驱上观众的看台，运动选手专注于单调的专项训练，追求身心健美和谐发展的宗旨被遗忘了。

人们并没有忘记历史的教训。首届现代奥运会举行后，现代奥林匹克运动的倡导者顾拜旦提出：艺术、科学、运动，是构成和平友谊的奥林匹克思想的三要素。随后于1912年瑞典举行的第5届奥运会上，开始举办与体育有关的雕塑、建筑、绘画、音乐、文学等项目的文艺作品大赛。而在第23届奥运会艺术节上，集中了1500位艺术家为数百万观众演出了300余场艺术盛宴，参加演出的有20多个国家的70多个世界著名的艺术表演团体。

大批的艺术爱好者与体育迷一起，在观看紧张激烈的竞技角逐之余，陶醉于抒情典雅的艺术殿堂之中，获得极大的精神享受。

体育不能和艺术画上等号。但是，许多运动项目具有迷人的艺术魅力，却是众所周知的。当然，这种艺术魅力在很大程度上是伴奏的音乐、各种舞蹈动作等艺术种类的渗入所致。

艺术促进着体育的发展，体育活动中客观存在的大量现实美，为艺术创作提供了广阔的天地。美，是联系着体育与艺术的纽带。

与体育有关的建筑

很少有人想到，体育与艺术的联系中最直接的可能要数建筑了。从古希腊起，建筑就一直是大型运动会必不可少的物质条件。经常定期地举行竞赛，需要建筑庞大的运动场地，而体育建筑能充分表现建筑艺术水平，因为它是实用性与观赏性并重的，在设计时特别要考虑审美的需要。

纪念碑或园林庭院，审美功能是主要的。体育建筑介乎于两者之间，但它造型别致、形态奇异，其体积、线条、色调、材料等与其他建筑形成鲜明的对比，表现出高大、雄伟、宽敞、开阔的特征，显示出不可取代的审美价值。

现代的体育场馆，无不耗资巨大，其中用于满足直接运动竞赛的投资比例较小，而花费在满足审美需要方面的比例日益增多，尤其是举办奥运会的建筑群，由第一流的建筑艺术大师来设计，完成了若干建筑艺术中堪称超级的艺术佳作。

例如，为第20届奥运会建造的慕尼黑体育中心，被誉为公园化的体育建筑，成为新的旅游名胜观光区；为第21届奥运会建造的蒙特利尔体育中心，用一座高167米的巨型悬塔将体育场、游泳馆及赛车场等几个薄层顶联为曲线优美的整体，被称为大屋顶综合赛场而成为高效悦目的典型。

舞蹈在体育中的再现

生活中的舞蹈、练习时的舞蹈、学习中的舞蹈教学，与体育活动几乎没有什么区别。体育和舞蹈都是以充满生命活力的人体运动为手段，都熔铸着力与美。如果在一些运动项目使用音乐伴奏，动作十分优美，只要它们的目的是增进人类的健康，是为了提高运动技术水平以便获得好成绩，那么它们就是体育的范畴。

体育竞赛与舞蹈表演的区别就更加明显了。竞赛毕竟不是自由地、独立地创造美的过程。

舞蹈渗入到现代运动项目中，主要起装饰和调节作用。在体操、技巧、花样滑冰等项目中，舞蹈动作是其发挥艺术表现力的主要部分。

运动员的动作美观大方、干净利落、轻松愉快、协调优美，这些要靠舞蹈训练来完成。成套动作的装饰和美化需要穿插融汇各种舞蹈动作。舞蹈还可调节运动节奏，在成套动作的开头、结尾，高潮与高潮之间，不同的动作之间，都需要用舞蹈动作使其流畅地衔接，和谐地过渡。

在一系列紧张激烈的高难度动作之后，运动员消耗很大，这时采用优美舒缓的舞蹈动作，一张一弛，帮助运动员调节呼吸，恢复体力，以便全力以赴去完成下一轮动作。所以，运动中的舞蹈首先要优美，这样才能起到修饰作用；其次要轻松，这样才有利于调整运动节奏。

既是民间体育，也是民间舞蹈。在少数民族为数众多的传统节日喜庆活动中，跳竹竿、跳鼓、打花棍、打扁担，很难区分它们是体育还是舞蹈。近年来十分流行的还有迪斯科、霹雳舞、健美操等等，而健美操在后面的章节有详述。

体育中新的血液——音乐

古代的奥运会，传令兵的吹号比赛和笛手的吹奏比赛曾作为正式项目，在跳远比赛时，旁边还有长笛伴奏，人们为笛手赛的冠军塑像，纪念他们对运动会所作的贡献。

一些为体育创作的作品如著名的《运动员进行曲》，演奏多年而不衰，而且还用到许多非体育性质的公众集会场合（如表彰大会、授奖仪式、欢迎场面等）。

许多体育专家认为，音乐对几乎所有的运动都有良好的促进效果。运动训练中播放优美的音乐，能减少运动员的单调、枯燥的感觉，使大脑皮层处于兴奋状态，激发潜力，改善、协调动作节奏，提高运动成绩。

雕塑为体育树碑立传

从古希腊雕塑上可以感受到体育美。真正的艺术，具有永恒的魅力。体育中大量的运动形象为雕塑提供了广阔的创作天地，人体美也借此与世长存。古代奥运会上的优胜者可以被塑像，大小不得超过自己的身高。最著名的一尊雕像是米隆的《掷铁饼者》。这件作品塑造了一位裸体运动员，表现他手持铁饼向后悠摆，上身前俯，腰肢右旋，右脚作为全身支点，即将抛出前一刹那的优美姿态。运动员张开双臂如强弓拉满，给人以千钧一发的联想；铁饼与头部左右呼应，曲折的身体以右腿为轴，抓住了从一种运动状态向高潮动作转换的关键环节。作品刻画了发达肌肉的强弱交错，雄健身躯的均衡协调，力量的蕴积和爆发，非常成功地用固定形象表达出超凡的运动感。按照现代投掷技术分析，运动员的头部应顺铁饼摆动方向偏转，但我们却看到雕像头部向下，两眼视地。按照生物力学常识，右手掷物，应左脚在前以支撑身体，右脚弯屈以便蹬地、挺身，利用爆发力将物抛出。可是，雕像的左脚屈于右脚之后，显然失去了支撑作用。这说明，雕塑家注重人体造型美，并非在制造人体标准投掷姿势的教学模型。艺术的真实与生活的真实，艺术美与现实美之间，的确是有差异的。

现代的体育雕塑，主要是放在体育场馆附近作为装饰和美化环境用，成为体育建筑不可缺少的标志。我国的体育雕塑有着较高水平，有的作品还被国际奥委会选为永久陈列品。

留住了活力的绘画

健美的形体，蕴蓄着跃动的生机和旺盛的活力，这是古往今来美术家们孜孜不倦所追求的一个永恒的主题。

在中国的传统绘画中，以体育为题材的并不少见。在少林寺及布达拉宫的壁画中，也有栩栩如生的体育活动的情景。

绘画与雕塑相比，不拥有占据三度空间、便于永久性存放的优势，但绘画成本较低，制作期短，表达方式灵活多变。

体育的广告者——文学

中国文化有几千年的悠久历史，中国的古文字有相当一部分是根据人体的各种姿态创造出来的。

近、现代的作家们常常在体育领域中选取创作素材，完成了不少优秀的体育小说和散文。然而，如果从文学对促进体育事业发展的角度来看，最有作用的还是纪实性作品。

体育的媒介——电影、电视

它们之间的关系可以追溯到摄影技术的诞生。体育运动中稍纵即逝的形象，不靠摄影便无法真实地保存下来。摄影以体育为题材创作出许多艺术佳作。几乎所有的体育报刊都用照片来弥补文字描述之不足，而几乎所有的摄影家都愿意在凝固运动形象方面一试身手。

与电影相比，电视更为年轻，更现代化。电视作为现代社会最有力的传播工具，促进了体育的国际化和前所未有的普及。体育节目，现在已经成为各国电视节目中的重要内容。在日本，经常通过卫星转播世界各地举行的重要国际比赛，许多观众把观看星期日下午的体育节目视为生活中必不可少的内容。

电视不仅大量地播放体育节目，满足人们日益增长的文化生活的需要，而且录像设备还直接为体育所用，大量摄制供技术、战术分析的录像带，为提高运动训练水平提供不可缺少的电子化教育手段。电视画面的特殊处理，还使精彩的比赛变得更加激动人心。

审美新视野

人对于美的感受能力，通过后天锻炼可以大为提高。参加体育活动的人不但能使观众感受到美，而且由于运动的感知觉也能形成美的自我体验，通过愉快、满足、赞赏、舒畅等心理反应对身体运动形象进行充分肯定。

人们在体育活动中，身体的各感官有可能获得最充分的刺激，获得一系列最基本的感受。这些感受是人的全面发展所必需的，也是通向审美境界的初级阶段。身体在运动中的奔跑、跳跃、冲刺、滑行、旋转、翻腾、滚动、摇晃、碰撞、升降等动作，强烈刺激着人的神经系统和感觉器官，引起运动感、肌肉感、节律感、时空感、立体感……对力量的震撼，对速度、灵敏的惊奇，对柔韧、协调、耐力的赞叹，都引导我们走向精神领域的最高层次——美。

美学家认为，人体的一切机能都对美感的获得有贡献，健康的身体给我们带来纯粹的快感，提供闲暇时的兴致和精力使我们从事游戏和艺术而达到审美境界。

随着体育活动的普及，审美教育的问题显得越来越突出。体育之美，作为一种审美对象是不能被其他美所取代的。因此，与体育有关的每个人，都应该具备正确的审美观点，具有感受美、欣赏美、表现美、创造美的能力，塑造美好心灵和纯洁精神世界，使生活更加丰富多彩。

校园里的青少年，是祖国的未来，理应在健康的环境中，发育出健美的体型。然而，近年来我们遗憾地看到，相当一部分学生四肢肌肉枯萎，弓腰驼背，动作呆笨，肚子上有厚厚的脂肪，鼻梁上架起了沉重的眼镜。

体育的根本目标，是使一代人比一代人更美。而塑造健美的人体，光靠时髦的服装和化妆品是无济于事的。因此，同学们在积极地参加体育锻炼的同时，要特别注意保护眼睛、耳朵等感觉器官，以利日后健康地参加审美活动；在学习知识之余还要积极参加艺术欣赏，以培养自己对美的感受能力和鉴赏能力。

在体育队伍中，有一部分人是专门从事高水平运动竞技的运动员、教练员和管理人员。对于运动员来说，感受性很重要，训练时许多动作的掌握要靠感性认识，技术复杂的运动更需要鲜明生动的动作形象。

缺乏感受性的人是不完善的，缺乏感受能力的运动员，对动作领会慢，训练效果差。增强感受性最适宜的是审美活动，在对美的重复体验中，培养运动员灵活、敏捷、反应快等各种能力，大大增强感受性。

我国的优秀运动员在体操等国际比赛上表现出第一流的高难度技术动作，但往往却拿不到冠军。这是因为我们的技术水平虽高，但因乐感差、韵律差、节奏差、协调性差，缺乏美的表现能力和创造能力，所以最终金牌还是让别人拿跑了。

未来体育向着越来越美的趋向发展，因此在提高运动技术水平的同时，应该让美育进入到训练计划中去。未来的运动员，不但要有远大的理想、精湛的技术、良好的身体素质、丰富的科学文化知识，还应该具备较高的艺术修养，学会运用美的规律来改造世界。我们应该对所有的体育工作者都实施美育，为他们敞开艺术的大门——小说、诗歌、散文、戏剧、歌舞、电影、杂技、绘画、雕塑……让他们多接触艺术，欣赏艺术，热爱艺术，在体育运动中表现和创造出更多的美。

浅谈健美体育

健美体育的主要任务是塑造人体美和培养人们对人体美的审美能力，而人体美的基本范畴包括以下几个方面。

（一）健康美

健康美主要指在健康身体的基础上，表现出优美的肤色，明亮的眼睛（神）、充沛的精力与体力。著名的俄国革命作家车尔尼雪夫斯基说过：生命是美丽的，对人来说，美丽不能与人体的健康分开。

（二）体型美或轮廓线条美

体型美或轮廓线条美，一般指身材协调，四肢匀称。女子身材苗条，具有区别于男性的、为女性所特有的线条美；而男性身材魁梧，躯体呈三角形。此外，由于地域或人种的差异，民族风俗习惯与传统观念的影响，对体型美有不同的要求，如东亚女性的身材较多适应穿旗袍，显得身材修长；而汤加这个国家却以追求男女肥胖为美。

（三）姿态美

姿态美基本上指人在立、坐、走时的身体型态。姿态美的关键是脊柱发育正常，脊背不驼，显出身体挺拔。立、坐、走符合人际交往中的礼仪要求，具有风度。

（四）动作美

动作美表现在完成动作的协调性、准确性、灵敏性和有效性。在一定环境中完成动作显得大方、得体。

人体美主要表现在人的外在美，而外在美同人的气质、风度是紧密相关的。在塑造人体美和培养对人体的审美能力中，应与一个人的气质与风度联系起来。

体型美的类型

体型是指人体生长发育的水平及身体的整体指数与比例。在健美体育中，人们对体型美的追求与塑造也是多种多样的，归纳起来可分为以下5种类型：

首先是肌肉发达型。是通过各种力量练习，使身体各部分的肌肉得到协调、匀称的发展，进行人体造型。“国际健美联合会”每年举行一次比赛，男女获得各级别冠军的选手分别称为世界先生或世界小姐，而国际职业健美锦标赛，冠军称为奥林匹亚先生或奥林匹亚小姐，就是这种类型体型的代表。

其次是体能型。是通过一定的专门练习，并结合力量练习，把发展体能和发展身体、塑造体型结合起来，像田径、体操、游泳和球类等一些项目的优秀运动员那样，而米隆的《掷铁饼者》雕塑的形象就是这种类型体型的代表。

再次是舞蹈演员或艺术体操运动员型。是通过大量的舞蹈、艺术体操或健美操等动作以塑造体型。

然后是适应型。是指人们根据各自的身体条件，塑造自己的理想的体型，如解决身高过高过矮，体重过胖过瘦，身体各部分发展不太协调等问题，有针对性地塑造体型、矫正畸形或不协调的发展。

最后是姿态型。有的人长得过胖，而另外一些人身上的肌肉很不发达，甚至已形成鸡胸或人体过瘦，但他们却以良好的姿态弥补了一些不理想体型的缺陷。

各国健美运动概况

古代中国、希腊、印度的健美体育早在2000多年前就已出现。中国古代导引图上，彩绘着44个不同性别、不同年龄、栩栩如生的人物，做着各种各样的导引形象，采用站立、蹲、坐等基本姿势做着臂屈伸、弓步、转体、跳跃等各种动作，几乎和当今的健美操动作相仿。三国时（公元220～280年）的名医华佗，曾把各个导引动作，改编为虎、鹿、熊、猿、鸟5组动作，称为五禽戏。五禽戏模仿虎的勇猛扑击，鹿的伸展洒脱，熊的沉稳进退，猿的机敏纵跳，鸟的展翅飞翔。动作造型美观，生动有趣，使人的机体各部位得到充分锻炼，五禽戏是我国早期具有民族特色的体操套路。中国古代的导引、气功、武术，对我国体操的发展也有着重要的意义。

古希腊人对人体健美的崇尚，在世界上是罕见的。古希腊人为了经商和应付战争，需要人们具备并练就健壮的身体、强悍的性格。当时男女喜欢赤身裸体，浑身涂上橄榄油，在烈日下锻炼和展示自己健美的身体。古希腊人认为在世界万物中，只有人体的健美才是最匀称、最和谐、最庄重、最有生气和最完美的。古希腊人喜爱采用跑、跳、投掷、柔软体操和健身舞蹈等各种体育项目进行人体美的锻炼。他们提出“体操锻炼身体，音乐陶冶精神”的主张。古希腊人，对人体健美的崇尚与追求，把体操与音乐相结合的主张是现代健美操形成与发展的基础。

古印度很早就注重瑜珈术，它把姿势、呼吸和意念紧密结合起来，通过调身（摆正姿势）、调息（调整呼吸）、调心（意守丹田，入静），运用意识对机体进行自我调节，健美身心，延年益寿。瑜伽健身，包括站立、跪、坐、卧弓步等各种基本姿势。这些姿势与当前世界流行各种健美操所常用的姿势基本是一致的。一些人把瑜伽的精华巧妙地配上现代韵律，创编出瑜伽健美操。

而在欧洲文艺复兴时期的文化特点是复兴被遗忘的古希腊、古罗马的古典文化。这一时期人体美又被突出的提出来。许多教育家认为，古希腊体操是健美人体最理想的体育体系，提出“人要有科学的头脑，健美的体魄”的主张。19世纪欧洲先后在法国、瑞典、丹麦、捷克等地出现了各种体操学派。德国人斯皮斯有音乐天才，他把体操从社会上引入学校，他为体操动作配曲，他的体操是在音乐伴奏下进行的。瑞典体操家林氏研究解剖学、生理学，并把其知识运用到体操中，使体操建立在生物科学基础上。丹麦体操家布克创造了基本体操。他把体操动作分成若干类，包括发展身体各部位的动作，并编成不同性别、不同年龄的各种体操。德国、瑞典、丹麦体操体系的形成和发展为现代健美操在理论和实践两方面奠定了坚实的基础。有的人提出，健美操是在基本体操的基础上发展起来的，健美操是体操的一个分支不是没有道理的。

我国康建书局曾出版了马约翰等人著的《女子健美体操集》。该书以貌美与体美、女子健美运动、中年妇女美容体操等5章，阐述了人体美的价值、重要性，介绍了采用站立、坐卧姿势做的各种健美操，并附有30多幅照片，其动作与现代女子健美操有许多相似之处。该书在摘要中介绍说“本书所选欧美各国最新发明的体操数种，有适于少年妇女者，有适于中年妇女者，皆为驻颜之秘诀，增美之奇方，至于身体健康，自不待言，能恒心练习，立可获得美满之奇效”。后又相继出版了《男子健美体操集》，以体操之实益、职务繁忙者之健身操、适用于医学的体操等专题，阐述健美操对增进人体美的价值、方法、要求。男子健美操增加了许多哑铃等轻器械，许多动作与现代健美操十分相近。这两本书说明我国早在20世纪30年代已介绍了欧美各国的健美操。

总之，从古代到近代，从外国到中国，健美操的产生与发展起源于生活，来自于人们对人体美的追求，历史源远流长。

近年健美操的兴起

近年来，随着遍及全球健身热和娱乐体育的发展，健美操风靡世界。

特别是20世纪80年代以来，健美操以它强大的生命力、不可抑制之势，正在世界范围迅猛开展起来。

据报道，英国早在1956年就建立了大不列颠健美协会，协会的根本任务在于为众多的体操小组培养新的教师，他们要学习解剖学、人体造型艺术、教学法、急救法，还要掌握大量各种体操的动作技术。现在英国大约有270万人每天清晨都要打开电视机，跟着电视里做示范动作的女教练做健美操。

据《世界体育参考》报道，在法国现在已有400万人，每人约花335美元报名参加了健美操中心的活动。健美操中心增加了，仅巴黎现在就有1000多个。把健美舞从美国传授到法国的巴黎健身俱乐部老板埃里克·西来安说："从前，体育锻炼是一种枯燥乏味的活动，今天的健身舞其乐无穷，它使苦药变为甜药，十分诱人，令人向往。跳健身舞像参加一种社交聚会，五光十色，乐声悠扬，人们欢快的脸上沁出亮晶晶的汗珠。"德国人认为："健美操把柔软体操、伸展运动和慢跑融为一体，使体育锻炼得到了彻底的改革。健美操通常伴随着欢乐的摇滚乐跳动，它不仅是一种对心脏和肺有益的良好锻炼手段，而且现在还变成了一种社交活动。"

美国是现代健美操十分盛行的国家，而且对世界健美操的发展有着很大的影响。美国人对体型和健美操的崇拜日甚一日。原来许多美国人开始热衷于跑步和到蒸汽健身房去锻炼身体，而且还说：那种会使人满身大汗的激烈运动很有趣，然而今天健身舞却备受人们欢迎。估计美国跳健身舞的人已达1870万。几乎与打网球的人数不相上下，而且男人也开始跳以前是女人才跳的健身舞，他们一则为了保持体型健美，二则是为了消除疲劳。

1986年我国《参考消息》引用美联社的报道，美国甚至出现使用机器人教健美操。印第安纳州伊万斯维尔的一个机器人"萨利"发号施令道："直立、坐下、双腿放在地板上、摇头。"直至健美操完成才喊停。报道指出："场面真是妙极了！"据统计，美国人每年要花2.4亿美元做体操、舞蹈和健美操。美国健美操的代表人物是好莱坞著名影星简·方达，她主演过数十部电影，曾于1971年和1978年两次获得奥斯卡最佳女演员奖。她根据自己的体会和实践撰写的《简·方达健美术》一书，自1981年首次在美国出版以来，一直畅销不衰，并被翻译成20多种文字，在世界许多国家出售。著名的影星和健美操专家这两个因素使她成为20世纪80年代风靡世界的健美操的杰出代表和开拓者。她创编的几套比较科学、饶有兴味的健美操，从社会学、生态学、生物学、人体美学和营养学的角度，对健与美提出了一些比较新颖、有一定说服力的观点。她在书中写道："健美操可以改变你的形体，烧掉身体各处积存的多余脂肪，并且在你从未想到的部位增加肌肉的张力，它将使你在身体上和心理上感觉更加良好。""健美操的基本锻炼原则是在身体重量的抗力下重复，一旦牵涉某一肌肉群的动作，使肌肉运动至极限，然后通过拉伸运动来增加柔韧性，并使肌肉拉长。"她主张进行健美操锻炼要配上音乐，其中可用流行音乐、乡村音乐、西部音乐、摇滚音乐等等，这可说是体育与音乐的最好结合。简·方达健美操分为初级和高级两部分。每个部分都包括有热身练习、手臂练习、腰肢练习、腹部练习、大腿和髋部练习、放松练习等，共有66个练习，需时40分钟。每个练习都简单易学，效果明显，目的、做法、要求十分明确。

1985年开始，美国正式举办一年一度的阿洛别克（Aero-bic）健美操锦标赛，使健美操发展成为竞技性运动。来自全美各地、身体优美的男女健美操运动员，以极大的热情和充沛的精力，在5平方米的场地上，用一分半钟到两分钟的时间，表演造型美观、力度明显、变化多样、流畅舒展的男女单人、混合双人、女子3人的成套动作，受到参观者的热烈欢迎。这种竞技健美操比赛已先后在日本、加拿大、中国等许多国家开展。美国以健身为主要目的的健身健美操和以竞技比赛为主要目的的竞技健美操，一直处于领先地位，为世界健美操的发展作出了重要的贡献。

西班牙人曾试图在家庭住宅甚至在只有一两间居室的住房里安装健身器械，以便使自己身体适应现代化生活要求。但现今最时髦的却要数健美操和爵士操了。

1983年最受欢迎的一个电视节目是年轻的健美操教师埃娃·纳雷主持的《健与美》节目，当时有成千上万的西班牙人在电视机旁学做健美操。阿根廷电视台每天上午用30分钟教授健美操。

意大利的罗马有40处做健身操的场所，而且从早到晚从不空闲。关岛有一家健美院，他们做的健美操有徒手操、艺术杂耍等，采用踢、跑、滚、扭等动作做操。日本韵律体操家佐腾正子于1977年开始韵律操讲授，1980年在日本开设了韵律操学校，相继又出版了《自学韵律操》专著。她认为韵律操 JAGY 乃是德语 Jazz Gymanastik 的缩写。她提出："韵律操不像舞蹈旨在表达感情喜怒哀乐，它最重要的是通过肌肉的思考，自由地把喜悦、快感传达给自己的运动。"她传授的韵律操动作，崇尚创造性与自由性。她大量取材于爵士舞，非洲民族舞蹈，动作奔放，扭动、弹动、摆动动作多。1987 年日本成立了健美操协会。

菲律宾妇女参加爵士健身班，以跳舞、做操的方式消除积存多余的脂肪；肌肉健美的男子，在豪华的健身俱乐部里大显身手。

健美操也奇迹般地风靡了新加坡，对于赶时髦、爱美貌的妇女来说，健美操几乎成了她们保持身材苗条的一个代名词。

在香港，各种爵士操、迪斯科操、音乐律操、活力操也应运而生，风行一时。在这种风气促使下，不仅健身中心纷纷开设健美操课程，一些美容院，也开设了此类课程。一些大机构还把健美操列为职员们的康乐活动。在亚洲各地，青年男女聚集的青年会，以较低廉的收费提供健美操指导。减肥操是其中参加者最多的一个项目。人们为增进身体的曲线美，增加或减轻体重，矫正身体姿态而积极锻炼。

健美的内容

一个身心健康、体格健壮、体型美观、风度翩翩的人，总会受到人们的赞扬与羡慕，给大家留下可爱的印象，这就是健美的力量。马克思曾经说过："社会的进步就是人类对美的追求的结晶。"今天，随着科学技术的飞速发展，物质世界更加种类繁多，色彩缤纷，美不胜收，人们的心灵美的内容也更加丰富。而美的灵魂寓于健全的体魄，因此我们应同时有一个健美的身体。

人们对健美体型的追求由来已久，历史上许多健美人体的雕像，就是见证。美女神维纳斯和美少年大卫是尽人皆知的健美典型。一个是身材匀称、线条优美、姿态典雅、青春传神的女性美化身；一个是体魄雄伟、刚毅有力、形态完美、仪表动人的男性美化身。近年来，我国体坛上愈来愈多的美的创造，从运动员的形体、姿态、动作造型、表情、穿着以及音乐旋律的烘托，把珍贵的健美形象更丰富多彩地留给了每个观众，鼓舞着亿万人积极参加体育锻炼，使广大青少年更向往健美运动。希望青少年朋友能通过这些健美的熏陶和积极的体育锻炼，练就一副健美的体魄。

那么，健美都包括哪些内容呢？一般讲，健美包括形体美、姿态美、皮肤美和动作美4个部分。现就这些美选择一些锻炼内容和锻炼方法介绍给大家。

健美的锻炼方法

（一）形体美的锻炼方法

1. 上肢肌肉的锻炼

上肢肌肉发达会给人一种刚劲有力、充满信心的感觉。而发达的上肢肌肉，可通过下述的锻炼途径获得。

引体向上（高年级男同学）。主要锻炼肱二头肌和胸大肌。

练习方法：高单杠下站立，两手与肩同宽反握杠成悬垂，用力拉杠引体向上。开始时可不要求下颌过杠，以最大限度反复拉引；随着臂力的增强，逐渐要求上引时下颌过杠。

仰卧悬垂臂屈伸（女同学）。作用也是锻炼上肢肌肉。

练习方法：低单杠后站立，两手与肩同宽反握杠，向前走一步半，两腿并拢，髋关节挺直成仰卧悬垂。然后两臂用力拉引，使胸部尽量贴近单杠，再徐徐伸臂还原成仰卧悬垂，如此反复练习。

爬绳（或爬竿）。作用同上。男同学从手脚并用爬绳逐渐提高到只用上肢爬绳。女同学只练手脚并用爬绳。

手脚并用爬绳练习方法：采用二拍法。预备时，一臂伸直，另一臂弯屈的悬握于绳上。第一拍，两腿弯曲，尽量向前上提起，小腿夹住吊绳；第二拍，伸直双腿，一手引体向上，另一手同时向上换握。如此地反复练习。

支撑臂屈伸（高年级男同学）。主要锻炼肱三头肌、肩带和胸大肌。

练习方法：从支撑于双杠上开始，两臂尽量弯曲，使肘关节在肩关节之上，肩稍前移，身体伸直成屈臂撑；然后两臂用力伸直，还原成支撑。屈臂时呼气，伸臂时吸气。如此连续做。如有困难，开始时可先练习支撑摆动和屈臂撑摆动，以至支撑摆动臂屈伸。

俯卧撑（男女同学均适宜）。作用同上。

练习方法：两手与肩同宽撑地，两腿后伸，全身挺直。然后两臂尽量弯曲，使肘部高于肩，再同时用力推起成直臂支撑。屈臂时呼气，伸臂时吸气。如此连续做。注意防止塌腰弓身等错误动作。

女同学开始时如臂力不足，可先做远撑地半跪式俯卧撑，或逐渐下降支撑高位（如扶桌—扶椅—扶台阶—扶土坡）的练习俯卧撑。男同学若想加强，可提高脚位或负重进行练习。

哑铃练习（重量可根据自己力量大小选择），主要锻炼肱二头肌。

①体前弯举。

练习方法：两脚开立，单手（或双手）持哑铃，掌心向前垂放于体侧；然后屈臂将哑铃举至肩前，再徐徐还原。举时吸气，放时呼气，如此反复做。

②侧平弯举。主要锻炼肱二头肌。

练习方法：两脚开立，两手持哑铃侧平举与肩平，掌心向上；然后屈臂，哑铃处于肩上方，再徐徐还原至侧平举。

③颈后臂屈伸。掌心向前持哑铃，着重锻炼肱三头肌外侧头；拳眼向后持哑铃，着重锻炼肱三头肌内侧头。

练习方法：自然开立，将哑铃举至头上方，然后屈臂落至颈后处，再举起伸直。注意上臂贴近耳侧屈伸臂，并挺胸收腹。两臂轮流练习或同时做均可。也可以用杠铃练习，但应注意安全。

④仰卧臂屈伸。作用同上一练习。

练习方法：仰卧长凳上，掌心向内持哑铃，手臂伸直（与地面垂直），然后上臂保持不动屈肘，前臂持铃落至另一侧肩峰上方，再伸直。若掌心向后则落至接近头顶，也可掌心向前。

⑤旋转弯举。主要锻炼肱肌。

练习方法：两脚开立，两手持铃下垂，拳眼向前，上臂贴紧体侧，然后两臂不同时地由下向内、向上、向外划圆作旋转弯举，速度要均匀。

⑥翻腕举。主要锻炼前臂肌群。

练习方法：两脚开立或坐凳上，两手持哑铃垂于体侧。分掌心向前和掌心向后两种，用力屈臂同时向前或向后翻腕。

2. 肩部肌肉的锻炼

男子发达的肩部会给人以宽阔有力、虎虎大方的感觉。肩部主要由肩带肌群组成，包括三角肌、肩胛提肌、冈上肌、冈下肌、斜方肌、小圆肌和大圆肌等。其中主要的是三角肌（分前、侧、后三部分）。

肩前三角肌的锻炼：

①前上举。两脚开立，两手掌心向后持哑铃下垂于腿前，然后两臂同时平均用力，直臂前平举至上举部位，徐徐放下。反复练习。注意上举时吸气，放下时呼气。

②前上拉。两脚开立，两手掌心向前持哑铃由下垂部位屈臂向上提拉，

使接近胸锁骨部位，再徐徐放下。注意提拉时吸气，放下时呼气。

肩后三角肌的锻炼：

①屈肘推举。

两脚开立，两手持哑铃屈肘于肩侧，拳心向内；然后两臂轮流上举或同时反复上举。

②俯体侧平举。

两脚开立略大，上体前俯与地面平等，两手持哑铃，掌心相对垂于腿前；然后两臂向两侧直臂平举，抬头挺胸，稍停，徐徐放下。注意举时吸气，放下时呼气。

肩侧三角肌的锻炼：

侧平举：两脚自然开立，两手掌心向内持哑铃垂于腿侧，然后两臂直臂向侧举起与肩平，稍停，徐徐放下。举时吸气，放时呼气。

3. 胸部肌肉的锻炼

胸部是形体美的主要表现部分，发达的胸部会给人以挺拔丰满、英姿勃勃的感觉。胸部主要由胸大肌、胸小肌、前锯肌和肋间肌等组成。胸部发达肌肉可通过下述锻炼途径获得。

俯卧撑、支撑臂屈伸、引体向上、仰卧悬垂臂屈伸等练习都能收到使胸部肌肉发达的效果，练习方法与前面说的相同。

推举哑铃：

①仰卧推。主要锻炼胸大肌两侧。练习方法：平仰卧于长凳上，两手持哑铃置于胸外侧，然后垂直向上推。

②斜卧推。主要锻炼胸大肌上部肌肉，这是专为女同学设计的锻炼动作。练习方法：斜仰卧于45°左右的平面上，两手持哑铃屈臂置于胸外侧。

③仰卧飞。是仰卧推的强化练习。练习方法：平仰卧于长凳上，两手持哑铃与地面垂直向上伸直，然后两起，推直，稍停再还原。然后将哑铃垂直于地面向上推起，推直，稍停再还原。臂向两侧徐徐下落到不能再落，稍停，还原直上举。

④斜卧飞。这是为女同学设计的斜卧推的强化练习。练习方法：同仰卧飞，只是斜卧于45°左右的平面上。

⑤平拉开。不但能发达胸大肌，而且对三角肌和前锯肌等都有良好效果。练习方法：两脚开立，两手持哑铃直臂胸前平举，然后两臂向两侧平向拉开，到左右侧平举部位，再还原前平举。与用拉力器做平拉开练习相同。

4. 背部肌肉的锻炼

发达的背肌会给人以背宽腰紧、身强力壮的感觉。背部肌肉主要包括背阔肌、斜方肌、菱形肌、大圆肌等。背阔肌最大最有力，它的发达，可使躯干形成最为美观的扇形。

逐渐宽握单杠的引体向上（高年级男同学），正握以锻炼背阔肌为主。

练习方法：两手正握单杠，引体方法与反握引体向上练习相同。随着练习次数的增多和力量的增强，可逐渐加宽两手握杠间距，愈宽握对发展背阔肌效果愈显著。另外，颈后拉引（引体向上使杠落在头后颈部）又比胸前拉引效果好。

哑铃练习：

①屈体提铃。

练习方法：体前屈，腿略弯，一手或两手持哑铃伸直臂置于腿外侧，然后上提至腰侧高，使背阔肌尽力收紧，稍停再还原下垂。

②划船。

练习方法：两腿伸直开立，直体前屈，两手持铃下垂，然后像划船状两手做弧形向里向上拉铃至腹前，稍停再还原。

③仰卧拉铃。

练习方法：仰卧长凳上，两手持铃伸直臂置于腿侧，然后直臂做弧形举，经前举至头上方，稍停再顺原路线还原。

④俯卧拉铃。

练习方法：俯卧于长凳上，两手持加重哑铃，由下垂部位垂直上拉至腰侧，稍停再还原。

5. 腰腹肌肉的锻炼

腰腹肌是一个人上身与下身联系的纽带。它的发达会给人以强劲、灵活、协调、刚柔并济的感觉。主要由腹前外侧肌群（包括腹直肌、腹外斜肌、腹内斜肌和腹横肌）和腹后肌群（包括腰方肌、髂腰肌和骶棘肌）组成。胸前外侧肌群的功能是保护和固定腹腔内脏器官，使脊柱前屈、侧屈、挺腹和收腹；腹后肌群能使脊柱侧屈。

仰卧起坐。主要锻炼腹直肌。

练习方法：仰卧于床上或长凳上，两臂置于体侧或手指交叉置于胸前或置于头后，然后借收腹力量坐起并尽量前屈体，再徐徐还原仰卧。每次练习30～50次为宜。

初练时如果有困难，可借助他人帮助，按住双脚练习；或先做仰卧举腿，待举至两脚尖于头后着地时再徐徐还原成仰卧；也可借助两臂向前探举或前摆来帮助坐起。随着练习次数的增长逐渐提高难度，直到能独立练习双手交叉头后仰卧坐起，并能于坐起后用肘触相对下肢的膝部。

哑铃练习：

①体前后屈。

练习方法：两脚开立，两手持哑铃置于体侧，然后做体前屈，稍停直体再向后仰，尽量使腰腹肌拉紧。前屈呼气，后屈吸气。

②体侧屈。主要锻炼腹外斜肌。

练习方法：两脚开立，两手持哑铃垂于体侧，然后上体向左屈，向下伸左臂同时向上提屈右臂。稍停，上体直起再向右侧屈，向下伸右臂同时向上提屈左臂。

③左右侧前屈体。主要锻炼腹外斜肌。

练习方法：两脚大开，两手持哑铃垂于体侧，然后半面向左转上体并前屈，持铃臂随之移至左侧下垂部位。稍停，再经还原直立向右侧前转体并前屈地做。注意两脚勿移动。

④体转运动。

练习方法：两脚开立，两手持哑铃固定置于肩上，然后用力向左转体，接着再转向右方。注意两脚固定勿移动。

⑤挥举。

练习方法：两腿弯曲开立，两手持哑铃置于两腿间，然后挥举哑铃经前弧形至上举并直体。稍停顺原路线徐徐放下。向上挥举时吸气，放下时呼气。

⑥俯卧挺身。

练习方法：俯卧于垫上或床上，两手持铃屈肘置于肩后，请人按住小腿，然后吸气用腰背肌的收缩力量使上体向上挺身，全力抬起，稍停，徐徐下落时呼气，如此反复做。

6. 腿部肌肉的锻炼

大腿是人们进行锻炼或盛夏着装时裸露在外最多的部分，因此最易为人注意到。男性的下肢肌肉发达会给人以结实、稳健、坚定、有力的感觉；而女性两腿则应与身体各部位匀称发展，给人以强而不突、丰而不虚、线条流畅、富有弹性的感觉。

蹲起。主要锻炼股四头肌和臀大肌。

练习方法：两手持哑铃，屈肘将哑铃置于肩上，以全脚掌着地或以脚尖着地反复做半蹲起或全蹲起动作。蹲时呼气，起时吸气。

直立起踵。主要锻炼臀大肌和小腿肌群。

练习方法：直立，两脚尖正向前方，两手持哑铃置于肩上，挺胸收腹，反复做提踵练习，提踵时注意臀部肌肉向上紧收。女同学更应多练习。

一腿蹲起。主要锻炼股四头肌和臀大肌。

练习方法：开始时先用一手扶任何支撑物，一腿抬起，另一腿缓慢下蹲并站起，两腿交换反复练习。待动作熟练平稳后，可改为不扶支撑物和持哑铃进行练习。蹲时呼气，起时吸气。

跳跃练习。主要锻炼股四头肌。

练习方法：两手持哑铃屈肘置于肩侧，脚尖着地下蹲，然后用力蹬伸向上跳起，连续做。

横劈叉。主要锻炼骨盆肌和大腿内外侧肌群。

练习方法：两手撑凳面或地面，两腿向左右伸直逐渐下劈，根据自己身体柔韧能力劈到一定程度，停止半分钟，还原直立。

纵劈叉。

练习方法：两手左右各撑一凳面或地面，两腿一前一后伸直逐渐下劈，到一定程度，停止半分钟，还原直立。

7. 颈部肌肉的锻炼

颈部的锻炼常被人们忽视，而它却是身体健美最为含蓄的部分，同时又是健美的窗口。不难想象，一个身材健壮、肌肉发达、英气勃勃的人，如果脖子太细，总会给人不协调的感觉。如果颈部肌肉练得粗壮些，再加上丰满的胸部和肩部，你的风采定会大增。就是女性的颈部也应锻炼得和身体各部分比例匀称、协调、适度才能给人以美感。

颈部肌肉群在浅层的有颈阔肌、胸锁乳突肌，中层有舌骨上肌群和舌骨下肌群，这些肌群的作用是使头部转向对侧、向两侧倾斜、前屈后伸和舌咽发音。在深层有外侧和内侧两群，外侧群有前、中、后三斜角肌，内侧群有颈长肌、头长肌，它们的作用是使颈椎前屈和头部前俯。增强颈部肌肉群，不仅可以防止扭伤，使脑供血充分，同时对各项运动技能与技术的掌握提高也有很重要的作用。

颈部前后屈。

练习方法：开立弯腿，体前倾，以宽布带两头各栓一哑铃套于头后，两手护铃作颈部前屈和后屈的练习。

颈部侧屈。

练习方法：坐凳上，将系哑铃的宽布带套于头的一侧耳上部。一手护铃，做头向左（或右）的侧屈练习。

俯卧颈后屈。

练习方法：俯卧长凳上，头露出凳端，将系哑铃的宽布带套于头后，做头后仰颈后屈练习。

仰卧颈前屈。

练习方法：仰卧长凳上，头露出凳端，将系哑铃的宽布带套在前额，做头前低颈前屈练习。

（二）姿态美

不论我们进行何种体育项目的动作锻炼，都应自始至终注意保持正确姿势，就是日常学习、生活，也都应随时随地注意维持良好姿势，培养我们的姿态美。

姿态是指一个人在静止或活动过程中所表现的身体姿势和举止神情，突出地反映一个人的气质和风度。就以日常生活中的站、坐、卧、走来说，我们会发现人们表现出形形色色的姿态。其中，有的昂首挺胸、精神抖擞、动作敏捷、举止适度，引人注目；有的则或是耸肩驼背，或行动迟缓，或无精打采，或举止粗俗，令人不屑一顾。因此，我国自古以来武林之道中就形象地向人们点出要“站如松、坐如钟、卧如弓、行如风”，应当讲究站有站相，坐有坐相，走有走相，这样才能有起码的风度。所以，健美的身体和端正的姿态是一个人精神文明的重要标志之一。对青少年和儿童来说，良好的姿态又是保证身体正常发育和健康成长的前提，因此不可等闲视之。

1. 正确、健美的姿态

站姿：

你不妨自己先测试一下：可以靠墙站立，使脚后跟、小腿肚和臀部贴墙，侧面看，你的肩胛离墙约7厘米，可插入一个人的前臂，则你的站姿就为正确。在此基础上，人们对于站立姿势的健美有两种意见。一种意见要求头、颈、躯干和脚的纵轴在一条垂直线上，并要求挺胸、立腰、收腹、收下颌，颈肌适当紧张，头后靠，两肩放松，两臂自然下垂，表现出一种优美挺拔、稳健如松的姿态；另一种意见虽也强调纵轴在一条直线上，但身体重心则微向前倾，靠近膝的前方，而不像前者落在正中，给人一种青春活泼，亲切有神的好感。两种站立姿势都是正确优美的。

坐姿：

坐姿有前位坐姿、正位坐姿和后位坐姿3种。前位坐姿是指上体重心落在两坐骨结节的稍前方，这种坐姿多用于伏桌书写、看书、疲劳换位。正位坐姿多用于短时间的正襟危坐（不依不靠）的礼节性谈话或外界要求不得已的坐姿，因为容易累，生活中用之很少。应用最多的是后位坐姿，即上体重心落在两坐骨结节的后方，上体背部紧紧靠着椅背，疲劳程度较小，多用于上课听讲、开会、谈话、手拿书阅读以及休息等，不管哪种部位坐姿，都应保持姿势正确，如头要端正，两肩要平，上体自然正直，不左右歪斜，也不前弯，两手放在膝上。另外，在保持上体正确姿势的前提下，变换腿姿，如两腿或左右、或前后略分开，上下交叉或两腿向前伸出等都是可以的。

走姿：

正确的走姿会给一生打下良好的基础。走姿应该以站立姿势为基础，上体正直，两肩要平，两眼向前平视，不望天不看地，背不驼，腿不弯，整个身体稍向前倾斜 5°左右，但不能弯曲，身体平稳，不左右晃动，重心落于脚掌前部；步子要大小适度，自然大方，脚尖正向前方或微外展约 15°，两脚前后几乎踏在一条线上；两臂以上臂带动前臂，前后自然摆动。这样的走姿会给人一种稳健、优美、轻松、大方的感觉。

2. 怎样锻炼与形成姿态美

形成姿态美的关键部分是脊柱，因此应自幼即注意一贯保持脊柱的正确姿态，要求颈、胸椎棘突、腰椎棘突与中心线一致。

要靠日常生活中注意培养。姿态美是在生活中逐步形成的，是习惯的流露，不是矫揉造作所能得到的。因为人一时一刻离不开坐或立、走或跑的，所以要靠日常生活中随时随地注意培养正确姿势，从小做起，使之形成正确的运力定型并养成良好的习惯。

要会正确克服姿态引起的疲劳。不正确的姿势常是由于人们长时间维持一种姿势而引起的疲劳产生的，如上课坐立过久，开会站立过久，行走过久，都会分别引起两肩、腰部、下肢等疲劳。学生们往往为了克服疲劳，坚持长时间听课，便顺应肢体疲劳时肌肉的松弛，不自觉地改变了姿势，日久天长，便形成了不正确姿态。正确克服姿态引起的疲劳最好的办法是更换姿势、借助外力和加强肌肉力量，如正确坐姿的更换、两手扶膝协助维持正确姿势减轻疲劳；站立过久，可将左右脚交换支持体重，或体重平均落在开立的两脚上；书包应用双肩背式的，单肩书包要勤换肩；课间应到室外活动，采取积极休息的办法克服疲劳等。

克服不正确心理。如有的学生对自己身材高大（特别是女同学）往往存有不好意思抬头走路的心理，于是总驼着背，低着头；有的学生性格傲慢，爱表现，于是行动上常常不是斜着肩膀就是走起来左摇右晃。这些不正确心理造成的不正确姿势，若不注意克服，时间一长，习以为常，改变起来就费工夫了。

加强锻炼是培养正确姿势的根本途径。体育锻炼能使人体肌肉匀称地、有力地发展，会给人长时间维持各种正确姿势创造最有利的条件，如控制能力、持久能力、协调能力等。同时，通过各种动作的练习还可以促进各种姿态的优美程度。

3. 已经有了不正确姿势怎样矫正

学生中最常见的不正确姿势：

①站的不正确姿势：身体重心习惯地侧向一边，形成一肩高一肩低，有的屈背含胸挺腹，形成水蛇腰，有的喜欢突出一侧髋骨，显得不庄重，女同学还由于乳房发育害羞而伸颈含胸，有的因个子高而伸脖弯腰等。这些不正确的站姿都有损姿态美，而且还会影响脊柱、胸廓和内脏器官的正常发育。

②坐的不正确姿势：如有的身子偏斜、歪歪扭扭，有的歪头写字，有的含胸驼背，有的胸部太靠近桌子，这些不仅会影响姿态美，还会影响脊柱、胸廓的正常发育，造成畸形，损伤视力等。此外，还有半躺半坐、东倒西靠、一腿盘在另一腿上、两腿大开的坐姿，体前弯、腰太塌、臀部太后撅以及习惯性地跷起二郎腿和不停地抖动等等，这些不正确姿势不仅有害，而且会给人一种丑陋、粗俗、低级等不文明的感觉。

③走的不正确姿势：如上体左右晃动，令人感到轻浮粗野，有的双肩前倾垂首含胸，有的单肩背书包，有的喜好与同学勾肩搭背，这些姿势都不美，会给人一种不舒服的感觉。

几种严重错误姿势的矫正方法：

①上述许多不正确姿势中，有不少属于脊柱不正造成的姿势性变形，都是来源于平常不正确姿势的坏习惯。如不在生长发育时期及早纠正，将终身受其影响，不但负重能力低，还可能埋下了腰痛病根隐患。

脊柱变形分左右侧变和后突两类。脊柱侧变有 C 形侧凸和 S 形侧凸，其弯曲程度分 3 等，第 1 度为习惯性侧变，棘突连线离开中线 1～2 厘米；第 2 度为固定性脊柱弯曲，棘突连线离开中心线 2～3 厘米；第 3 度为固定性脊柱弯曲并伴有胸部畸形，棘突连线离开中心线 3 厘米以上。

脊柱前后弯曲（也称后突），正常状态是颈椎和腰椎部位略向前弯，这是生理弯曲。从侧面观察，颈和腹部前后弯曲应有 3～5 厘米的凹陷，超过这个限度，即属于异常弯曲。根据弯曲程度分为正常背、圆背（驼背）、直背（平背）、鞍背 4 种类型。

纠正侧弯与后突的最基本办法，即在正确的姿势基础上加强脊柱伸直的肌肉锻炼，使背阔肌、骶棘肌和斜方肌发达起来。

②圆背（驼背）的矫正

最简单的方法是每天用一根木棍夹在背后两肘弯处，挺胸步行5~10分钟；或双肩后挺，将两手互握于背后腰际，每天步行5~10分钟；或头上顶书包行走三四百米，坚持锻炼，即可收到效果。

俯卧仰起练习：俯卧，两手互握于背后，伸直并用力向后上方提拉，同时头部和上体尽量向上仰起，两腿伸直，使两臂肱三头肌和肩带极度紧张，稍停还原，反复做10~15次。

圆（驼）背每日矫正操：

第一节伸展运动：开立站，两手叉腰，先右手做托举重物状上举至最高点，放下换左手托。举臂时吸气，放臂时呼气。做4×8拍。

第二节肩臂绕环：两手屈肩上，向前绕环4拍3圈，向后绕环4拍3圈。做4×8拍。

第三节上体后倒：两脚开立，两手放在臀上部，上体逐渐后倒，同时两手下滑至两腿弯处，稍停还原。做10~15次。

第四节俯卧支撑：俯卧撑，挺胸、塌腰、抬头，约20秒起立，稍停再做一次。

第五节引体向上：在单杠上做颈后拉上，也可背向肋木做拉引练习。

③脊柱侧弯的矫正。

若是向左侧弯，站立时身体重心最好落在右脚一边，右脚不要用力；坐时也可以让右侧负重。持之以恒，则可收到效果。

④肩胛下角不移的矫正。

据北京市调查，中学生有44.6%的学生不同程度地有肩下移现象，其中右肩胛下角下移的占86.5%，这与同学们常用右肩挂书包有直接关系。

矫正方法，一方面应另肩多挂书包，另一方面加强上肢肌肉和韧带练习，如举哑铃、俯卧撑、引体向上、支撑臂屈伸等。

⑤腿的畸形矫正。

腿部是否畸形，是什么形腿，这是很容易检验的。只需立正姿势站立，若两腿膝部足部能互相接触则为正常腿；若两腿膝部能靠拢，而两脚不能靠在一起并且相距1.5~2厘米以上，就称为X形腿；反之，脚能靠拢而膝不能靠拢，并且相距在1.5~2厘米以上，则称为O形腿。

X形腿的矫治练习，每天1~2遍：

第一节压膝运动：正坐，两脚掌相靠，两手扶膝轻轻下压。注意脚掌不要分开，膝盖压到不能再压时，停耗一定时间。

第二节捆腿练习：坐位，两腿并拢抬起，以布带捆住脚腕，两脚用力向左右挣动。

O 形腿的矫治操，每天 1～2 遍：

第一节下蹲运动：直立，两脚并拢，两手持膝做两膝向正前方的下蹲起立运动。做 4×8 拍。

第二节膝绕环运动：弯腰，两手扶膝做向左的和向右的绕环运动。做 4×8拍。

第三节分腿并膝运动：两脚开立稍大，两手扶膝做两膝向内相靠停耗练习，每次停耗 10 秒钟，做 4 次。

第四节脚旋转运动：两脚平行站立，先以脚跟为轴，做脚尖外展和内旋运动；再以脚尖为轴，做脚跟外展和内旋运动。

第五节两小腿夹书练习：坐椅上，尽力用小腿夹住书，坚持一定时间。

第六节展小腿练习：跪坐腿上，塌腰，两脚慢慢向外向前移动，腰部随之也逐渐直起。

下边顺便谈谈关于粗腿和细腿的锻炼：腿的粗细并非畸形，但是往往由于比例不协调，腿粗的总想细些，腿细者又总想粗些，尤其是青少年们，对此更为注意，这是可以理解的。究竟什么原因使有的人腿粗，有的人腿细呢？人的肌肉纤维主要分两大类，即快肌纤维和慢肌纤维。快肌纤维较粗大，因颜色较白，又叫白肌纤维，收缩时的速度快，力量强，但容易疲劳，只能进行短时间工作。慢肌纤维较细，因周围毛细血管较多，所以颜色呈红色，又叫红肌纤维，收缩时的速度慢，力量小，但是不易疲劳，能长时间工作。短跑和举重运动员的下肢发达，肌肉粗壮，块头也较大；而长跑和游泳运动员则由于他们肌肉纤维周围毛细血管丰富，氧化脂肪能力强，所以两条腿都比较修长和匀称。

那么，究竟用多大劲分别锻炼两种肌纤维呢？运动生理学家曾研究证明：运动中用小于最大肌肉力量的 20% 进行练习时，受到锻炼的只是慢肌纤维，如你能举起 50 千克的杠铃为最大力量，则只需举起 10 千克就行了；如果运动中用最大肌肉力量的 50% 以上的力量进行练习时，受到锻炼的则只是快肌纤维。根据这种锻炼用力区别，你就可以针对自己的情况或增或减，增多少力量或减多少力量去进行锻炼，改变你的粗细腿型了。

但是，如果你是脂肪性粗腿，则不论快肌锻炼还是慢肌锻炼，都会使你的腿练细；如果你是由于单纯练习某个项目而造成的粗腿或细腿，最好的办法是加强身体全面发展的锻炼；如果你是个短跑或长跑运动员，并注意了身体全面训练，这你就丝毫不用去介意了，应当服从你的专项提高需要。

⑥内八字和外八字脚的矫正。

对内八字脚患者，行走时，让5个脚趾和前脚掌牢牢地接触地面，使脚的外侧部位吃重；随时随地选择有直线的地面，两脚正直踩线行进练习。主要靠生活中坚持。

对外八字脚患者，行走时，每走一步，都要让自己感觉到两膝内侧有轻擦的过程；随时随地选择有直线的地面，两脚正直踩线行进练习。同样主要靠生活中坚持。

⑦不正常肥胖的克制。

身体过于肥胖不仅与健康不利，而且对形体美、姿态美和动作美都是不利的，因此有不少同学为自己的身体日益肥胖而担心。

肥胖对健康不利是因为脂肪不仅积储存在皮下组织和大网膜中，而且也储藏在心脏和其他内脏器官上。当心脏被厚厚的脂肪包围的时候，心脏的收缩能力就减弱了。大网膜储满了脂肪后，也影响横膈膜活动，使呼吸深度变浅，所以常看见胖人只要稍微一活动，如登山、上下楼梯、跑跑步，就会心跳气喘，另外胖人还往往容易患其他一些疾病，如心脏病、胆结石等。

肥胖的原因很多，有一种是病理性的，这需要向医生请教如何进行医治；另一种是食物性的，多是因为食欲旺盛、营养丰富、体力活动不多而能量消耗少的缘故。目前，由于后一种原因而造成的较多，即所谓文明病。

这种肥胖最好的克制方法就是参加体育锻炼，因为锻炼时要消耗大量的热能，就是说需要消耗大量体内的养料。这样，我们吃进来的食物中多余的养料就被消耗掉，变成固体物质充实于肌细胞内，不致变成脂肪贮存于体内，虽然身体逐渐苗条了，而体质却是增强了。另外，通过体育锻炼还可以增强人体心脏和其他器官的机能。

肥胖的同学在参加体育锻炼时要注意循序渐进的原则，不要急于减肥，一开始锻炼就参加剧烈的运动。可以先从走步、慢跑、做操、打拳等开始，以后再逐步增加运动负荷与难度。曾有同学想用少吃的办法减轻体重，尽管一时减轻，但对身体健康是有损的，至少应保证副食营养丰富再节约主食，否则不能滥用。

（三）皮肤美

同学们可曾留意到，在熙熙攘攘的人流中最快映入眼帘并引起你注意的人，大概莫过于他（她）那突出的形态和装饰吧！可是到了夏天，比服装更为引人注目的该是人们裸露在外的皮肤颜色了。是的，皮肤的颜色是人体美的重要表征，人们追求的是健美的肤色，所以它也是人们健康与否的镜子。我国中医针对肤色诊病就有着精辟的经验和科学论断，如色青者多为肝病，色赤者多为心病，色黄者多为脾病，色白者多为肺病，色黑者多为肾病。

马雅克夫斯基对人的健美描述道："世界上没有更美丽的衣裳像结实的肌肉与古铜色的皮肤一样。"当我们看到运动员们那黝黑发亮的皮肤，无不感到他说的话确切动人。当然，皮肤的颜色随着民族地区而有所区别，但是不管哪种肤色的民族，凡体质健壮的人都能表现出其皮肤健美的颜色和光泽来。

皮肤的颜色和光泽是由表皮的色素、真皮皮下组织中的血液以及血管中血液的成分所决定的。我国人的健美肤色多为红褐色，就是经过锻炼，增加皮下组织的营养供应，促进新陈代谢而不断改善的结果。皮肤的锻炼主要靠风吹、日晒、水浴和按摩等。

1. 按摩

早晨起床后用于按摩全身，由四肢开始逐渐摩擦到胸部，使皮肤感到发热、充血为宜。

如果你想使两颊红润光泽，你可以做面部按摩，即用手掌经过脸颊、耳侧、鼻侧、眉间反复向外做圆圈形按摩，每天 2 ~ 3 次，每次旋转按摩 20 ~ 30 圈。

2. 空气浴

空气浴简单易行，在新鲜的、温度适当的、没有剧烈温度和气压波动的情况下，是最富有功效的锻炼项目，但是这种空气条件既难以时时满足，且不能全面适宜增强皮肤的适应力。

由于气温的不同，空气浴分为寒冷的（14℃以下）、凉爽的（14 ~ 20℃）和温暖的（20 ~ 30℃）的空气浴。人的皮肤在衣服内经常保持 27 ~ 33℃，因此寒冷的空气浴是对身体的有力刺激。身体对凉爽和寒冷的空气浴反应，是表面血管短时收缩，对寒冷刺激的保护性反应，随后表面血管适当扩张，氧化过程加强，呼吸量增加，脉搏减慢，心脏收缩力加强，代谢增强。寒冷空气还能促使红血球和血红素含量增加。身体对温暖空气浴的反应，是周围血管扩张，增加皮肤血液供给，皮肤温度升高，散热增加，汗腺加强，并因此能引起血液浓缩，使液体从组织流入血管系统中。

怎样进行空气浴呢?

①因为在校学习不可能抽出固定时间专门进行空气浴，所以对学生来讲，最好早晚进行，并结合体育锻炼来做。

②先从温暖的空气浴开始，逐渐进入凉爽的，最后到寒冷的空气浴。

③进行空气浴时，以穿背心短裤为宜，而且要在空气新鲜流通的地方进行。

④空气浴的时间随自己的体质和空气冷暖程度而定，但当在寒冷空气中进行时，如感到冷得颤抖，则停。

⑤如遇生病或大风大雾、雨雪天，不宜进行。

3. 日光浴

太阳的光带由看不见的红外线、紫外线和看得见的光线组成。红外线是温暖光线（约占阳光中的60%），对人体起加热作用，紫外线主要有化学作用，正确利用这两种作用锻炼身体，会产生特别良好的效果。因为它是训练中枢神经系统和用物理方法锻炼身体的，被身体吸收的光能，转为热能，于是引起体温改变，促使深层血管扩张，加速血液循环，使机体组织代谢作用和一般代谢作用增强。

紫外线具有杀菌作用，直射光线的杀菌力较散光为大，一般病菌在阳光直射下，几分钟（有时只需经过15～60秒）即可死亡。如照射伤口，能加速其治疗。紫外线的作用，首先是使浅层血管扩张充血，使皮肤发红，后来被色素沉着（或谓晒斑）所代替。美丽的红棕色或古铜色皮肤就是通过日光浴形成的。紫外线使皮肤里麦角酯醇能变成维生素D，而维生素D对钙磷的吸收有促进作用，可防治软骨病或佝偻病，促进发育。

怎样进行日光浴呢?

①在学习日里充分利用课间休息时间到户外活动，把晒太阳和在新鲜空气中进行适当活动结合起来。

②上体育课或课外锻炼时，因时间充足，应着运动衣裤，以便多使皮肤受日光照射。但应注意季节、气温、风速、阳光强度等，既要预防气温低容易感冒，又要防止夏天暴晒中暑。

③专门时间进行日光浴，最好在假日中进行，可采用卧式或坐式，只穿背心短裤，阳光较强时应使头部遮阴，时间以15～20分钟为宜。

4. 水浴

水浴的作用比空气浴大得多，经验证明，在12℃水中坐4分钟盆浴的人，约消耗热量100大卡，而在空气中安静状态，消耗这么多热量则需经过

1 小时。因为人对温度相同的空气和水的感觉是不相同的，18℃的水我们觉得是冷的，而在同样温度的空气中则是比较温和的。

水温愈低，水浴引起身体的反应愈强。逐渐降低水温的水浴，能达到很好锻炼身体的目的。

水浴的方式很多，有用水摩擦、洗浴、淋浴、游泳等。水温可分为冷的（20℃以下）、凉的（20～30℃）、温的（30～40℃）和热的（40℃以上）。凉水浴能适度地加强心脏活动，因此是心脏的特殊体操。冷水浴能使身体产生最强的反应，特别是血管的收缩与扩张，因此冷水浴被称为血管的特殊体操。

经常从事冷水浴，能提高机体工作能力，消除疲劳，不易感冒。尤其能改善皮肤的血液循环，加强对皮下组织的营养供给，使皮脂腺分泌增加，因而皮肤会变得色泽光亮、分布均匀、柔韧滑润、富有弹性。

怎样进行水浴呢？

①冷水浴应从暖和季节开始，坚持锻炼，逐渐适应这种变化。

②冷水浴水温应从18℃左右开始，逐渐降低到10℃，体质很强健者可降至5℃。

③冷水淋浴的时间最好安排在早锻炼汗落后，也可在中午，但不宜在晚上，以免神经兴奋，影响睡眠。开始时不超过15秒，以后逐渐增至30～40秒。冷水淋浴后，要用干毛巾擦身，擦干擦暖为止。

④冷水浴前，要先用冷水洗脸、颈、头后部和拍胸部。冷水浴（不管是淋浴还是冷水擦身）应从四肢开始，最后到躯干和头部。

⑤游泳季节来临时，应坚持游泳锻炼，并配合日光浴和空气浴。

（四）动作美

生命在于运动，动态活动构成人们生命和生存最突出的因素，因而动作美也就成为人的健美重要部分；此外，还由于动作反映着人们的内心世界，会从中流露出一个人的性格、情感、意志和修养，会透出一个人的气质、风度。因此，动作美的锻炼，一定要与心灵美统一起来，力求自己的动作向着准确协调、大方开朗、朝气蓬勃、充满活力方面发展，一定要杜绝那种鲁莽粗野、令人生厌的举手投足现象。

动作美与体育锻炼的影响密不可分。因为人们生活中的各种动作，大都离不开走、跑、跳跃、投掷、悬垂、支撑、攀登、爬越等，而构成这些因素的形式，要求它们既经济又协调，既准确又完整，既效果好又有意义，则莫过于各种体育项目。正确的动作是需要经过科学体育加工的，可以说体育动作没有不美的，质量越好，水平越高，动作美的程度也越高，譬如我们观看女排比赛，不论是她们敏捷的移动，还是有力的跳跃，不论是快速的鱼跃扑救还是准确的各种传球，不论是铁栅栏般的拦网，还是铁榔头般的重扣，每个高水平的动作，都构成一幅美的艺术。球打得精彩绝妙，动作之美也给人留下了深刻记忆。又如创 2. 39 米世界跳高纪录的我国杰出运动员朱建华，他那轻松优美的过杆动作，体操巨星李宁的惊人鞍马托马斯全旋动作，巾帼英雄栾菊杰那变幻莫测的击剑动作，陈肖霞的高难度高台跳水动作等等，他们那惟妙惟肖的动作美，也无不给我们留下了难忘的印象。还有，像扣人心弦、引人入胜的武打片少林寺等所表演的我国国粹和杂技演员表演的各种惊险绝技，以及舞台上表演的各种迷人舞蹈等等，动作之美也无不令人心醉，百看不厌。

所以说，要想动作美，最有效的途径就是体育锻炼。只要你紧紧抓住动作的质量、规格、适宜度，克服随意性、盲目性，则随着动作技能的不断提高和熟练，自然而然地便为动作美创造了条件，树立起习惯。

女同学锻炼动作美最适宜的项目之一要数艺术体操了。因为它是以芭蕾舞为基础，又吸收了现代舞蹈、民间舞蹈、徒手操以及杂技造型等运动的精华形成的一种新型的运动项目。艺术体操是体操、舞蹈和音乐等多方面的综合体，练习内容丰富多彩，新颖独特，变化繁多。基本动作包括各种走、跑、跳步、转体、平衡以及身体各部位的摆、绕环、屈伸和波浪动作等。动作有快有慢，是一种全身运动，也是全面发展性质的运动，而且收效迅速。

艺术体操是一项以优美为其特征的体育项目，它是以美为核心，以人体的自然动作为基础，以节奏、韵律为生命的运动。要求动作舒展、大方、协调、柔和、优美。它可以培养人心胸开阔，陶冶情操，锻炼性格，培养审美观念。因此，越来越为女同学所喜爱。

艺术体操有一般性艺术体操和竞技性艺术体操之分，一般性艺术体操包括徒手的和持轻器械的（如纱巾、棍棒、旗帜、箭、扇子等），竞技性艺术体操包括绳、圈、球、火棒、彩带操。同学们为了动作美，自然是以一般性艺术体操为主，而一般性艺术体操又以徒手的为主。若是兴趣浓厚，进步又快，又有志趣，从持轻器械的进入学习竞技性艺术体操，那当然更好了。

但是，学习艺术体操必须先练习基本功，如身体的方位、脚的基本位置、手臂的基本位置、头的基本位置和把杆练习蹲、半蹲、擦地、小踢腿、划圆、弹腿、屈伸、控腿、大踢腿、压脚跟、绕腰、身体波浪等，还要练习基本步伐、波浪动作、转体动作、弹性动作、松弛动作和多用动作等。这些练习，同学们可以请教女体育教师或会艺术体操的运动员，结伴进行练习。这些基本功有了一些基础，则可以练习成套艺术体操动作了。

发展身体素质

（一）什么是身体素质

所谓身体素质，通常指的是人体肌肉活动的基本能力，是人体各器官系统的机能在肌肉工作中的综合反映。身体素质一般包括力量、速度、耐力、灵敏、柔韧等。

身体素质经常潜在地表现在人们的生活、学习和劳动中，自然也表现在体育锻炼方面。每当春暖花开的季节来临，同学们都要到郊外春游。有的同学走不了多远就感到很累、很乏，再登山更是气喘吁吁，大有力不从心之感，但有的人则精力始终旺盛，走起路来轻快敏捷，好像有使不完的劲。又如在搬运桌椅的劳动中，同一班的同学，有的能轻松地搬起桌椅，可有的就感到费劲。我们还会发现在追拍躲闪游戏中，有的同学反应很快，方向变幻莫测，非常伶俐。相反，有的反应迟缓，动作速度慢，总是先败下阵来。平时看上去有的同学比较瘦长，实际上却有很强的承受力；可有的人体高块大，实际上却外强中干。所有这些虽然都与身体强弱、坚持锻炼与否有关。但从实质上分析，它反映出了人体素质的好坏。

一个人身体素质的好坏与遗传有关，但与后天的营养和体育锻炼的关系更为密切。从运动生理学角度来看，一个人身体素质的发展水平，不仅取决于肌肉本身的结构和机能特点，而且与肌肉工作时的能量供应和神经调节过程的特点有关。特别是在被称为第二次快速发育的中学时期，不仅是身心发育旺盛，而且也是体力明显增强，全面发展身体素质的重要阶段。机不可失，时不再来，无论是在学校还是家里都要抓住、抓紧，进行形式多样的各种体育锻炼。成为一个身心健康，形态优美，体魄强壮，素质全面发展的一代新人。

（二）怎样发展身体素质

1. 力量素质

力量素质是指肌肉紧张或收缩时所表现出来的一种能力。“力举千斤”常常是用来形容人非常有劲。世界上没有力的相互作用，就没有物体的运动，宇宙飞船腾云而起，飞向太空，没有火箭作为强大的动力是上不了天的，人想搬起重物必须要有力量。人在从事各项体育活动中力量是身体素质的基础。

在田径运动中要想跑得快，很重要的一点就是要充分利用后蹬的力量去克服重力和空气阻力，才能使身体迅速向前移动。跳高时，起跳腿要承受几千牛的力量。再如支撑跳跃，当运动员踏跳腾起手掌撑马的一瞬间，手腕受力可达3000牛左右。所以，我们常常可以看到体操运动员的健美身躯上，一块块丰满发达的肌肉，这是力的象征。由此可见，力量素质若差，在体育运动中是寸步难行的，甚至要发生伤害事故。

从生物学角度来看，发展力量的途径一般有两种。第一种是增加参与活动的肌纤维数量，即肌纤维的内协调。例如：平时你端一脸盆水比较轻松，主要是部分肌纤维发生作用，肌肉紧张程度较低的缘故；但当你比较吃力的提起一桶水时，几乎使上全身的劲才能完成这项工作，这是你动员了更多的肌肉和肌纤维工作，肌肉紧张程度较高的结果。这种现象是平时大家经常遇到的。第二种是使肌纤维加粗、肌肉体积增大来发展力量。如当你提一大桶水时，再怎么使劲，也提不起来，这说明尽管你动员了更多的肌肉、肌纤维参加工作，但终因重量大大超过了肌肉的力量，即使兴奋程序再高也完成不了。这就需要先增强肌肉力量，使肌肉逐渐变得粗壮，发达有力，以后再提就容易了。

人体有600多块肌肉，一般人全身肌肉的重量只占自身体重的40%左右，而经常运动的人，肌肉发达，可占自身重量的50%左右。但少年儿童在12～13岁时，主要靠第一种途径增加力量。第二种发展力量的途径在青春初期开始很有效果，因为性激素、肾上腺素等内分泌在性成熟时特别活跃，经常参加力量素质锻炼，能促进肌蛋白的积存，不仅使肌纤维增粗，收缩力量加大，而且也改善了肌肉的能量供应。

根据少年儿童尚未完成骨化过程，骨骼弹性较好而坚固性差的特点，不宜搞长时间的静止用力练习和大负荷的练习，以防骨骼弯曲。一般来说，多安排些活动性力量练习（快速力量）和中、小力量负荷练习为好。若做较大负荷练习一定要小心谨慎，不可蛮干，尽一切可能防止、减少运动损伤。具体发展肌肉力量的内容和方法，请看形体美的锻炼部分。

2. 速度素质

高速公路上奔驰的汽车、超音速的飞机、工厂的高速切削机等，这些都呈现了一种速度。人在运动中同样也存在一个速度问题，速度的快、慢反映了速度素质的好坏。速度素质是指人体进行快速运动的能力，其表现形式有反应速度、动作速度和周期性运动中的位移速度。

反应速度一般是指人体遇到突然的情况变化或刺激发生反应的快慢，如两人步行在马路上，边走边说，突然发现脚前面有水坑，反应快的脚没踩在水里，反应慢的就踩在水里。又如短跑的起跑，足球守门员扑救来球等，都体现着反应速度问题。

动作速度是指人体完成单个动作或成套动作所用时间的长短。如：跳高运动员的起跳速度，花样滑冰运动员的旋转速度，投掷铅球时的出手速度，完成成套的拳术、棍术速度，连续前滚翻的速度等等。动作速度常用频率的高低来表示完成动作速度的快慢。

位移速度是人体在单位时间内移动的距离，如竞走、跑、游泳等项目。速度耐力是指人体保持较长时间内快速运动的能力。如一个人跑 100 米时，第 1 次用 13 秒完成，接着再跑 3～5 个 100 米，每次都接近 13 秒完成，这说明他具有一定的速度耐力。相反，若越跑越慢，则说明速度耐力较差。速度在许多项目中起着很重要的作用，有些项目速度的快慢直接关系到成绩的好坏、比赛的成败。例如：跑、游泳、自行车等比赛。还有的项目速度虽然不能直接决定胜负，但对成绩的影响较大，如足球的运球突破，排球的短平快，篮球的快攻、跑投篮等。所以，世界上许多优秀的足球、篮球运动员 100 米的速度常在 11 秒左右，在自由体操的比赛中规定一套动作完成的时间，超过或不足都要扣分。因此，只有具备了很好的速度素质，才可能在一些项目上取得优胜。要想取得很好的速度，必须发展、增强肌肉力量，提高肌肉的紧张与放松的协调性，良好的柔韧性和速度耐力。

如何发展速度素质呢？方法很多，但是要根据速度素质随着年龄变化的特点。在儿童时期，由于大脑皮层兴奋性和神经过程的灵活性较高，反应快，是发展速度素质的良好时期，可以收到事半功倍的效果。因此，在十二三岁以前，可多参加一些要求动作频率和反应速度的运动项目。如对抗性较强的体育活动，球类、游泳、短跑、击剑、追逐游戏等。从十三四岁左右可适当增加长跑、定时跑等练习，发展速度耐力。

要想提高自己的反应能力，需多参加对抗性的体育活动。如球类、击剑、追跑游戏等练习。

要想改善自己的速度，练习各种形式的短跑是最有效的手段。如起跑后的疾跑、加速跑、变速跑、20～50 米的重复跑、跟随强手跑，以及小步跑、高抬腿跑等跑的专门性练习。还可借助外力的练习，如跑台阶、下坡跑、顺风跑等。

速度素质的提高，不像力量素质提高的那么快，尤其发展到一定程度以后，还会出现停顿状态。这是正常的，不能性急，不能间断，要有耐心地坚持下去，最好是在情绪高涨时练习，易取得良好效果。由于高速练习，精神高度集中，肌肉快速收缩，练习强度大些，很容易疲劳，中小学生正处在生长发育时期，不要安排太多，时间不宜太长，并且男、女同学之间要有区别。

3. 耐力素质

谈到耐力，很自然使我们联想到距离之长，运动量之大的马拉松赛跑；一场精彩的排球比赛，郎平长时间多次跳起大力扣球动作；长距离的游泳和划船，这都反映一个人的耐力素质。耐力素质是指人体长时间进行肌肉活动的能力，它包括一般耐力和专项耐力。

一般耐力是人体长时间进行中等强度肌肉活动的能力，一般耐力是基础，专项耐力是在一般耐力基础上发展起来的。专项耐力是指坚持完成各项运动的活动能力。专项耐力的表现各不相同，通常可分为速度耐力、静力耐力、灵敏耐力等。

发展耐力素质的基本途径有两个：一个是增强肌肉力量，提高肌肉耐力的训练；另一个是改善神经系统的调节和提高心肺的功能。因此，发展耐力不但与肌肉的力量、耐力有关，而且与人的心肺功能关系密切，在发展肌肉耐力的同时，要重视心肺功能的锻炼。除平时应以轻重量、多重复的练习方法，增强肌肉力量，发展肌肉耐力外，还应在室外进行长时间地走、跑、跳绳、爬山、游泳、滑冰及各种球类活动，待适应后，逐渐增加活动时间和强度，延长距离。

专项耐力要结合专项的特点，如一场足球比赛，运动员要跑很长距离，须具有很高的有氧代谢的功能和长时间的奔跑能力。在做体操练习时，长时间的屈臂悬垂、支撑和倒立，需要良好的静力性耐力，因此平时练习要增加动作的重复次数和延长静力练习的时间。

但是在少年儿童身体素质自然发展的过程中，耐力素质是较薄弱的环节，尤其是城镇学生，住楼房增多，离学校较近，活动场地又少又小，耐力跑素质的发展问题就更为突出，应当引起足够重视。在平时要利用马路和学校附近的环境条件，适当安排一些跑的耐力练习，没条件时可用长时间的跳绳代替。青春期进行耐力练习，能为成年后发挥出较高的耐力水平打下良好的基础，但要注意，必须循序渐进，逐渐增加运动距离，安排负荷与休息要合理，加强自我监督。

4. 灵敏素质

我们知道被称为水上体操的跳水，从10米高的跳台跳下时，能做优美的翻腾动作；从电视中，我们看到欧洲、美洲、大洋洲沿海国家现在盛行的一种惊险的水上运动项目——冲浪运动，运动员们在水上像海鸥一样忽高忽低、时隐时现的灵活敏捷动作，常常给大家留下难忘的印象。

灵敏素质是人体表现出来的快速随机应变的能力，是一种较复杂的素质，它既与神经的灵敏性反应有关，又与力量、速度、协调性等素质有密切关系，因此也可以说它是一项综合性素质。

在对抗性运动中，灵敏素质是非常重要的，如足球运动员带球晃过对方射门，篮球比赛中的切入、急停、空中投篮，连续通过障碍物的各种障碍跑，还有击剑、摔跤、武术等，都要求人们迅速地判断，不断地改变和控制身体姿势，维持平衡，随机应变。同时动作的多次重复，可以使运动技术达到得心应手、运用自如的娴熟程度。

怎样发展灵敏素质呢？一般先发展各种基本运动技能（基本技术、基本功）；然后在千变万化的环境中进行练习，借以提高分析机能，判断和运用反应的灵敏程度。提高人体灵敏素质的方法，一般可采用躲闪或追逐游戏，根据不同信号变换动作的游戏，以及变速跑、障碍跑、穿梭跑、体操、摔跤、武术和各种球类活动等。

在少年儿童时期，灵敏素质发展得比较早，可多增加发展灵敏素质的练习，易取得较大效果，可达到很高水平。像我国的优秀体操运动员多数都是从少年开始训练的。如果坚持长期系统练习，已发展起来的灵敏素质在成年后还能保持很久，甚至还略有发展。

5. 柔韧素质

在著名芭蕾舞天鹅湖中，大家很喜欢欣赏4位小天鹅轻快、优美、节奏感非常强的表演，舞蹈演员的倒踢紫金冠，艺术体操节奏明快连续的大分腿跳和胸波浪动作，杂技演员的叼花造型等都表现出高水平的柔韧性。

柔韧是大幅度完成动作的能力。它取决于有关肌肉、韧带的弹性和关节活动范围的大小，也取决于神经支配、工作肌肉的紧张与放松的协调能力。

柔韧是许多运动项目必备的身体素质，良好的柔韧性可使人体动作灵活和不易受伤。例如体操、武术、技巧、艺术体操、跨栏、跳水等，柔韧性好可以表现出动作舒展，潇洒大方，姿势优美，使动作刚柔并济。

影响柔韧素质的因素有3个方面：一是骨骼、关节、韧带、肌肉的构造和物理特性；二是关节周围组织的体积大小；三是胯关节的韧带，肌肉和皮肤的伸展性。第 3 个因素对提高柔韧性关系最大。虽然柔韧素质受先天的一些影响，但后天的系统练习，对促进柔韧素质的发展是有重要作用的。发展柔韧性和肌肉弹性，常采用摆腿，正踢腿，侧踢腿，十字踢腿以及正、侧压腿，甩腰，竖叉，横叉等。

柔韧素质同年龄的关系非常密切，少年儿童骨骼的弹性好，可塑性大，关节韧带的伸展性好，所以发展柔韧素质的练习从幼年开始更为有利。到青年时期，再开始从事柔韧性练习，动作幅度就很难显著发展了。另外，在发展柔韧素质的过程中，开始练习时有时比较疼，要有坚强的毅力，注意坚持。这项素质消退较快，不能三天打鱼两天晒网，这样是不易取得效果的。在练习时还要做好准备活动，使肌肉关节发暖，再练习拉韧带，不可急于求成。用力过猛，以防受伤。同时，还要注意循序渐进，动作的幅度、速度、力量要逐渐增加，肌肉、韧带紧张与放松交错进行，效果会更好。

综上所述，各种身体素质之间是相互促进，相互影响的。如完成一个动作需要力量；做动作就有一定的速度要求；完成动作要有一定的量，就需要耐力；动作要做得准确、协调就缺不了灵敏；动作做得舒展大方就要有一定的幅度，离不开柔韧性。所以，要注意素质的全面发展，不同时期有所侧重才能收到良好的效果。

努力提高活动技能

一个人不论年龄大小，不论是日常生活、学习与锻炼，还是劳动与工作，无时无刻不在运用着他的各种人体基本活动能力，如走、跑、跳、投、负重、搬运、攀登、爬越等等。但是，人不能始终依靠本能去应付各种生活和劳动，因为本能并不是才能，只有用先进的科学的方法，不断改造和提高本能，使之变为经济、准确、协调、高效率的活动技能或技巧，才称得上才能。一个人具备了这种较高水平的实用活动技能，才能改善学习与生活，提高劳动与工作效率，才能更好地为四化建设服务，当然，这也是提高运动技术水平的途径。

下面介绍跑、跳、投 3 部分 6 个项目的科学锻炼方法，项目虽然不多，但它们是各项体育运动的基础，锻炼价值大，实用性强，易于开展。

(一) 跑

1. 快速跑

快速跑是以最快的速度跑完一定的短距离，强度大，时间短，技术水平要求高，属无氧代谢项目。

快速跑的全程跑技术是一个完整的统一体，为便于练习和提高跑的技能与运动成绩，把它分为起跑和疾跑、途中跑、终点冲刺和撞线3个部分。

（1）起跑和疾跑。

①起跑。有站立式和蹲踞式两种。

站立式起跑。

各就位：两脚自然开立，有力脚在前紧靠起跑线，全脚脚掌落地，后脚脚跟提起，重心落在前脚上，动作自然放松。

预备：两膝弯曲，上体前倾，重心下降并前移，有力腿异侧臂前伸，集中注意力听起跑的信号。

枪声或“跑”：两脚用力后蹬，后腿迅速前摆，两臂积极用力摆，身体前倾，迅速向前冲出。

蹲踞式起跑。

为了充分发挥两脚后蹬力量和获得初速度，蹲踞式起跑大都使用起跑器。装起跑器的方法，一般前起跑器距起跑线的一脚至一脚半，后起跑器距前起跑器前沿约一小腿长，两个起跑器左右间隔约15厘米（按起跑器中线计算），前起跑器与地面角度为45°，后起跑器与地面角度约75°。

各就位：站立起跑器前，屈体，两手撑地，有力脚在前，两脚依次踏于起跑器上，后膝跪地。然后两臂伸直约与肩同宽，两手拇指相对，其余四指并拢，虎口向前，撑于起跑线后。颈部放松。

预备：后膝离地，臀部从容抬起，稍高于肩，重心前移，控出起跑线，两脚压紧起跑器，注意力集中听枪声或“跑”声。

枪声或“跑”声：两手迅速离地，两臂用力前后摆动，两脚用力蹬离起跑器，后腿以膝领先，积极向前摆出，前腿髋、膝、踝3关节充分蹬直跑出，身体有较大前倾。

上述两种起跑姿势都应反复练习，力求做到反应迅速，启动猛捷，动作正确，充满信心。

②疾跑。起跑后立即进入疾跑阶段，一般为25~30米，主要目的是在最短的距离内，迅速发挥出最大的速度来，因此也称它为起跑后的加速跑阶段。疾跑的特点是身体前倾较大，跑的频率快，步子逐渐增长，脚的落点在重心射影线附近。因此，跑时要求后蹬快速有力，摆动腿积极前摆，积极下压，脚掌扒地，同时两臂配合做快速有力地摆动。

疾跑练习方法。

①结合蹲踞式起跑反复练习 30 米加速跑。

②通过跑后检查脚印是否逐渐增长步长改为疾跑。

③用计时法，不断检验疾跑的成绩。

（2）途中跑。

途中跑是全程跑中距离最长、速度最快的一段，也是全程跑中的主要部分，要求体力充沛，意志顽强，保持最快速度到达终点。

这段跑法，后蹬充分、快速、有力，方向正，跑成直线，蹬地角度小（约 50°）；后摆时大小腿自然折叠；前摆积极、屈膝、幅度大、速度快、方向正、带动同侧髋向前，紧接着大腿下压，膝关节迅速伸展，小腿惯性前摆；落地时用前脚掌向下、向后扒地，并迅速屈踝，重心前移，上体稍前倾。两臂以肩为轴，较放松而有力地前后摆。

途中跑练习方法：

①反复练习 80～120 米跑，改进途中跑的技术。

②100～120 米放松大步跑，逐渐增加步长。

③反复练习高抬腿跑、后蹬跑、跨步跑、负重跑等。

④通过下坡跑、顺风跑、追逐跑、快速跳绳等练习提高频率。

（3）终点冲刺和撞线。

终点冲刺跑是全程跑的最后一段距离，应全力以赴，保持最快速度，在距终点两米处，躯干迅速前倾，用胸部撞线，跑过终点后，逐渐降低跑速，进行缓冲。

练习方法：反复做 30～40 米加速跑，练习冲刺和撞线技术。

2．耐久跑

耐久跑是一种长时间的周期性运动，既要求跑出一定速度，又要求跑得持久。在中学里，女同学的 800 米、男同学的 1 500 米均列为耐久跑项目（成人则属中距离跑）。

耐久跑的技术结构与快速跑基本相同，只是起跑为站立式起跑，而且只有“各就位”和“跑”两个口令。

耐久跑的技术特点：

途中跑的特点：由于距离较长，跑步时上体前倾角度、摆臂摆动腿的动作幅度和后蹬的力量都比快速跑要小。后蹬角度较大，为 55°左右。途中跑要求动作轻快、步伐均匀而有节奏，注意克服极点，节省体力和合理分配体力。

脚着地方法有两种：一种与快速跑相同，用前脚掌着地；另一种是用全脚掌着地，借屈膝缓冲迅速过渡到前脚掌。

呼吸的特点：正确的呼吸，对加强跑时机体工作能力，改善气体交换和血液循环条件，起着重要作用。一般用半张的口和鼻同时呼吸，而以口呼吸为主。呼吸的节奏，要始终与跑的节奏相配合。前大半段跑采用按步伐节奏三步一吸、三步一呼，后一小段跑改用两步一吸、两步一呼，以适应终点加速跑的需要。

弯道跑：耐久跑中的弯道跑比重很大。弯道跑不仅耐久跑才有，在快速跑的项目中如200米和400米也有，而且表现强烈，因此弯道跑是一项跑的重要技术。

弯道跑的特点是要克服离心力的作用。快要跑进弯道时，身体开始向左倾斜，进入弯道后，身体倾斜角度大小随着速度快慢决定，两臂的摆动幅度，右臂大于左臂。左脚以脚掌的外侧着地，右脚以脚掌内侧着地。由弯道快要转入直道时，应提前使身体倾斜度渐渐转入正直。

耐久跑练习方法：

①首先锻炼一般耐力：用跑走交替法（逐渐减少走的距离，增加跑的距离）、越野跑法、长时间跳绳等练习。

②发展耐力速度：用1/2或1/3的力量重复跑一定距离，用慢速、中速、快速3种速度不断变化的跑。

③练习弯道跑的技术：用各种速度的跑进入弯道、弯道跑、由弯道转入直道跑。

④练习耐久跑的呼吸：呼吸方法的练习，呼吸节奏的练习。

⑤克服极点的方法：借放慢速度、深呼吸、步伐更轻松、注意力的转移等方法克服，逐渐缩短极点出现后的持续时间和推迟其出现的时间。

⑥发展专门耐力练习：通过超过规定距离的耐力跑、定时跑、定距离跑、计时跑等进行练习。

⑦全程跑练习。

（二）跳跃

1. 跳高

跳高是越过垂直障碍的一种活动技能。对增强下肢力量，发展弹跳力，提高协调性、灵活性有很大作用。从动作结构上看，急行跳高是由助跑、起跳、过杆和落地四部分技术组成。

助跑：跳高的助跑距离一般为6～8步（或7～9步），助跑的方向与横杆垂直面所成的角度、随过杆的姿势不同而有所不同；跨越式为30°～60°，俯卧式为25°~45°，背越式为弧线助跑。用左脚起跳的人，跨越式从右侧助跑，俯卧式从左侧助跑，背越式也从右侧助跑；用右脚起跳的人则方向相反。

跨越式和俯卧式均采用直线助跑，助跑开始三四步要跑得放松自然、有弹性，身体不要前倾太大。跑的速度和步长逐渐增加，上体也逐渐转直，助跑的最后几步，身体重心要平稳，稍下降，俯卧式更低，用脚跟着地，迅速流动到前脚掌，蹬地要有力，两臂的摆也随之加大。倒数第2步幅度要大，最后一步速度要快，俯卧式的这一迈步动作特别强调向前送髋，而且送髋速度明显超过胸部向前的速度，两臂摆至体后，准备起跳。

背越式的助跑，先跑直线，最后4~5步跑弧线，要求跑的速度快、自然，类似短跑的跑法。助跑最后4步不降低重心，在倒数第2步时才采用脚跟着地。迈步时也要向前送髋，但幅度比俯卧式小，好像跳远的起跳动作。

助跑步点的测量，一般是站在起跳点上，按跑的步数和速度向助跑的方向跑，最后一步的落点就是助跑的起点。然后反复向横杆方向练习助跑，以确定助跑步点，最后用皮尺丈量或用脚长数丈量，记在心里。

起跳：跨越式和俯卧式跳高的起跳，当起跳腿的膝、髋关节伸直以脚跟先着地时，同时摆动腿以髋带动大腿向前上方摆出，起跳腿迅速缓冲，脚也迅速流动至脚掌着地，迅速蹬伸；当摆动腿摆到最高点时，起跳腿也充分蹬直，使肩、膝、踝成一直线，以脚尖最后离地腾起，完成下肢起跳动作。起跳方向应向横杆的中央。

两臂在起跳时配合两腿动作，由体侧后方用力向前上方摆起，两肘向前提肩，全身向上挺，把上臂摆至与肩平部位。

背越式的起跳与前两种不同，助跑要充分地发挥出水平速度，起跳要有爆发力，摆动腿弯腿摆动。背越式起跳最大的特点是必须做旋转动作。起跳腿是离杆远的腿，起跳时，摆动腿向上向外摆，以便使身体向助跑开始的方向做旋转动作。

起跳点距横杆垂直面的距离：跨越式一般为一脚半至两脚半，俯卧式一般为50~80厘米，背越式的起跳点更远，落地点也远。

过杆：过杆有跨越式、俯卧式和背越式三种。

跨越式是离杆远的脚起跳，起跳腾起后，当摆动腿摆过横杆时，稍向内转，起跳腿开始上抬，上体稍前倾，摆动腿过杆后，向下向内转压，起跳腿积极上抬，上体略转向起跳腿一侧，使骨盆越过横杆，同时起跳腿屈膝高抬，小腿上摆，越过横杆，用摆动腿先着地。

俯卧式是用靠近横杆的脚起跳，起跳腾空后，摆动腿摆至杆上时，摆动腿与同侧臂顺势前伸并内旋，同侧肩向内扣，上体向起跳腿方向旋转，头随即转动，同时起跳腿屈膝上收，在杆上成俯卧姿势，全身沿身体纵轴平行于横杆翻转。起跳腿小腿收成90°时，立即向外展伸，带动髋部翻转过杆，头向下潜，同时摆动腿与同侧臂也开始向下；完成过杆动作，准备落地。

背越式起跳腿是离杆远的腿，起跳后转为背向横杆腾起。背越式的过杆动作不同于俯卧式，身体与杆成“+”字横在杆上，身体各部分依次过杆。过杆时挺腹，全身在杆上处于弧形仰卧状态，头部、肩部、胸部在杆后急剧下压；当身体重心达到最高点时，大腿向下并挺胸挺腹，以便顺利越过横杆。当臀部过杆后，为避免小腿打落横杆，应迅速收腹、低头，使大腿很快离开横杆，小腿向上伸直。

落地：过杆姿势不同，落地方法也不同。

采用跨越式过杆时，摆动腿先着地，着地后屈膝缓冲。

采用俯卧式过杆时，过杆后，摆动腿与同侧臂同时着地，紧接着屈肘、屈膝、成侧卧姿势并滚动，以便缓冲。

采用背越式过杆时，落地顺序是肩部—两臂—背部—腰部。

跳高练习方法：

①首先锻炼腿部力量，弹跳力，同跳远。

②在练习跳高技术时，要先从起跳开始，因为起跳的技术较复杂，难度大，而且是跳高技术的关键，时间又最短暂。可先做3步的起跳练习，再做5步的、7步的、9步的，逐渐延长助跑距离；先慢速度地练习，逐渐进入快速助跑的起跳练习；反复练习助跑与起跳的结合，努力使垂直速度能很好地发挥出来。

③练习过杆和落地动作：根据选跳的姿势做先低后高的反复练习，做到过杆动作正确、落地平稳，力求身体重心弧形过杆的顶点恰好在杆的上方垂直面上。

④丈量步点，反复调整，直到有把握。

⑤做一定高度的完整跳高技术练习。

⑥不断增加高度，同时改进技术动作。

2. 跳远

跳远是腾越远度越过水平障碍的一种技能。同样对增强下肢力量，发展弹跳力，提高灵活性有很大作用。跳远的技术也是由相互联系的助跑、起跳、腾空和落地4个部分组成。

助跑：跳远的助跑是为了获得最大的水平速度，为强有力的踏跳做好准备。助跑的速度和跳的远度有很大关系。助跑的距离要根据个人速度发挥的情况来确定，速度发挥得快，可以短些，反之则长些。中学同学的助跑距离以20～25米为宜（约跑14～18步），成年人为35～45米。

为了使助跑准确，提高起跳效果，除应确定助跑距离和步数外，还应设检查标记以检查助跑步点是否准确。检查标记一般设两个，第1个标记是起跑线，第2个标记是距起跳板跑6～8步处。确定标记的方法，可从起跳板前缘向起跑方向走12～16步，设第2检查标记，再继续走20步设第1标记。然后按理想速度和起跳点反复试跳几次，如果起跳点偏后，则相差多少把第2标记向前移多少，如果起跳点超过起跳板，则超过多少把第2标记向后移多少。由第1标记至第2标记跑8～10步，确定方法同上。若助跑步数在10步以内，可以用以下公式计算：助跳步数×2－2＝走步数。如助跑10步，则为10×2－2＝18步。以后每多跑一步，增加走两步的距离。

助跑用站立式起跑方法，一开始，后蹬就要充分、有力、并逐渐加速。跑的动作要放松自然，基本上与快速跑的途中跑相同，但节奏性更强，频率要快，有弹性，身体重心较高，起伏不大。跑到最后几步，要发挥最快速度，最后一步应略小，以利于快速有力的起跳。

起跳：起跳是在最大限度地保持助跑的水平速度下，通过有力的起跳获得最大限度的垂直速度，所以起跳也是跳远的关键。

助跑到最后一步用摆动腿支撑时，上体保持正直，起跳腿屈膝并以大腿带动向前摆。在摆动腿刚蹬离地面时，起跳腿积极下压大腿，并用全脚掌快速有力地踏跳，髋关节前送。当身体重心刚移至起跳腿支撑点上方的一刹那，起跳腿应快速用力蹬直，使起跳腿的髋、膝、踝关节充分伸展；摆动腿积极前摆，两臂配合腿的动作有力地向前上方摆动，当大臂摆到与肩平时，应突然停止。

腾空：起跳腿离地后，就进入腾空阶段。腾空后，起跳腿自然留在身体后面，摆动腿和两臂保持起跳时的姿势，形成腾空步，这时上体应保持稳定、正直。腾空动作主要是保持身体在空中的平衡，为合理的落地动作创造有利条件。

①蹲踞式的腾空动作：起跳腾空后，在腾空步到最高点时，起跳腿迅速屈膝向前上方提拉与摆动腿靠拢，两腿继续屈膝上提靠近胸部，上体稍前倾，两臂下摆，在空中成蹲踞姿势，将落地时，向前伸出小腿，同时两臂继续向后摆动，准备落地。

②挺身式的腾空动作：起跳腾空后，保持一定的腾空步姿势，然后摆动腿大腿积极下放并向后摆，与留在身后的起跳腿靠近，同时两臂积极向侧后方挥摆，并由侧后方向后上方振起。这时臂部前移，胸、腰也向前挺出，形成挺身姿势。然后两臂从后上方向前、向下、向后方摆动，同时两腿屈膝前收；接近落地时，小腿积极前伸，上体稍前倾，准备落地。

落地：正确的落地动作，不仅是一种缓冲技术，可以减轻身体负担，预防受伤，而且可以提高跳的远度和保障所跳出的成绩。落地前，要把两腿同时向前伸出，上体前倾，但不要过于前倾，以免两腿过早地落地而影响远度。当脚跟触及沙面时，立即向前、向下压脚掌，屈膝缓冲，同时两臂由后向前摆动，尽快地转为全蹲姿势，使身体重心移过支撑点。

跳远的练习方法：

①首先锻炼腿部力量，发展弹跳力。可采用多级跳、单脚跳、负重下蹲、负重跳、跳绳（双摇）、立定跳远等练习。

②发展速度，特别是30米疾跑和50米快速跑的练习。

③练习助跑与起跳相结合的技术。可先做4~6步助跑与起跳结合练习，再做6~8步的、10步以上的，逐渐延长助跑距离。

④确定步点和助跑距离，丈量各段距离。

⑤练习起飞角和腾空步。可在起跳板前60~80厘米处拉一40~50厘米高的皮筋，做先高后远的练习，越过皮筋，练习起飞角和腾空步。

⑥确定空中姿势，反复练习。开始时，宜先学习蹲踞式。

⑦练习落地技术。可在靠近落点处上空拉一高30厘米左右的皮筋，做先远后高的练习，练习落地时收腹举腿和前伸动作。

⑧反复做完整的跳远练习，不断改进技术动作。

（三）投掷

1. 推铅球

推铅球是用力推掷重物的典型运动项目。对增强上、下肢和腰腹部肌肉力量，特别是肩带力量有很大作用。它的完整技术是由握球、持球、预备姿势、滑步和最后用力组成的。

握球和持球：握球手的手指自然分开，把球放在食指、中指和无名指的指根上，掌心不触球；拇指和小指扶持在球的两侧，以防止球的滑动和便于控制球的方向。

握好球后，将球放在右肩锁骨窝处并紧贴颈部。掌心向前（投掷方向），肘关节稍低于肩部。这样可以减轻投掷臂的负担，更好地控制球，有利于滑步时铅球的稳定性和最后用力。

原地推铅球（以右手推铅球为例）：

持好球后，身体左侧对着投掷方向，两脚左右开立比肩稍宽，左脚尖指向斜前方并与右脚弓在一直线上；右膝弯屈，上体向右倾斜并扭转，重心落在右腿上；左臂微屈于头前，使球的垂线离开右脚外侧，以加长用力距离和拉紧左侧肌肉。

推球时，由髋关节开始发力，右脚迅速用力蹬地，脚跟提起，右膝内转（同时左脚跟内旋），右髋边转动边向前送，使上体向左侧抬起，朝着推球方向转动。当身体左侧接近与地面垂直的一刹那，左肩固定，右腿迅速伸直，以身体左侧形成支撑轴，使身体转向投掷方向，挺胸、抬头，右肩用力向前送，右臂迅速伸直，将球向前上方40°～42°方向推球的同时，左腿用力向上蹬直，以增加铅球向前和向上的力量。球出手后，右脚迅速与左脚交换，左腿后举，降低身体重心，借以缓冲，维持身体平衡。

滑步推铅球：

①预备姿势：

侧向的：侧对投掷方向，站在投掷圈内后沿的直径线上，重心落在右腿上；左脚以前脚掌着地，两脚相距40厘米左右，左臂微屈于头前，上体向右倾斜。

背向的：背对投掷方向，持球手肘部下垂，左臂自然弯屈于头上；右脚脚尖抵住投掷圈的后沿，重心落在右腿上，左脚自然微屈，以前脚脚掌在右脚侧后方着地，上体正直，眼看前下方。

②滑步和最后用力：滑步的目的是使铅球在最后用力前获得一定的速度，并为最后用力推铅球创造良好的条件。

侧向滑步和最后用力：

滑步动作：从侧预备姿势开始，左腿向投掷方向预摆一两次。在身体平稳情况下，当左腿回摆的同时，右腿弯曲，降低重心，紧接着左腿从右腿旁以大腿带动小腿，向投掷方向用力摆出，同时右腿用力蹬地，使身体重心沿投掷方向向前迅速移动。右腿蹬直后迅速收小腿，沿着地面向左滑至圆圈中心附近（右脚与投掷方向成直角），同时左脚积极下放落地，以前脚脚掌内侧着地，并与右脚弓成一直线，身体重心落在弯曲的右腿上。这时，身体成原地推铅球的预备姿势。

最后用力：当左脚一落地时，就开始最后用力。最后用力的技术动作，与原地推铅球相同。应特别注意滑步结束与最后用力紧密相接，不能有丝毫停顿脱节。

背向滑步和最后用力：

滑步动作：从背向预备姿势开始，滑步前左腿向后上方做一两次预摆，上体前俯，左臂自然地伸于胸前。当第2次回摆到靠近右腿时，右腿弯曲，上体前屈成团身姿势。接着左腿以大腿带动小腿向抵趾板方向快速有力摆出，同时右腿用力蹬伸，使身体重心向推球方向移动。当右腿蹬直后，迅速收小腿，右脚、右膝随着向左转动，右脚掌沿地面滑步并落在圆圈中心附近（右脚与投掷方向约成直角）。与此同时，右脚积极以前脚脚掌内侧着地，做好有力的支撑。身体重心在右腿，这时和原地推铅球的预备姿势一样。

最后用力：当左脚落地的一刹那就开始用力，用力技术与原地推铅球相同。

推铅球练习方法：

①首先采用一些简易练习发展臂力、手腕和手指的力量。如俯卧撑或用手指撑地做俯卧撑、推离墙壁、“推小车”（一人俯卧，另一人以两手抱其双腿或以手握其脚腕，向前推行，俯卧者以两手支撑前进，一如推车）和互推、互拉角力等。

②用实心球做各种抛接，发展腿部和腰、腹、背部肌肉力量。

③熟悉球性。先用垒球做各种抛接，再用轻铅球左（右）抛右（左）接，上下小抛接、抓接等。在此基础上练习握球及持球。

④正对推球方向、两脚开立，由锁骨窝处向前推球，体会伸臂、抖腕、指拨技术。进而借助两腿蹬伸力量和挺胸力量向前上方推球。

⑤练习原地推铅球技术，体会髋发力，右腿用力蹬伸，转体，左腿撑住，髋向前送，挺胸，伸臂推球，手指拨球的用力顺序。

⑥先徒手练习侧向滑步和背向滑步动作，熟练后，再持轻铅球练习。

⑦在铅球圈内用标准重量铅球练习完整推铅球技术动作。

2. 投掷手榴弹

投掷手榴弹与投掷标枪技术相近，均属拉满弓投掷项目。投掷手榴弹不但是一种锻炼身体的手段，也是一种保卫祖国的实用技能。投掷手榴弹的完整技术是由握弹、持弹、助跑和最后用力几部分组成。

(1) 握弹。

普通式：小指弯曲垫在弹柄下端，食指和拇指在弹柄两侧，拇指与弹柄纵轴略成平行，中指和无名指顺食指握住弹柄。这种握法优点是弹的纵轴与投掷臂几乎在一条直线上，增加了用力距离，使手腕肌肉较放松，容易控制投掷方向。但这种握法比较困难，适于臂力强者。

拳式：满把握住弹柄，小指与弹柄末端齐平，拇指压在食指上。这种握法优点是握力小的在投弹时不易脱手，缺点是用力距离较短，手腕也较紧张。

（2）持弹。

肩上持弹法：投掷臂自然弯曲，将弹举在肩的前上方。

体前持弹法：投掷臂自然弯曲，将弹举在胸前略低于肩。

（3）助跑。

主要目的是通过人体运动使器械获得加速度，并为最后用力创造良好条件。助跑的距离为20～25米，分预跑段和投掷步两个阶段。

预跑段：助跑开始点为第1标记，由第1标记至第2标记为11～14米，叫预跑段。从站立式起跑，跑8步。预跑步要轻松有弹性，逐渐加速，跑成直线。

投掷步：由第2标记到投掷线之间为投掷步阶段，为9～11米，用5步完成。

助跑的距离并不是固定不变的，可根据个人跑速，反复练习确定。投掷步的目的是保持速度，造成最大工作距离（如超越器械、拉满弓等），不停顿地过渡到最后用力。

第1投掷步：当左脚踏上第2标记线、右脚向前迈出第1步时，同时开始由前向下引弹。当右脚落地时，手榴弹引到右腿旁边，身体随着稍向右转。

第2投掷步：左脚向前迈出，上体继续向右转，使左肩对着投掷方向，眼向前看。这时手榴弹由下向后引至肩平，完成了引弹动作。

第3投掷步：这一步是交叉步。左脚落地后积极用力蹬地，右腿以快速积极的动作向前迈出一步，使右髋前移超过上体，形成身体向右倾斜的姿势，右脚以脚外侧先着地，脚尖与投掷方向约成40°角。

第4投掷步：当右脚刚一落地时，应屈膝向前屈，右脚迅速沿地面向左侧伸直迈出，以脚内侧先着地，脚尖略向内，左脚落地要快，几乎与右脚同时落地。这时上体应保持右倾扭转的拉紧状态。

最后用力：是在第4投掷步的左脚即将落地时已经开始。用力的顺序概括为蹬伸、转送、拉挺、撑抽8个字。

蹬伸：右腿提踵，积极蹬伸。

转送：随着右腿蹬伸，使右侧髋关节向投掷方向转动并前送，让髋轴超过肩轴。

拉挺：由于髋关节的前送，拉长了胸部和腰部肌肉，胸部向前挺出；同时，投掷臂转肩翻肘成满弓姿势，这时胸部位置应在左膝垂线稍后方。

撑抽：右腿继续蹬地，上体前移，当身体重心移到左腿时，迅速蹬直左腿并撑住，同时迅速挥臂甩腕，形若抽鞭，把手榴弹经肩上向前上方40°左右投出。

第5投掷步：当手榴弹投出后，随惯性右腿向前跨一步，降低重心，进行缓冲，以维持平衡。

投掷步的节奏是“哒—哒—哒、哒—哒”。

投掷手榴弹练习方法：

①首先发展力量素质特别是上肢和腰腹力量。

②练习握弹并原地对墙向下投垒球或扣排球，体会挥臂鞭打动作。

③正面上1步投弹练习。

④侧面上3步投弹练习。

⑤正面上5步投弹练习（即投掷步）。

⑥持弹助跑练习并确定助跑距离和步数、标记。

⑦用轻木棒、胶棒或垒球练习助跑投掷技术，并练习投准投远。

⑧用手榴弹做完整的技术练习。

⑨不论投掷手榴弹还是推掷铅球，必须注意安全第一，防止伤害事故。

娱乐性体育是必须的

娱乐性体育活动是体育的起源与发展的重要组成部分。因为它丰富多彩，不拘一格，广泛流传于民间，为人民所喜爱，如今已发展成为一项专门性的体育范畴。

娱乐性体育的特点是趣味浓，能使参加者精神愉快，情绪活泼，乐中有练，身心健康，而且形式多样，随意选择，简繁咸宜；不分男女，皆可参加；规则简单，设备简易，因此极便于开展。

娱乐性体育大致可分为简易球类游戏、传统简易活动性游戏、季节性的娱乐体育等。现介绍一些适合同学们活动的娱乐性体育如下。

（一）简易球类游戏

1. 篮球“斗牛”

这是同学中流传较广的一项游戏，有一个伴侣就可以斗起来；人数少时可用1/3篮球场，人多时可用1/2篮球场；根据双方篮球基本技术水平，自行掌握规则，或计进球数或斗至出汗。因为它能引起同学们运动的兴趣，并能锻炼控球能力，所以极受同学欢迎。

2. “推头”游戏

这是一项双方较量观察判断、动作迅速、变化敏捷、传球巧妙等能力的游戏，双方各有两人就可以玩起来，人数多时，趣味更浓。没有场地限制，也无规则，只需一个球。获球一方可使用各种传球、运球动作，甚至抱着球跑，乘对方不注意时，将球几乎擦着头顶传过去，一如“推头”，以助长兴趣并激起对方斗志，积极抢断，因此这种游戏能迅速进入高潮，很适宜冬季课间休息时进行。但因能激起情绪，所以应注意控制时间。注意球不要触及头部。

3. 踢小橡皮球

适宜于场地小的学校和冬季。人数不限，双方利用篮球柱为门，或随意摆两件什物代替也可。参加同学分好拨儿，立即就可以进入战斗，宛若赛足球。一者球小且软不致伤人，另外趣味浓厚，时间可长可短。

4. 简易板羽球

使用板羽球拍、乒乓球拍均可。球需自制，找3根长短适中的鸡尾，用破球胆或自行车破内胎剪成1.5厘米宽的长条，将鸡尾向外叉开卷紧，约粉笔粗即可，以线捆紧。这种球打出去，飞行很慢，若想胜对方，单靠使劲击打使之增速不见得有把握，还必须时常变换方向，这样就提高了游戏的兴趣和锻炼价值。只要有1/4排球场大的地方，请两名同学拉一根高1.30～1.50米的横绳，就可以比赛。将球击落于对方场地上得一分，多少分为一局可自定。

5. 创排球传接纪录

参加人数、组数均不限，有个排球，围成圆圈便可开始。或上手传接、或垫传接都可以，只是不得持球。这样传来传去，边传边记数，坏了从头开始，看最高纪录能传多少次。待下次课间休息时再创新纪录。

此外，同学们也可因地制宜，自行创造。如乒乓球、羽毛球等都可以简化规则、设备以及打法，只要玩起来有趣味，就可以当做娱乐性球类游戏进行活动。

（二）民间传统活动性游戏

民间传统活动性游戏很多，这里以踢毽为例，进行介绍。

踢毽的方法很多，有成队的毽球比赛，有个人踢毽比赛，还有踢毽表演等。踢毽的动作很多，针对娱乐形式，下边选择一些简单的和复杂的个人踢动作，介绍给同学们。

简单的个人踢动作：

①踢：用脚内侧将毽踢起。

②盘：左右脚轮流用脚内侧踢毽。

③抿：用脚外侧将毽踢起。

④撩：脚不落地地用内侧连续踢毽。

⑤蹦：直膝用脚尖将毽踢起。

⑥缠：将毽放在脚的内侧，然后将毽抛起，顺势迅速绕毽一周，用脚尖蹦起。

⑦落：将毽踢起后，使之落在一定地方。或头顶，或颈后部，或脸左侧，或脸右侧，或脚内侧，或脚尖，或身后屈腿的脚掌上等。

复杂的个人踢动作：

①打（俗名剪子股）：将毽踢起后，让毽靠近身体左（右）侧落下，这时抬左（右）腿，右（左）脚跳起，借势用脚内侧在左（右）腿后方将毽打起，左（右）脚先着地。接着，或继续打，或改别的动作。

②跪：将毽踢起后，让毽在身体左（右）侧落下，这时左（右）腿小腿向后微屈，似半跪状贴近右（左）腿，右（左）脚跳起，借势用脚内侧将毽踢起，右（左）腿先落地。接着或继续跪踢，或改别的动作。

③蹦：当毽在身体左（右）侧落下时，左（右）腿向前高抬，右（左）脚跳起，借势将毽踢起。右（左）脚先落地。或继续毽踢或改别的动作。

④跺：动作基本同跪，只是抬起的左（右）脚。用脚内侧紧贴住跳踢毽的右（左）小腿内侧。

⑤掏：分外掏和里掏两种。

外掏：当毽在身体左（右）侧落下时，左（右）腿抬起并借右（左）脚跳起之势，从毽的上方向外绕过，右（左）脚将毽踢起，右脚先落地。

里掏：基本同上一动作，只是让毽从两腿中间落下，在一腿的外侧将毽踢起。

⑥抿：当毽在身体左（右）侧落下时，左（右）脚撑地，身体后坐，右（左）腿半屈，伺机在左（右）腿侧后方将毽踢起，并迅速落地以维持平衡。

⑦铲：左（右）腿伸直抬起与右（左）腿成小腿交叉（两脚靠近），右（左）脚跳起同时用脚尖踢起落下的毽。

上述动作，前边 5 个简单动作可以一个动作连续踢，也可以两种以上动作变换着踢。后边的动作难度较大，运动负荷也较大，可先逐个练习，直到熟练，最好两侧都会踢。

游戏时，两三个人比着踢也可，人再多时分成队，采取队与队比赛也可以。既可以比简单的也可以比复杂的，既可以比单个动作也可以比几个动作的组合。

踢组合动作，趣味最高，比起来也劲头大。组合动作无一定规格，可根据会的多少、熟练程度进行选编。最好有个规律，即由易到难，简繁相间，疏密平衡。

（三）季节性娱乐体育

季节性娱乐体育项目很多，典型的项目像夏天的游泳和冬天的滑冰，每年都吸引着广大青少年和儿童投身于这些极富乐趣又有锻炼价值的活动中去。而且许多学校每到游泳季节或滑冰季节，都充分利用季节特点，开设这种课，积极组织同学们学习和锻炼。除上述两项活动外，这里我们再向同学们介绍几种季节性娱乐体育活动。

1．爬山

同学们，当你骤然置身于雄伟壮丽、蜿蜒多姿的山顶时，面对崇山峻岭、瀑布峡谷和一望无际的田野，你一定会立刻感到眼界豁亮、胸襟开阔、精神振奋、心旷神怡，会更加激励你对伟大祖国的热爱。

经常爬爬山，不仅能焕发精神、陶冶情趣意志；还能锻炼人的体格，提高人体的造血机能，使红血球和血红蛋白增多，肺活量增大。

①离山区近的应充分利用有利条件，经常爬爬山；离山区较远的同学，可以利用节假日或春游、秋游、野营等机会，开展爬山活动。

②事先要了解山形、山质、险峻程度、爬山路线、需用时间等，明确注意事项，做到安全第一。

③参加爬山一定要结伴或组成小组，体弱的同学应有专人照顾或限制爬的高度。

④爬山前要做好准备工作，如鞋与服装、食品与水壶、绳子、雨具、急救药品等。

⑤重视爬山的方法。上山时，身体要前倾，以便有利于身体向前向上行进；步子要小些，用脚掌先着地，坡度较陡时，膝盖要抬高一些，上体前倾再大些，注意不要憋气。下山时，上体直立或稍后仰；坡度不大时，步子可放大些，而频率放慢，用脚跟先着地，但落地时膝关节要略屈，重心要降低，借以缓冲。一般坡度较大时，切不可快速跑下，可采用侧身和脚横着落地的动作而下，或采用S形的路线向下慢跑。

如果遇到不高（2~3 人高）的悬崖时，可以用绳索或人梯攀登。

⑥对攀登的山经过多次攀登，比较熟悉并很有兴致时，可根据具体情况结合比赛方式进行，如按 3 人一组分组，同时出发，看哪组先爬上山顶（以最后一人登上山顶计算时间）。还可以根据组数同时选择几条路线爬山，先派人在各线路沿途埋藏一些实物并做出指示标记，看哪组先找出其线路中所有实物并先登上山顶，更增加爬山兴趣。但须注意保护文物古迹和山林风景等。

2. 旅行

包括参加人数多的春游、秋游和节假日少数同伴的远程旅行。

春光无限好，秋色也宜人，季季有美景，景景不相同。因此，一年一度的春游、秋游，总是令人神往的，至于远途旅游就更不在话下了。这种季节性活动，既可以饱览风光盛景，陶冶情操，振奋精神；又可以锻炼身体，娱乐身心。

①风景区的选择要有特点。或有历史意义，或景色奇特，或有山有水景色宜人等。

②途程远的自然须乘车去，若是一两天的路程，又有公路，骑自行车去别有一番情趣，但这只适宜于高年级同学，而且应做好组织工作、准备工作，准备好修车工具等，严格遵守交通规则和注意骑车安全。

③风景区若有山，可结合爬山；有水可结合划船，天热时尚可在游泳区组织游泳活动。不论哪种活动，都应做好安全工作。